KB063055

2030년을 지배하는

초일류
기업분석 15

World's Greatest Companies

정승욱 지음

BOOK STAR

미래형 글로벌 기업이란 인터넷 정보의 연결, 클라우드라는 빅데이터 지식 창고, 인공지능이라는 뛰어난 인식 능력 디바이스가 한데 어우러진 형태가 될 것입니다. 비즈니스에서도 과거와는 전혀 다른 새로운 비즈니스 모델이 주도하는 시대에 접어들고 있습니다. 인공지능 시대가 향후 10년이내에 다양한 분야에서 현실화되고 응용화될 것으로 예측되고 있습니다. 당장은 아니지만, 인공지능을 이해하고 비즈니스에 연결하지 못한 글로벌 기업은 도태될 것이 분명합니다. 이른바 에반스 슈바르츠가 주장한 디지털 다아위니즘Digital Darwanism의 시대가 전성기를 이루는 정점에 와 있습니다.

초정보화 시대의 본질은 4차 산업혁명 시대에 생존과 대응에 있습니다. 돌아보면 인터넷이란 정보 연결 수단이 1990년 전후로 지구상에 확산하기 시작했습니다. 당시만 해도 인간 생활이 인터넷이란 도구에 의해 지금처럼 바뀔 것으로 상상하지 못했습니다. 그런 점에서 지금 세상은 인공지능이라는 새로운 힘이 다양한 분야에서 움트고 있습니다. 2020년 초반부터 지구촌을 공포에 몰아넣고 있는 코로나19 팬데믹은 4차 산업혁명이라는 시대적 트랜드를 더욱 앞당기는 촉매제가 되고 있습니다. 혁명이라는 단어는 정치적 변화를 뜻하지만, 과학기술의 혁명에서는 과학과 기술의 변혁이 사회와 경제와 인간의 삶에 심대한 영향을 끼치게 됨을 의미합니다. 이같은 혁명이 코로나와 같은 수세기를 걸쳐 간헐적으로 등장했던 인류의 재앙을 통해 새롭게 조명되고 발전적으로 촉진된 것입니다. 이 시기를 누가 슬기롭게 극복하고 선도해 가는가에 따라 경제, 경영, 문화 각 분야에서 새로운 혁명의 선구자가 될 것입니다.

저자는 바로 이 혁명이 지니는 파괴적 의미를 디컬프링적 관점에서 해체하고 재구축하는 데 성공했던 21세기 초글로벌 기업들에 주목했습니다. 발빠르게 변모하는 시대에 우리 독자에 주는 위대한 의미를 발견해 보실 것을 권합니다.

한국외국어대학교 전 부총장

김유경 교수 미디어 커뮤니케이션 학부

　국회에서 왕성하게 활동하던 4선 의원, 한일의원연맹 회장, 산자위원장 2019
년 7월 초순으로 기억됩니다. 일본의 IT 기업의 선두 소프트뱅크
그룹의 손정의 CEO가 청와대에서 문재인 대통령과 면담한 일입
니다. 접견 시간 1시간 반 동안이나 손 회장은 AI 인공지능에 대한
투자를 설파했다고 합니다. 손 회장은 "AI는 인류 역사상 최대 수
준의 혁명을 불러올 것"이라며 AI의 중요성을 강조했습니다. 그
러면서 "앞으로 집중해야 할 것은 첫째도 인공지능, 둘째도 인공
지능, 셋째도 인공지능"이라며 인공지능 분야에 전폭적 육성을
제안했습니다. 아직 AI 분야에서 한국은 늦게 출발했지만 강점도
많은 나라입니다. 세계 최고 수준의 인터넷, 5G 세계 최초 상용화
를 이뤘고, 특히 기억 소자인 메모리 반도체 분야에서는 세계 첨
단을 달리고 있습니다. 그야말로 인공지능과 데이터는 4차 산업
혁명의 핵심입니다. 어떤 모습으로 만드느냐에 따라 미래가 달라
질 것입니다.

　이 책에서 소개한 15개 글로벌 공룡기업들은 2030년을 향해 선
제적으로 움직이고 있습니다. 앞으로 인공지능 비전 기술은 다양
하게 활용될 것입니다. 자율주행차나 지능형 로봇이 그 대표적인
예입니다. 인류는 이제 막 첫걸음을 내딛고 있습니다. 이 책이 소

개하는 15개 기업들은 그 뜨거운 현장으로 독자분들을 안내할 것입니다. 이들 기업들이 준비하는 미래 아이템은 아직 공개하지 않은, 지금 단계에서는 상상하기도 어려운 창의적인 것들입니다.

이곳 일본 도쿄 역시도, 첨단을 달리는 세계 글로벌 기업들의 경쟁으로 그 열기가 가득합니다. 이 책은 2030년을 향한 경쟁적이면서도 역동적인 움직임을 소개하고 있습니다. 일독하면서 2030년에 대비하는 지식을 가득 획득하기를 권면합니다.

도쿄에서 주일 한국특명전권대사
강창일

이 책 제목에 '2030년'이란 한정적인 연도를 포함시킨 이유는 실로 다양합니다. 이 가운데 먼저 한 가지를 짚는다면 앞으로 10년 후 세상은 전혀 다르게 펼쳐질 전망 때문입니다. 지금 같은 기술의 발달 속도로 볼 때 2030년에는 우리 인간 삶의 유형은 아주 다를 것입니다. 지금부터 10년 전을 돌아봅니다. 2010년 전후 무렵 일반인들은 지금처럼 스마트폰이 우리 삶을 지배하는 시대를 거의 예측하지 못했습니다. 예측했더라도 책을 읽고 영화 보고 쇼핑하며 길을 찾으며 시간 공간 제약 없이 친구와 대화하고 금융까지 가능한 스마트폰이 없으면 거의 움직이지 못하는 실생활을 감지하지 못했을 것입니다. 마찬가지로 10년을 더 거슬러 되돌아봅니다. 새천년이 시작된 2000년 무렵에도 거대 포털사이트로 성장한 네이버나 다음이 과연 어떤 존재가 될 것인지 전혀 가늠하지 못했습니다. 포털사이트가 활성화된 시점은 대략 2003~2004년으로 기억됩니다. 이들 포털사이트는 불과 10여 년 만에 공룡이 되었고, 한국 사회를 쥐락펴락하면서 인터넷 사이트를 지배하고 있습니다.

그렇다면 지금부터 10년 후인 2030년에는 과연 무엇이 세상을 지배할까요. 필자가 감히 예측해 본다면 인공지능이 지배하는 세상이 될 것입니다. 인공지능라는 '개인 비서'가 가정 안팎의 잡일부터 개인 사무원, 자가용 운전기사, 심지어 이성 친구까지 인공지능이 대신하는 시대가 될 것입니다. 이미 거대 글로벌 기업들은 발 빠르게 움직이며 10년 후의 생존과 비즈니스에 대비하고 있습니다. 특히 젊은 독자들은 인공지능 시대에 대비해 머신러닝과 딥러닝의 의미, 딥러닝이 뭘 할 수 있을지, 반대로 무엇을 할 수 없는지 제대로 이해할 필요가 있습니다. 딥러닝이 있으면 뭐든지 마법처럼 할 수 있다고 착각하는 사람들이 있습니다. 그러나 지금 기술로는 기존의 기초적인 데이터 분석으로 소비자 끌어모으기, 이미지와 음성, 언어의 해석 정도밖에 할 수 없습니다. 그러한 사실을 올바르게 이해하고 대처하는 것이 중요합니다.

이 책에 나온 15개 기업은 그야말로 미래 인공지능이 지배할 세상을 내다보면서 생존과 비즈니스의 방법을 착실히 준비하고 있습니다. 이들 기업을 꼼꼼히 살펴본다면 10년 후의 세상을 가늠할 수 있을 것입니다. 지금도 글로벌 공룡기업이지만 훨씬 더 덩치를 키운 기업이 되어 있을 것입니다. 물론 이 가운데 도태되는 기업도 다수 나올 것이지만, 적어도 필자가 선정한 이들 기업은 훨씬 더 커져 있을 것입니다. 소속 국가나 정부보다도 훨씬 발 빠르게 미래를 내다보면서 돌다리도 두드리는, 신중하면서도 과감한 행보를 보이고 있는 기업들이 이들 글로벌 기업입니다.

기술 혁명에 관한 미래 예측은 다양한 관점에서 제시되고 있지만 학자나 기술자, 심지어 언론인의 예측에는 단점이 있습니다. 학자나 기술자들은 현실에 민감하지 못한 점이 많고, 언론인 분석은 디테일에 약합니다. 필자는 이런 점에 중점을 두고 서술했습니다. 기업들, 특히 벤처기업가들은 '어떻게 투자하고, 수익을 내는가'에 종합적인 판단력이 필수적입니다. 기술은 혁신성 만이 해답이 아닙니다. 사용자나 소비자에게 받아들여지지 않으면 널리 보급될 수 없습니다. 이 책에 소개하는 15개 회사는 그야말로 글로벌 공룡기업이면서 그 혁신성과 친소비자 측면에서 독보적입니다. 구글, 아마존, 페이스북, 애플, 알리바바, 텐센트, 마이크로소프트, 넷플릭스, 테슬라, 클라우드스트라이크, 로빈후드, 임파서블푸드, 쇼피파이, 삼성전자, 소니 등은 향후 10년을 지배하는 큰 영향력을 갖게 될 것입니다.

따라서 이 책은 기업 예측서임과 동시에 미래 예측서입니다. 코로나19 팬데믹으로 인해 기술 혁명은 더 빨라지고 있습니다. 기업들은 이런 흐름을 타야 도태되지 않을 것을 이미 알고 미래형 기업으로 탈바꿈하고 있습니다.

먼저 책 앞부분 서론을 통해 미래 기업들의 트렌드를 내다봅니다. 본문의 경우 전체 5개의 장으로 분류해 개별 기업의 현재와 미래 준비 전략을 소개합니다. 기업들의 구체적인 행동 전략은 책에 소개되었습니다. 에필로그에는 회사원이나 직장인이 새겨둬야 할 부분을 몇 가지로 제시해 놓았습니다. 끝으로 이 책을 기획하고 집

필에 큰 도움을 주신 광문각 박정태 선배님을 비롯해 임직원 여러 분께 진심으로 감사를 올립니다.

2021년 4월

정승욱 드림

목 차

1

2030년
누가 세계 경제를
지배할 것인가

향후 10년을 주도할
글로벌 비즈니스 트렌드 5가지

바야흐로 글로벌 기업들의 비즈니스 유형은 커다란 변환기를 맞고 있다. 미래형 글로벌 기업은 인터넷이란 정보의 연결, 클라우드라는 빅데이터 지식창고, 인공지능이라는 뛰어난 인식 능력 디바이스가 한데 어우러진 형태가 될 것이다. 과거와는 전혀 다른 새로운 비즈니스 모델이 주도하는 시대에 접어들고 있다. 특히 인공지능 시대가 향후 5년을 전후한 시기에 펼쳐지면서 2030년쯤 만개할 전망이다. 당장은 인공지능이 비즈니스에 변화를 줄 것은 아니다. 그러나 인공지능을 이해하고 비즈니스에 연결하지 못한 글로벌 기업은 도태될 것이 분명하다.

돌아보면 인터넷이란 정보 연결 수단이 1990년 전후로 지구상에 확산하기 시작했다. 당시만 해도 인간 생활이 인터넷이란 툴에 의해 지금처럼 바뀔 것으로 상상하지 못했다. 그런 점에서 인공지능이라는 새로운 툴이 막 꽃 피우기 직전이다. 생존과 성장이 목표인 기업들은 국가나 사회보다 훨씬 발 빠르게 움직이고 있다. 그렇지 않으면 생존 자체는 물론 성장을 기대할 수 없다.

2020년 초반부터 지구촌을 공포에 몰아넣고 있는 코로나19 팬데믹은 인공지능이라는 불가피한 시대적 트렌드를 더욱 앞당기는 촉매제가 되고 있다. 21세기 들어 글로벌 기업들 앞에 전개될 비즈니스 유형의 몇 가지 트렌드를 꼽아 본다.

융복합기업의 시대

첫 번째 유형으로 업종 간 장벽의 파괴와 글로벌 융복합기업 conglomerate company 의 출현이다. 모기업 비즈니스를 통해 획득한 데이터나 지식을 다른 업종에도 적용해 일종의 시너지 효과를 내는 것이다. 융복합기업의 사례는 대표적으로 아마존과 구글, 소니를 들 수 있다. 이들은 하드웨어 사업을 전개해 성공한 이후, 소프트웨어, 금융, 부동산, 엔터테인먼트로 진출했다. 이전의 융복합기업은 본업에서 번 돈을 다른 사업에 투자하는 일종의 문어발식 투자 형태를 보였다. 그러나 지금은 과거 융복합기업이 아니다. 개념 자체가 바뀌었다.

21세기 융복합기업들은 대부분 데이터 플랫폼이라는 '분모'로 묶여지고 있다. 다종다양한 업종이지만 데이터라는 분모로 밀접되어 있다. 또한, 이전의 융복합기업은 하드웨어에서 소프트웨어로의 전개였다면, 21세기형 융복합기업은 소프트웨어에서 하드웨어 비즈니스로 진출하고 있다. 구글이 모바일 사업을 강화하기 위해 모토로라를 인수한 것이 한 사례다. 지금은 하드웨어 회사가 소프트웨어 회사를 인수하기 어렵다. 왜냐하면 소프트웨어 기술을 이해하는 경영진이나 임원이 부족하기 때문이다. 경영진이 소프트웨어를 이해하지 못하면 우수한 인재가 회사를 떠나는 경우가 발생할 것이다. 반대로, 소프트웨어 회사가 하드웨어 회사를 인수한 경우, 특허나 특정 라이선스가 목적인 경우가 많다. 구글이 모토로라를 인수한 이후, 관련 분야만 남기고 나머지는 모두 해체했다. 과거의 융복합기업과는 다른 양태를 보인다.

클라우드의 일반화

두 번째 트렌드로 클라우드의 일반다. 현재 각종 소프트웨어는 PC나 스마트폰 등 하드웨어에 장착해 기동하고 있다. 아무리 양질의 소프트웨어 서비스를 개발해도 그에 맞는 고성능, 즉 고용량의 하드웨어가 갖춰지지 않으면 구동할 수 없다. 그런데 클라우드가 등장하면서 이 문제가 해결되었다. PC나 스마트폰 등 단말에서는 스스로 무거운 동작을 할 필요가 없어졌다. 즉 대용량의 하드웨어가 필요 없다. 하드웨어의 목적은 데이터를 클라우드로 전송하는 역할로 바뀌고 있다. 스마트 스피커를 보면 이해할 수 있다. 과거 스피커는 소리만 전달하는 도구였으나, 이제는 양방향 처리가 가능하다. 사람의 목소리가 인터넷을 통해 클라우드로 보내지면, AI가 분석하여 다시 스마트 스피커로 되돌아와 사람에게 전달된다. 클라우드 서비스가 각종 인프라, 플랫폼, 소프트웨어 등의 지식창고로서 역할을 하게 되었다. 필요할 때 능력을 갖춘 클라우드에서 일정 비용을 내고 꺼내 쓸 수 있는 시대가 되었다.

또한, 클라우드화가 보편화하면서 쌓여 가는 수많은 데이터를 정리 저장하고, 관리하고, 분석하는 소프트웨어 분야도 크게 확장될 것이다. 이를테면 '스노우플레이크Snowflake' 같은 회사를 일컫는다. 작년 9월 뉴욕 증시 IPO 당시 워런 버핏이 투자한 것으로 알려지면서 한국 투자자들에게도 유명해졌다. 기업 내부에는 수많은 데이터가 누적되어 있다. 이처럼 쌓여 가는 수많은 데이터를 잘 정리해서 저장하고, 관리하고, 분석하는 능력 또한 클라우드 시대 기업들의 의무다. 데이터베이스 시장은 과거 오라클, 테라데이터, SAP 등이 주도해 왔지만, 지금 신흥 강자들이 나오고 있다.

지금 추세는 데이터 공유 플랫폼으로 진화하고 있다. 이제 데이터도 사고파는 시대다. 그렇다면 수요자와 공급자를 연결시켜 줄

중개인이 필요하다. 따라서 이제 어떤 기업이든 가치 있는 데이터만 보유하고 있다면 데이터 마켓플레이스를 통해 시장에 내다 팔 수 있다. 수요자 입장에서도 필요한 데이터를 손쉽게 구매할 수 있다. 데이터 공유는 모두가 윈윈하는 구조다. 앞으로 데이터는 점점 더 폭발적으로 증가할 수밖에 없다. 이를 관리해 줄 데이터 플랫폼이 필요하다.

서브스크립션 모델

———

세 번째 트렌드로는, 하드웨어나 소프트웨어보다도 고객 경험을 최우선으로 한다는 점이다. 고객에게 최고로 기분 좋은 쇼핑 경험을 하게 하는 것이다. 바꾸어 말하면, 대접받는 기분을 느끼도록 한다는 것이다. 이를테면 고객이 아마존에서 쇼핑을 하려고 할 때 느닷없이 고기만두를 추천한다. 느닷없는 게 아니다. 이미 아마존은 이 고객이 편의점에서 빈번히 고기만두를 구매하고 있었다는 고객 경험을 데이터로 축적해 놓았기 때문이다. 단순히 고기만두만 추천하는 게 아니라 적당히 기분 좋은, 확실히 개인에게 최적화된 경험을 인터넷으로도 받을 수 있다는 기분을 느끼게 하는 것이다.

자신의 경험이 데이터로 취급되는 것에 불쾌하다는 기분도 들 것이다. 그러나 이로 인해 상품을 10% 싸게 구매할 수 있다면 불쾌감은 기쁨으로 바뀔 수 있다. 이어 데이터가 축적될수록 서비스 레벨이 올라갈 것이다.

예전에는 소비자들이 더 빠른 대용량의 기기를 소유하거나, 혹은 고품질의 소프트웨어를 설치하고 싶어 했다. 하지만 앞으로 고객은 더 좋은 경험을 추구한다. 이미 구글은 '검색 전'의 세계로 나아가려 하고 있다. 무슨 말인가 하면 검색하는 사람의 속성, 지금까지의 검색 이력 등의 데이터를 AI가 분석한 다음, 고객이 원하는 정보를 미리 대기시켜 놓는다는 뜻이다. 쉽게 말하면 구글 창을 열었을 때 내가 원하는 정보가 미리 표시되어 있다면 놀랄 것이다. 나의 취향이 기업에 벌써 노출되었다는 것, 또는 프라이버시 침해라는 두려움이 생길 수도 있다. 어쨌든 내가 원하는 정보가 선제적으로 표시된다면 기분 좋은 일임에 틀림없다. 다만 데이터 활용에 프라이버시를 배려해 개인을 특정하지 않는 정도로 제한 사용하는 것이 포인트다. 아울러 개인의 전 생애에 걸친 데이터가 아니라 1년여 정도라는 일정 기간만 설정하면 그리 불쾌감은 없을 것이다.

서브스크립션 서비스는 미국에서는 일반화되어 있지만, 아직 전 세계에 확산되지 않은 비즈니스 모델이다. 이 서비스는 소비자가 일정한 금액을 미리 내면 보통 한 달에 한 번씩 판매자가 특정 상품들을 선별해 한 상자에 담아 배달해 주는 유통 방식이다. 소비자는 매장에 직접 나가지 않고도 최신 트렌드에 맞는 다양한 물건과 최신 정보를 꽤 저렴한 가격에 접해 볼 수 있다. 아마존이 적용해 기존 유통 체계를 무너뜨린 방법이다. 일정 금액의 구독료를 내고 서비스를 받는 유형도 서브스크립션 서비스의 일종이다.

데이터 사이언스가 비즈니스를 이끈다

네 번째 트렌드는 데이터를 지배하는 기업이 미래 비즈니스를 지배할 것이다.

아마존은 계산대가 없는 실물 점포 '아마존고'를 출점했다. 전자상거래 EC 이외에 실제 고객으로부터 정보 취득을 위함이다. 고객이 무엇을 좋아하고 어떤 흐름이 생성되는지 실물 점포를 통해 확인하는 것이다. 머지않아 자동차, 전철 등 사람들이 24시간 밀접 접촉하는 접점을 토대로 대량의 다양한 고객 정보가 축적될 것이다. 이는 아마존고에만 한정된 게 아니다. 앞으로 업종 간 벽을 허무는 공통분모가 만들어진다면, 그 공통분모는 데이터가 될 것이다. 따라서 기업들은 기를 쓰고 고객에 관한 데이터를 축적하고 분석하는 데 힘쓰고 있다. 데이터 사이언스에 능한 기업이 글로벌 강자로 올라설 것이다.

아마존에서는 이미 몇억 명의 고객 데이터를 자동 취득하고 활용하는 알고리즘을 갖추고 있다. 알렉사가 출시된 것도 이용자의 편리함과 인건비 절감 등의 목적도 있지만, 고객의 행동 양태에 관한 데이터를 얻는 목적도 크다. 데이터의 활용 및 시너지는 향후 더욱더 주목될 것이다. 데이터에 민감하지 못한 글로벌 기업은 도태될 수밖에 없다.

벤처기업이 대기업을 먹어 치우는 시대

———

다섯째 트렌드는 바야흐로 기존 대기업들이 벤처기업에 잠식당하거나 접수되는 상황이 벌어질 것이다. 현재 인공지능에 특화된 노하우를 가진 벤처기업들이 글로벌 트렌드에 재빨리 적응하면서 덩치를 키우고 있다. 예를 들어 인공지능 같은 새로운 테크놀로지는 아주 쉽게 업계를 좌지우지하는 거대 기업을 무너뜨릴 가능성이 있다.

규모가 작은 벤처기업이 거대 기업을 먹어 치우는 시대가 열리고 있다. 대기업들은 수많은 임직원을 거느리는 관행과 기득권에 안주하면서 운신의 폭을 좁히고 있다. 따라서 벤처기업에 빨려 들어가지 않으려면 어떻게 해야 하는가? 새로운 기술을 개발하고 인재를 영입하며 브랜드의 힘을 강화하는 것이다. 이런 전통적인 방법이 먹히지 않을 경우엔 먼저 벤처기업을 창업한다거나 유망 벤처기업을 매입하는 방법이 있다. 인수 합병을 통해 완전 자회사로 만든다거나, 자회사로 만들지만 비교적 독립성을 갖게 하는 방법이 가능하다.

융복합기업이 향후 10년 후 승자가 될 것이다

몇년 전 아마존이나 애플이 금융업에 뛰어들었을 때 주변 기업들은 깜짝 놀랐다. e커머스 기업과 휴대전화 기업이 전혀 다른 영역으로 진출하기 때문이다. 그러나 애초부터 두 회사는 본업에만 머무를 생각이 없었다. 그들은 본업이 무엇인지도 정하지도 않았다면 거짓말일까.

시대의 트렌드는 변화하고 있고 계속해서 새로운 기술이나 서비스가 등장하고 있다. 이러한 시류를 재빨리 포착하는 것이 기업의 생존본능이다. 아마존이나 구글, 애플 등이 불과 20여 년을 전후해서 거대 공룡기업으로 성장했다. 시대 흐름을 제때 포착하고 이를 비즈니스에 연결했기 때문에 덩치를 키울 수 있었다. 반대로 말하면, 본업에 한정해 그 사업만을 고집하는 기업은 시대의 변화와 더불어 사라지고 있다. 올림포스Olympus는 카메라 업계의 황제였으나 스마트폰 카메라에 완전히 밀려났다. 제너럴 일렉트릭GE은 또 무엇인가. 전자상거래로 출발한 아마존의 최근 돈벌이는 클라우드 사업에 있다. 넷플릭스도 애초 렌털 DVD샵에서 사업을 시작했지만, 지금은 스트리밍 서비스 및 동영상 분야에서 공룡기업으로 자리 잡았다.

인공지능은 업종 간 벽을 깨는 수단이 되고 있다. 인공지능을 앞세운 구글은 업종의 장벽을 깨는데 선두격이다. 구글은 아직 수익의 90%가량이 검색에 경계된 광고애서 나오고 있지만, 정말 다양한 비즈니스에 진출하고 있다. 마이크로소프트MS도 마찬가지다. MS는 주전공이 오피스 관련 서비스이지만 향후 5~10년 후에는 다른 모습일 것이다. 일론 머스크의 스페이스X도 업종 장벽을 깬 케이스다. 스페이스X는 융복합기업을 추진하는 기업의 대표적 유형이다. 우주 공간을 이용하는 통신망뿐만이 아니라, 민간 로켓 개발 붐이 최근 트렌드다. 인공지능이 탑재되면, 종래의 100분의 1의 비용으로 우주에 로켓을 날리는 시대가 올 것이다. 스페이스X가 그 선두에 있다.

소니는 문어발식으로 비즈니스를 확장하려다 된서리를 맞은 대표적 케이스다. 그런데도 소니는 융복합기업으로 다시금 황금기를 맞고 있는 글로벌 대기업이다. 워크맨으로 전 세계 젊은이들에게 꿈을 안겨준 소니는 이제 하드웨어 기업이 아니다. 전자, 금융,

게임의 강자로 부상하면서 융복합기업으로 성공했다.

일본 소프트뱅크도 본업을 바꿔가며 성장한 기업이다. 첫 사업은 영어 번역기라는 소프트웨어를 만들어 종잣돈을 마련했고, 야후에 출자하여 검색 사업에 진출했으며, 영국 보다폰을 인수해 이후 휴대전화 사업으로 큰돈을 벌었다. 지금은 투자 그룹의 양상을 띠고 있는 등 업계를 초월하는 복합 그룹화에 성공한 케이스다.

반면 전공을 고수하다 고전하는 기업도 수두룩하다. 앞에서 잠깐 설명했듯이 제너럴 일렉트릭이나 첨단 기술기업 IBM을 보자. 모두 업계를 대표하는 강자들이었으나 시기를 놓쳤다. IBM은 클라우드의 물결을 놓쳤다. 서둘러 왓슨이라는 인공지능을 앞세워 시장에 뛰어들었으나, 그나마 딥러닝이 갖춰지지 않아 시장에서 뒤처지고 있다. 달라질 수밖에 없는 상황이 되면서 IBM은 달라졌지만 고전하고 있다. 인공지능을 적용하기는 했지만, 머신러닝딥러닝에 이르지는 못했다. IBM은 경쟁사의 선점에 초조한 나머지 인공지능 〉 머신러닝 〉 딥러닝이라는 순서를 적용하지 못한 탓이 크다.

소프트웨어 수명은
길어야 2년

아직 제조업 중심의 산업이 주류에 있다. 이제껏 튼튼하고 내구성 있는 하드웨어를 개발해 판매하는 비즈니스가 주된 모델이다. 가전제품은 말할 것도 없고 자동차, 스마트폰, 컴퓨터 등 모든 영역에서 이러한 내구성 제품을 으뜸으로 쳤다. 이는 제조업에 강한 기업이나 국가가 글로벌 강자로 올라서도록 만들었다. 미국, 일본, 독일 제조업의 하드웨어는 우수하고 튼튼해 경쟁력을 유지할 수 있었다. 그런데 이 같은 트렌드는 인터넷 시대에 접어들면서 바뀌고 있다. 1997년 무렵부터 인터넷으로 점차 진화하면서 내구성 위주의 생산 양식에 변화를 보이기 시작한 것이다. 예컨대 인터넷 연결 수단은 초기 ISDN에서 ADSL로 진화했고, 광섬유가 개발되면서 광케이블로, 이제는 와이파이 5G, 6G에 이르고 있다. 이제는 탄소섬유 등의 발달로 인해 가볍고 튼튼한 하드웨어는 기본으로 친다. 특히 하드웨어 자체를 바꾸는 게 아니라 내부 소프트웨어, 즉 반도체만 교환하면 얼마든지 성능 좋은 하드웨어로 바꿀 수 있는 시대에 접어들고 있다. 이를테면 스마트폰 계약 주기가 대부분 2년 단위인 것은 바로 이같은 트렌드를 반영한 것이다. 과거 휴대전화 사용은 아무리 짧아도 3년이었다. 그러나 계속 새로운 소프트웨어로 업데이트되는 지금 스마트폰은 통상 2년이 지나면 이미 과거 버전이 되고 만다. 클라우드가 일반화되면서 소프트웨어 업데이트는 더욱 빈번해졌고 결과적으로 하드웨어 교체 빈도 역시 짧아졌다. 스마트폰의 2년 계약은 계약 갱신 때마다 하드웨어, 즉 반도체를 최신 제품으로 업데이트하라는 의미도 담겨 있다. 이는 하드웨어의 성능을 고집하는 제조업은 도태된다는 말을 의미한다.

인터넷에 쉽게 연결되고 언제든지 최신 소프트웨어를 장착할 수 있는 하드웨어가 21세기 제조업의 필수적인 특징이 되고 있다. 이런 트렌드는 PC나 스마트폰에 한정되지 않을 것이다. 자동차를 비롯한 교통수단 등 모든 산업 분야에서 거대한 흐름으로 자리 잡아갈 것이다.

2030년 누가 세계 경제를 지배할 것인가

데이터의 주인은 소비자

구글이나 페이스북이 방대한 데이터를 분석해 비즈니스에 엄청난 성공을 거두면서 '데이터의 주인은 누구인가?'라는 논쟁이 불거지곤 한다. 구글을 보자. 검색엔진에서 획득한 방대한 데이터는 익명화되어 구글의 것으로 활용되고 있다. 그런 만큼 구글이 얻은 데이터는 무료로 사용하도록 하고 있다. 물론 구글 검색에서 보다 정밀도 높은 정보나 온라인 광고는 돈을 요구한다. 페이스북도 막대한 데이터의 용량을 토대로 광고에 활용하고 있다. 구글이나 페이스북이 보유하고 있는 데이터의 생성자이며 주인은 소비자다. 이 때문에 유럽 등지에서는 "데이터는 우리의 것"이라는 사회운동이 일어나고 있다.

그러나 구글은 냉정하다. 구글이 개발한 편리한 툴을 사용해 무료로 검색할 수 있는데 무슨 말이냐는 뜻이다. 만일 데이터의 취득이나 권리가 개인에 속하도록 바뀐다면 검색 서비스 또한 유료화될 것이다. 요즘 대부분 전자상거래에서 데이터를 제공하면 상품이나 서비스를 저렴하게 구매할 수 있다. 예를 들어 '아마존 고'는 기존 소매점에서 구매하는 것보다도 10% 이상 할인해 준다. 물론, 이용자는 카메라나 센서 등을 통해 훨씬 많은 정보를 아마존에 제시해야 한다.

다만 이는 미국이나 유럽의 경우이고 중국에서는 상황이 다르다. 중국에선 모두 공짜다. 중국에서는 프라이버시 등에 신경 쓰지 않는다. 모든 데이터를 국가도 기업도 획기적으로 자유롭게 이용할 수 있다. 데이터의 질이나 정확도를 따지자면 이는 다른 차원이다. 그러니까 데이터는 누구의 것도 아닌, 중국 및 중국 국민의 것이라는 개념이다.

데이터가 얼마나 중요한 자원인가 문제는 시시각각 달라지는 항공권에서도 알 수 있다. 항공권은 변동성이 매우 심한 상품이다. 이를 '다이내믹 프라이싱'이라고 하는데 거의 초단위로 바뀐다. 신선 식품의 경우 시간대에 따라 할인율이 다르다. 이는 모두 데이터에 의해 시간대마다 라이프 타임을 달리하기 때문이다.

우수 인재는
중소기업에 몰린다

인재의 유동성에서 볼 때 유통업 분야가 가장 변화가 클 것이다. 유통기업은 앞으로 기술기업으로 진화하지 못하거나 데이터의 활용을 못하는 기업은 도태될 것이다. 미국의 고급 백화점 '니만마커스'는 지난해 5월 파산했다. 미국에서 100년 이상의 역사를 자랑하며 800여 개에 이르는 대형 점포를 가진 백화점 체인 'JC페니'도 파산 신청했다. 로드앤테일러 등 전 세계 부자들이 사랑했던 대형 유통점도 고전을 면치 못하고 있다.

2020년 초반부터 맹위를 떨치고 있는 코로나 사태에 휩쓸려 휘청거리고 있다는 분석이 주류이지만 그것만도 아니다. 아마존, 구글, 페이스북 등 신흥 유통업 강자들에 밀려나고 있는 것이다. 다만 월마트 등은 살아남았다.

사라져 가는 전통 유통 강자였던 백화점들도 자신들의 문제점을 알고 있었다. 그들은 데이터 사이언스가 미래 유통 비즈니스를 지배한다는 개념을 몰랐을까. 그들은 갖가지 정보망을 갖고 있으며 고객별 데이터를 쌓아 두고 있을 것이다. 하지만 데이터를 쌓아 놓는 것으로는 의미가 없다. 이를 분석하고 활용하는 방법을 알아야 비즈니스에 활용할 수 있다. 데이터를 이해하고 분석하는 전문가가 있어야 한다는 의미다. 특히 전통적인 유명 기업들은 위기감이 없거나, 고객이 지금 무엇을 요구하고 있는지를 파악하지 못한 경우가 적지 않다.

에너지 업계는 말할 것도 없이 큰 변화가 올 것이다. 이제 석유의 시대는 지나고 있다. 석유나 석탄이 시대에 뒤처지고 있다고 하지만 사라지지는 않을 것으로 보는 사람이 많다. 그러나 석유로 움직이는 시대는 분명히 가고 있다. 자동차 혁신을 일으키고 있는 테슬라가 이 흐름을 선도하고 있다. 테슬라는 태양광이나 수소로 운행하는 자동차를 개발하는 데 몰두하고 있다. 아직 전기차도 본격 단계에 들어가지 않았는데도 말이다. 전기차에 이어 태양광, 수소 에너지는 앞으로 수많은 운송 수단의 원동력이 될 것이다.

금융 분야에서의 변화도 예상된다. 기존 은행들은 큰 위기감을 느끼고 있다.

로빈후드처럼 점포를 낼 필요가 없으며, 수수료가 들지 않는 거대 벤처기업들이 우후죽순처럼 생겨나고 있다. 수수료 무료의 결제 서비스는 속속 등장하고 있다. 이를테면 미국에서는 페이스북을 이용하면 무료 송금이 가능하다. 발 빠른 금융기관들은 이미 이러한 미래를 내다보고 있다. 은행들은 기존 금융 서비스에서 플랫폼 유형으로 차분히 변신하지 않으면 안 될 것이다.

게임 앱을 개발하고 있는 기업에도 변화를 보일 것이다. 하드웨어의 성능이 게임 앱의 성공 여부를 결정하는 것이 아니다. 앞으로 고객 경험을 중시하는 쪽으로 변화할 것이다. 아무리 고성능 게임기라도 고객 경험에 동떨어진 게임은 매력이 반감될 것이다. 일본의 소니와 닌텐도를 비교해 보면 흐름을 이해할 수 있다. 소니는 재빨리 고객의 요구를 따라잡았다. 소니는 마이크로소프트와 제휴함으로써 클라우드에 연결해 무한한 자원을 확보해 고객 경험을 서비스하고 있다. 아마도 닌텐도도 마이크로소프트와 제휴할 것이다.

이제 거대 자본은 기업의 절대 강점이 아닌 시대에 접어들고 있다. 기업의 비즈니스에 필요한 요소 8가지를 꼽으라면 이런 것이다. 고객, 브랜드, 유통 채널, 업계에 대한 풍부한 지식, 물류, 공급망, IT 인프라, 자본 등이다.

과거 기업의 경우, 자본이나 물류, 공급망, IT 인프라 등은 대자본 기업만이 갖출 수 있었다. 그러나 지금은 고객과 브랜드 이외의 요소는 외부 조달, 즉 아웃소싱할 수 있다. 힘의 상징인 대기업, 대자본은 절대적인 강점이 아니라는 점이다. 이러한 시대 변화를 파악한 우수한 인재들은 대기업을 선택할 이유가 없어진다. 벤처기업을 선택하는 인재들이 늘어나고 있다.

벤처기업은 새로운 개발이나 훌륭한 브랜딩 등 장점이 있다. 가령 새로운 제품을 개발했을 경우, 아마존이나 페이스북을 사용할 수 있다. 물류, 판매망, IT 인프라도 비용만 지급하면 간단히 이용할 수 있다. 쇼피파이나 클라우드가 좋은 사례다. 아마존클라우드 AWS를 이용하면, 대기업이나 10명의 중소기업이나 사용료, 금액에서는 차이가 있겠지만 사용하는 클라우드 콘텐츠는 기본적으로 동일하다. 현재 아마존닷컴과 마이크로소프트의 애저, 중국의 알리바바가 클라우드 사업의 최강자다. 자금 문제도 벤처투자를 통해 조달받을 수 있는 길이 열려 있다.

6

2030년 누가 세계 경제를 지배할 것인가

클라우드에 쇄도하는
정보 도둑 집단

모든 정보가 클라우드에 모이는 지금, 시장에서의 화두는 해커의 공격을 어떻게 방어하고 정보를 지켜내느냐에 모아진다. 코로나 사태로 놀란 전 세계가 지금 비대면 언택트 산업으로 전환하고 있다. 이는 특히 클라우드 컴퓨팅 시장의 폭발적 성장을 이끌고 있다. 현재 해커 공격을 방어하는 보안 시장의 트렌드는 클라우드 중심으로 재편되고 있다. 글로벌 기업들의 클라우드 보안은 큰 문제로 부상하고 있다.

지난 1월 말 미국 보안업체 파이어아이는 올해 보안 시장 전망을 담은 예측 보고서를 내놨다. 1) 랜섬웨어 사용 지속 및 성장, 2) 국가 차원의 공격을 지속하는 스파이 활동, 3) 매우 중요해진 클라우드 보안 등을 언급했다.

랜섬웨어 공격은 그 어느 때보다도 더욱 까다롭고 파괴적이다. 중국과 러시아 등 주요 공격 국가는 주로 스파이 행위를 위한 공격을 지속하고 있다. 지난 몇 년간 기업들은 급속히 대규모로 클라우드화로 전환했다. 그러나 선진국이나 글로벌 기업들은 보안을 대수롭지 않게 생각했다. 글로벌 IT 기업들은 클라우드 보안을 반드시 고려해야 하는데도 미적거리고 있다. 최근 할리우드에서 열린 세계 가전쇼에서 브래드 스미스 마이크로소프트MS 사장은 기조연설에서 "클라우드 데이터센터를 전 세계 60개 지역에 100개 이상 구축했다."라고 소개하면서, "방대한 데이터가 집약될수록 기술에 대한 통제력을 상실할 수 있고 개인정보보호와 사이버 보안이 그 어느 때보다 중요해지고 있다."라고 말했다.

브래드 사장을 비롯해 대부분 IT 전문가들은 앞으로 해커들이 마이크로소프트의 오피스365나 애저 같은 거대 클라우드를 노리고 있다고 경고했다. 실제로 2020년 12월 미국에서 대소동이 벌어진 솔라윈즈 사태 당시 해커들의 주목표는 핵무기 정보가 담긴 클라우드 공격이었다. 미국 정부 기관과 주요 대기업들이 사용하는 솔라윈즈SolarWinds사의 네트워크 관리 시스템이 주기적으로 업데이트될 때 해커들이 시스템에 잠입했다.

현재 클라우드 시장에서 최강자로 부상한 MS는 전 세계 해커들의 주공격 대상이 되고 있다. MS는 사이버 보안 위협에 대응하기 위해 연간 1조 원이 넘는 비용을 투자하고 있다. 그러나 MS의 고급 정보와 데이터가 언제 해커 공격에 털릴지 고심하고 있다. 보안업계의 최강자인 크라우드스트라이크는 말단 디바이스 단계의 해커 공격을 방어할 솔루션을 공급하고 있지만, 긴장을 늦추지 않고 있다. MS는 '솔라윈즈' 해킹 사태 당시 가장 큰 피해를 입은 기업으로 알려져 있다. MS는 지난 2월 솔라윈즈 사태에 대한 정밀 조사를 마쳤다. 해커들이 애저클라우드, 인튠기기관리 솔루션, 익스체인지협업 솔루션의 소스 코드 일부를 복제해 갔다고 분석했다. 솔라윈즈 사태의 배후로는 러시아 해커가 지목된다.

MS는 최근 중국 해커 집단의 공격도 받았다. MS는 최근 하프늄이라는 이름의 해커 집단이 미국 내 로펌과 보안업체, 감염병 연구원, 정책 씽크탱크 등에서 정보 탈취를 시도했다고 밝혔다. MS는 이번 해킹으로 인한 피해 건수가 몇 건에 달했는지는 밝히지 않았지만, 아마도 피해 규모가 상당할 것이다.

예컨대 해커가 클라우드 1위 기업인 MS를 해킹할 경우 그 파급효과는 상상 이상이다. 다수의 기업이 MS의 소프트웨어를 사용하고 있으며, 언택트 시대를 맞아 MS의 클라우드 애저를 사용하는 기업이 빠르게 늘어나고 있기 때문이다. MS는 갈수록 진화하는 사이버 위협에 대비하기 위해 사이버 보안센터를 운영 중이다. 3,500명의 보안 전문가 그리고 데이터 과학자들이 인공지능 AI 기술을 활용해 위협을 감지해 대응 중이다. 솔라윈즈 사태는 지금도 현재진행형이다. 솔라윈즈 해커 공격 당시 미연방 국방부·국토

안보부 · 재무부 · 상무부를 공격했던 사실이 드러났다. 핵안보국 NNSA도 정체가 확인되지 않은 해커들이 접속했다. 의심스러운 활동은 연방에너지규제위원회FERC, NNSA 소속 샌디아 연구소 및 로스알라모 연구소, 안전수송실 등에서 포착됐다. 이들 연구소에서는 핵무기와 민수용 원자력에 대한 연구가 이뤄지고 있으며 안전수송실은 핵무기 비축량 유지에 필수적인 농축 우라늄 등의 물질 관리와 수송을 담당하고 있다.

1억 배 빠른
양자컴퓨터 시대 열린다

양자컴퓨터 개념은 2015년 등장했다. 컴퓨터가 세상에 나온 지 거의 반세기 만이다. 삼성을 비롯해 소니, 구글, MS, IBM 등 기업은 물론 세계 각국은 개발 경쟁을 본격화하고 있다. 도대체 1억 배 빠른 컴퓨터라면 계산은 얼마나 빠른가. 세계를 지향하는 기업들은 당연히 양자컴퓨터에 집중해야 할 것이다. 양자컴퓨터는 양자물리학의 중첩 원리를 이용한 컴퓨터다. 조만간 양자컴퓨터가 상용화될 것이다. 개발이 완료되면 세계를 뒤흔들 게임 체인저가 될 것이다. 양자컴퓨터가 등장하면 사회 전반에 퀀텀 점프 현상이 일어날 것이다. 산업계 전반에 엄청난 충격파가 미칠 것이다. 기존 암호화 기술의 체계가 흔들리고 블록체인이 무너질 수도 있다. 양자컴퓨터의 시작은 양자물리학에서부터다. 1927년

벨기에에서 열린 제5차 솔베이회의에 세계 물리학계의 거물들이 모였다. 그 자리에서 닐스 보어가 양자물리학을 소개하는 '코펜하겐 해석'을 발표했다. 그러나 아인슈타인은 반기를 들었다. 아인슈타인은 자연현상은 확률에 의한 방법이 아니라고 했다. 자연은 엄격한 인과법칙으로 설명해야 한다고 주장했다. 아인슈타인은 사망할 때까지 끝내 닐스 보어의 이론을 인정하지 않았다. 그러나 이 회의를 계기로 대부분의 물리학자들은 양자물리학을 향후 대세로 인정했다.

변화하는 세상은 지금까지 경쟁력이라고 생각했던 힘을 거부하고 우리에게 새로운 능력과 기술을 요구한다. 언필칭 거론하는 4차 산업혁명은 양자컴퓨터를 요구할 것이다. 인공지능만으로는 수많은 변수를 모두 제어하면서 가장 효율적인 답을 만들어 내지 못한다. 지금 인공지능이 세상을 바꿀 것 같은 위세를 떨치고 있지만, 인공지능이 하지 못하는 게 있다. 인공지능이 넘어야 할 수많은 난제가 많지만, 이 가운데 엄청나게 복잡하게 얽힌 변수 내지 최적 조합 찾기 문제 등이 주요 난제로 거론된다. 지금의 컴퓨터로는 불가능한 연산이다. 인공지능의 한계에 날개를 달아 주는 격이 바로 양자컴퓨터라고 할 수 있다. 거듭 인공지능의 한계는 컴퓨팅 파워다. 수많은 변수와 조합은 지금 인공지능으로는 할 수 없다는 말이다.

지금보다 1억 배 빠른 계산이 있어야 가능하다. 다시 말해 아무리 많은 데이터를 모은다고 해도 정확히 분석하고 딥러닝 등으로 축적된 지식의 형태로 만들어야 비즈니스에 적용할 수 있다. 광속도와 같은 계산 능력이 있는 양자컴퓨터가 필요한 이유이다.

이 분야에서 독보적인 기업은 구글이다. 구글은 2018년 72큐비트를 사용하는 양자컴퓨터 개발을 발표했다. 마이크로소프트MS는 '스테이션 Q'를 개발했다. IBM에서도 'IBM Q'라는 이름의 양자컴퓨터 개발을 추진 중인데 거의 완성 단계에 있다고 한다. 양자컴퓨터는 블록체인에 위협적이다. 블록체인은 다수의 참여자들에 의해 신뢰도를 확보하는 게 기본 원리다. 그러나 양자컴퓨터는 다르다. 모든 컴퓨터의 파워를 모아서 대응을 해도 양자컴퓨터의 계산 능력을 이기지 못한다.

구글이라는 기업이 강한 이유는 양자컴퓨터 개발과 더불어 엄청난 데이터를 갖고 있다는 데 있다. 가령 양자컴퓨터를 개발해 상용화한다고 치자. 양자컴퓨터가 필요로 하는 자원인 데이터와 신기술이 없다면 무용지물이다. 양자컴퓨터를 개발한 구글은 다음 단계에 무엇을 할 것인지 고심하고 있을 것이다. 구글은 불가능에 가까운 계산 속도를 갖고, 데이터를 분석해 내고 있다. 이로 인해 현재 글로벌 경쟁 기업들은 긴장하고 있다. 물론 당장 몇 년 이내에 구글이 양자컴퓨터를 이용한 비즈니스에 나선다는 말은 아니다. 지금의 기술로는 양자컴퓨터의 상용화가 실현될지도 미지수다. 그러나 항상 기술의 발전은 어느 순간 퀀텀 점프했다. 구글이 기대하고 있는 것은 이런 기술 발전의 경로이다.

　구글의 다음 단계가 참으로 궁금하면서도 긴장되는 시점이다. 지금 단계에서 공룡기업들은 총체적인 경쟁력 확보를 위해 인공지능, 사물인터넷, 모바일 데이터 통신에 집중하고 있다.

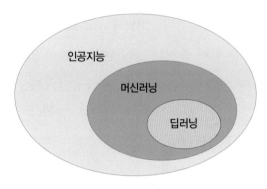

인공지능의 개념도

2

세계를
지배하는 GAFA

구글(Google)
애플(Apple)
페이스북(Facebook)
아마존(Amazon)

1

구글(Google)

검색 기업에서 1등 AI 기업으로 도약하다

구글은 세계 검색 시장의 90% 이상 장악한 공룡기업이다. 검색이란 필요한 무엇인가를 찾거나 찾아주는 행위이다. 직장생활의 가장 기본적인 욕구는 뭔가 궁금할 때 알고 싶은 것을 제때 아는 것이다. 여기에는 모든 의식주가 포함되는 것은 물론이요 지적 활동에 관한 모든 것이 포함된다. 아마존, 애플, 페이스북의 서비스를 이용하지 않는 사람이 있을지라도 구글을 사용하지 않는 사람은 없다. 인터넷이란 지식의 바다에서 모래알을 찾듯, 서비스해 주는 미션이 구글의 지향점이라고 해도 지나치지 않다. 이 모든 것이 공짜다. 공짜이니 사람들이 몰릴 수밖에 없다.

그런데 구글의 본업이 검색인데도 파생 업인 광고 시장에서는 더 큰 공룡이다. 구글의 수익 구조는 대부분 검색 서비스에 같이 표시되는 광고에서 형성된다. 앞에서 언급한 대로 사람은 기본적으로 공짜를 좋아한다. 공짜에 마구 몰려들어 와글와글 시장통에 광고를 얹어놓으니, 엄청난 광고 수입을 들어올 수밖에 없다. 이를테면 소비자들은 구글이 깔아놓은 '검색'이라는 무대 위에서 광고 수입을 벌어주는 피노키오라고나 할까.

그간의 구글이 성장 과정을 잠깐 되짚어 보자. 구글이 도약한 시점은 2015년이었다. 당시 지주회사 알파벳을 설립하고 그 산하에 'Other Bets그 외 수익', 다시 말해 G메일, 구글맵, 유튜브, 웹브라우저 크롬Chrome, 스마트폰용 OS인 '안드로이드', 클라우드로 다각화했다. 불과 수년 전에 자동차 주행 프로젝트인 '웨이모'나, 스마트시티 분야의 '사이드워크 연구소', 알파고를 개발한 AI 소프트웨어 '딥마인드'를 설립했다. 이 모두가 우리에게 익숙한 이름들이다. 이미 구글은 검색 시장을 장악한 토대 위에서 다양한 파생 사업을 더 크게 벌여 관련 시장을 장악하고 있다.

구글 공동 창업자 래리 페이지(왼쪽)와 세르게이 브린

래리 페이지Larry Page와 세르게이 브린Sergey Brin은 구글의 검색 서비스를 창업한 이후 2000년 무렵 광고를 끼워 넣기 시작했다. 그 소프트웨어가 '애드워즈Adwords'인데 지금은 구글 광고의 대명사가 되었다. 애드워즈에 따라 누구나 인터넷에 자신의 광고를 낼 수 있게 되었고, 클릭 수에 따라 광고주는 비용을 지급하는 형태가 생겨났다. 이어 본격적인 AI 시대에 대비해 고객 '니즈'에 무한 대응하는 체제를 갖췄다.

여타 검색 툴에 비해 구글의 강점은 연관 검색어에 있다. 소비자가 알고 싶어 하는 것들을 선제적으로 파악해 내놓는 방식이다. 모두 구글의 혁신 개발팀에 의해 이뤄진다. 물론 AI가 소비자 데이터를 토대로 분석한 결과이다.

이제 구글은 모바일 서비스를 뒤로하고 AI로 옮겨가고 있다. 이 책이 서점에서 팔릴 무렵에도 AI가 수년 후 펼칠 미래는 아직 가늠하기 어렵다. 과연 AI는 어떤 세상을 인류 앞에 펼쳐 놓을까. 기계는 기계일 뿐 인간의 사고력을 넘어설 수 없다는 것은 모두가 인정하는 팩트다. 그러나 인간 두뇌의 능력이 어디까지인지 모를 일이다. 현 단계에서 AI에 관한 기술력은 메가테크 중에서도 구글이 가장 앞서 있다 해도 과언이 아니다.

AI가 관한 흥미로운 일화다. 잘 알려진 것처럼 알파고와 바둑 챔피언과의 대결이다. 바둑의 세계 챔피언과 구글의 인공지능 알파고의 대결은 전 세계적인 관심을 불러일으켰다. 아직 일반에 생소한 AI에 관한 관심을 유도하는 이벤트이다. 당시만 해도 알파고가 어떤 존재인지 소비자들에게 제대로 인식이 안 되어 있었던 시기였다.

2016년 3월 9일부터 7일 동안 구글이 만든 인공지능 알파고와 21세기 바둑의 제왕 이세돌 9단이 5번에 걸쳐 대국을 펼쳤다. 알파고는 바둑 한 수를 둘 때마다 승리 확률을 계산하는 치밀함으로 이세돌을 눌렀다. 바둑계의 '강심장'으로 불리는 이세돌 9단은 단한 번 이겼다. 기자회견에서 이세돌은 "실력적인 측면이 아니라 심리적 측면에서 기계를 당해낼 수 없다"며 한계를 인정했다. 7일간 펼쳐진 바둑 쇼를 기점으로 인공지능의 역사는 새롭게 쓰이게 된다.

인공지능 알파고의 수읽기는 치밀하고 정확했다. 알파고는 1,202대의 CPU중앙처리장치, 176대의 GPU그래픽처리장치를 갖추고 바둑에서 발생할 수 있는 10의 170제곱이라는 어마어마한 경우의 수 중에서 최선의 수를 선택했다.

인간의 계산 능력으로는 불가능한 경우의 수였다. 나아가 알파고는 경우의 수만 선택한 것이 아니라 이기는 확률을 찾아 스스로 취사선택하는 직관력까지 선보였다. 구글 전담팀은 이미 알파고를 훈련시켰는데, 알파고는 서버에 등록된 3,000만 개 바둑돌의 위치 정보와 16만 개의 기보를 5주 만에 학습했다고 한다. 이런 토대 위에 매 수마다 승리 확률을 계산해 최상의 돌을 두는 것이다.

다섯 번을 붙어 이세돌이 한 번을 이겼는데 인간이 기계를 이기는 경우는 이번이 마지막이 될지도 모른다고 호사가들은 말한다.

20년 전 인공지능 소프트웨어가 체스에서 인간을 이긴 적이 있다. 하지만 거의 20년 만에 체스보다 경우의 수가 10의 100제곱만큼 많은 바둑마저 인공지능이 점령했다. 앞으로 인공지능이 인간의 영역을 대신할 가능성은 현실이 되고 있다.

구글이 펼쳐 보일 AI 시대의 인간 삶

아시다시피 인공지능 AI는 각종 산업 영역에서 혁신을 촉진하고 생산성을 향상시키고 복잡한 문제를 해결하는 데 도움을 줄 것이다. 맥킨지는 인공지능이 세계 경제에 미치는 파급 효과를 추정해 보았다. 매년 1.2%씩 글로벌 GDP를 증가시켜 2030년쯤에는 연 13조 달러를 넘어설 것으로 예상했다. 지금보다 거의 배 이상 커진다는 계산이다. 거시적 추정에 맞춰 당장 우리가 맞게 될 변화는 무엇일까. 그리고 어떤 준비를 해야 할까. 일자리가 사라지고 또 생긴다. 그에 맞는 교육은 어떻게 바뀌어야 할까.

우선 인간의 삶을 더 긍정적으로 바꿀 것이다. 교육은 물론이고 법률이나 세무 조언 등을 더 쉽고 자세하게 받을 수 있다. 의학적 변화는 거의 혁명에 가까울 것이다. 두 발을 잃은 장애인이 자유롭게 걸을 수 있는 인공지능이 인간을 보좌할 것이다. 몸에 붙어 있는 생체 시계를 통해 자신의 병을 예측, 질병에 선제 대응할 것이다.

특히 의료 영역에서 인공지능의 활약은 대단할 것이다. 고난도의 전문지식이 필요한 질병의 진단은 이제 인공지능이 기억하는 수천만 건의 질병군을 통해 간단히 실행될 것이다. 의사들이 하던 일이 야금야금 인공지능으로 대체되어 간다는 말이다. 연구자들은 10년 안에 의사 업무의 80%는 AI가 대신할 것으로 예측하고 있다.

농업 분야 또한 대단한 기술적 발전을 이룰 것이다. 이를테면 드넓은 농장에서 제초제와 비료를 살포하는 것은 노동력을 요구하는 고달픈 작업이다. 잡초에는 제초제를, 작물에는 비료를 살포해야 한다. 사람이 AI 로봇에 잡초와 작물 데이터를 입력해 인식하도록 하면 로봇은 골라 작업할 것이다. 실제 미국 농장에서 실행해 보니 인공지능이 환경에 유해한 제초제 사용을 90%나 절감한 사례가 있다.

만일 인공지능이 예술작품을 만든다면 어떤 모양이 나올까. 수많은 작품을 학습함으로써 작품 패턴을 배우고, 여기에 약간의 변화를 가하여 새로운 작품을 만들어 낸다면 인간의 창작력을 뛰어넘을 수 있다. 예컨대 고흐의 화풍을 인공지능에 입력시켜 고흐풍으로 바꿔 보라고 하면 순식간에 만들어 낼 것이다.

또한, 인공지능은 주제가 주어지면 그와 연관되는 이야기를 만들어 낸다. 세익스피어 시풍을 입력시켜 놓은 후에 시 구절을 만들어 보게 한다면 정작 세익스피어보다 더 좋은 시를 지어낼 것이다.

인간 아바타를 만들어 낸다면 별의별 웃지 못할 사건이 벌어질 것이다. 특정 지식을 갖춘 인공지능 아바타를 고객 서비스 등으로 활용할 수 있다. 현재 가장 성공적인 디지털 휴먼은 아멜리아다. 글로벌 기업 여러 곳에서 채용한 아멜리아는 싼 월급임대료을 받으며 먹지도 자지도 않고 365일 24시간 일한다. 또 수백 페이지에 달하는 보고서를 단 몇 분 만에 암기하는 능력을 가지고 있다면 그 활용도는 상상을 초월할 것이다.

영화 속 꿈같은 이야기이지만 이런 기술의 현실화는 점차 가까워지고 있다. 미래학자 레이 커즈와일은 '하이브리드 두뇌'가 활약하는 미래를 예측했다. 그는 《특이점이 온다》 제목의 저서를 통해 2030년을 넘어설 무렵 인간과 인공지능이 결합한 '하이브리드 두뇌'가 선보일 것이라고 전망했다. 컴퓨터와 두뇌를 연결하는 BCI 기술은 발군이었다. 이를 활용해 인간 뇌와 컴퓨터를 직접 연결해 뇌신경 신호를 실시간 해석·활용할 수 있다. 인간의 속마음을 들여다볼 수 있다는 얘기다. 결국 BCI 기술은 두뇌와 컴퓨터가 직접 소통할 수 있도록 해줄 것이다. 또 두뇌가 컴퓨터와 연결되어 전 세계에 있는 모든 정보와 지식을 사용할 수 있게 되면, 강력한 판단 능력을 갖게 될 것이다. 구글은 AI의 이 모든 영역을 준비하고 있다.

빅데이터 X AI, 무궁무진한 서비스가 출현할 것

구글이 AI에 이어 또 하나 내놓을 야심찬 프로젝트는 빅데이터와 AI의 결합이다. 빅데이터는 이제 과거 양적 개념에서 질적 개념, 즉 활용 측면으로 옮아가고 있다. 분석에서 나아가 활용 측면에 맞춘다. 이로 인해 비즈니스 분야에 수준 높은 통찰력을 얻을 수 있다. 최근 빅데이터는 대단한 위력을 발휘했다. 코로나19가 중국 우한에서 처음 발생했다고 알려진 작년 1월 무렵 빅데이터를 활용한 AI는 서울, 도쿄와 같은 인접 국가로 확산될 것을 예측했다. 당시엔 무시되었다. 조그만 스타트업 회사의 예측이었기 때문이다. 모두가 코웃음 쳤고 코로나의 위험성을 무시했다. 그 스타트업은 바이러스의 근원지인 중국의 지구 반대편에 있는 캐나다의 작은 기업 블루닷BlueDot이었다. 거의 모든 지구상의 감염병 정보를 갖고 수조 원의 예산을 쓰는 세계보건기구, 미국 질병통제예방센터 CDC보다 먼저 예측했다.

캐나다 감염병 전문가 캄란 칸은 지난 2003년 홍콩을 찾았다. 사스SARS가 토론토로 확산하며 44명의 사망자와 20억 달러의 손실로 도시를 망치기 직전이었다. 그는 국제기구의 판단 기준과는 달랐다. 블루닷의 AI 알고리즘을 활용한 질병 경고 시스템을 개발했다. 이를 토대로 2013년 그는 블루닷을 창업했다. 블루닷은 언론 보도나 항공 데이터, 동식물 질병에 관한 네트워크 등을 정밀 조사했다. 이를 토대로 집단 감염이 발생한 위험 지대를 피하도록 고객들에게 정보를 제공했다. 데이터가 기술을 앞서는 시대에 있음을 보여 주는 사례다.

이미 구글은 딥마인드 연구소를 캐나다에 설치했다. 발 빠른 선제적 조치다. 캐나다의 AI 연구 기반은 세계 첨단을 달리고 있다. 토론토, 몬트리올, 에드먼턴, 벤쿠버는 4대 AI 성지로 불릴 정도로 차별화된 강점을 갖고 있다. 심층신경망 기반 딥러닝 기술이 있고 AI 강화학습으로 선두를 달리고 있는 구글 딥마인드 연구소이다.

이 순간에도 온-오프를 막론하고 각종 쇼핑센터에서 다양한 데이터가 생성되고 있다. 식당의 경우, 식당 주변 통신사 기지국을 중심으로 유동 인구가 몇 명인지 집계된다. 보행 인구는 몇 명인지, 시간대별로 몇 명의 대기자가 나오고 평균 대기 시간은 얼마인지 등 정보가 모두 모여 빅데이터로 쌓인다.

부동산 역세권이라는 말을 많이 들어 보았을 것이다. 앞으로 주거 환경에 관심이 있다면 역세권은 물론이고 '숲세권', '학세권', '몰세권' 등 신조어가 속속 등장할 것이다. 특정 주거 스타일이 반영된 세권들이 우후죽순으로 나타난다. 이런 현상은 소비자들이 선호하는 주거 특성이 몇 가지로 정해져 있기 때문이다. 모두 빅데이터를 통해 저장되어 구글 딥마인드가 분석해 낼 수 있다. 신선 식품도 마찬가지다. 신선 식품 고객 유형별로 10대 자녀를 둔 가족, 신혼부부와 영유아를 둔 가족, 1인 가구 순으로 구분해 상품을 배열하고 고객을 끌어들이는 전략을 수립할 수 있다.

코로나 팬데믹은 새로운 트렌드를 만들어 낼 것이다. 앞으로 팬데믹은 언택트 산업을 즐길 새로운 방향성을 제시할 것이다. 위기를 몰고 온 하나의 트렌드가 또 다른 새로운 트렌드를 재생산해 내는 양상이다. 이는 모두 빅데이터가 생성할 것이다. 구매력이 높아진 2030 세대는 비행기를 타고 머나먼 타국을 여행한다. 이들을 대상으로 기업들은 새로운 마케팅 기법을 고민할 것이다. 유통업체나 완성차 업체가 특히 민감하다. 이들 기업은 각종 시장의 전반적인 상황을 살펴 소비 트렌드를 파악할 것이다. 물론 빅데이터를 분석한 AI가 쏠쏠한 마케팅 전략을 제공할 것이다.

구글 사이드워크연구소와 스마트시티

구글의 목표는 '전 세계의 정보를 정리해, 전 세계 사람이 접속하고 사용할 수 있도록 하는 것'이다. 사이드워크연구소는 여기에 안성맞춤으로 움직일 것이다. 여기에선 '스마트시티'란 개념을 연구한다.

미래의 도로는 현재와 같은 콘크리트로 굳어진, 용도가 정해져 있는 도로와는 다른 개념이다. 이를테면 스위치 하나만으로 시간대에 따라서 용도나 조명이 바뀐다. 오전 러시아워 때는 버스 전용도로였으나 낮에는 동네 아이들의 놀이터로 바뀔 수 있다. 월요일 출근 시 자동차 도로였던 곳이 일요일에는 농산물의 직판장이 될 수도 있다. 도로는 시시각각으로 변화해서 유연한 공간으로 활용할 수 있다. 도심의 비싼 땅을 과속 질주하는 위험한 자동차가 배회하는 무용한 장소로 허비할 수는 없다. 이는 구글 사업 영역의 넓이를 엿볼 수 있는 개념이며, 거대 프로젝트로 현실화될 수 있다.

반복해서 언급하면 구글은 '전 세계의 정보를 정리해 전 세계 사람들이 접속해서 사용할 수 있도록 하는 것'이며, 이런 개념에 따라 검색 서비스, 동영상 공유 서비스, 지도 서비스 등 '소비자가 원하는 정보를 제공하기 위한 툴'을 제공할 것이다. 이 서비스들을 디지털화해 제공하고 이를 토대로 해서 광고를 얹어 수익을 내는 것이다. 예컨대 2017년 말 기준 알파벳의 매출액은 1,109억 달러였다. 이 가운데 광고 관련 매출액은 954억 달러로 약 86%, 이외 매출액은 12억 달러1% 등이다.

안드로이드 운영체제의 성공

구글의 또 다른 특징은 애플과는 다른 운영체제 안드로이드의 사업 모델이다.

구글은 2007년 모바일 운영체제OS 안드로이드 제공을 시작했다. 지난 2018년 OS 안드로이드 이용자는 세계에서 20억 명을 넘어섰다. 세계 스마트폰 시장의 거의 85%에 육박하는 수치다. 구글은 스마트폰 제조업체에 OS 소프트웨어를 거의 무상으로 제공해 왔다. 운영체제를 개발하는데 수천억이 드는 비용을 고려하면 구글의 속내가 무엇인지 궁금해진다. 당연히 안드로이드 탑재 스마트폰의 유저는 폭발적으로 늘어날 것이다. 구글 서비스의 이용자는 폭증할 것이고 결국 광고 수입의 폭발적 증가로 이어진다. 아울러 검색, 구글맵, 유튜브 이용자도 함께 늘어나 그야말로 꿩 먹고 알 먹는 구조이다.

통상 IT 업계에서 초기 리더가 최종 승자가 되는 경우는 많지 않다. 휴대전화 시장이 대표적이다. 불과 10년 전만 해도 휴대전화 시장을 좌지우지한 기업은 글로벌 기업 노키아Nokia와 블랙베리 BlackBerry였다. 애초 애플은 휴대전화에 관심이 없었다. 관심이 없어서가 아니라 전문 인력이 없어서 뛰어들지 못했다. 당시 모바일에서 안드로이드는 생소한 언어였다. 불과 10년 만에 구글의 OS

안드로이드는 세계를 호령하는 위치에 올라섰다.

가상 비서, 즉 인공지능 AI 시대가 서서히 열리고 있다. 현재 각 분야 리더격인 기업은 애플이 지배하는 스마트폰, 아마존이 지배하는 가정용 제품 등으로 분야가 비교적 명확하다. 그러나 미래 가상 비서는 한계가 불명확할 만큼 곳곳에 자리 잡을 전망이다. 웨어러블, 수많은 전자 기기, 수많은 사물인터넷IoT은 물론이고, 사무실과 자동차, 집 등 사람이 머무는 장소라면 어디에서나 활용될 것이다. 가상 비서는 아주 중요한 비즈니스 도구가 될 것이다. 가상 비서에 눈독을 들이고 있는 구글은 또 무엇을 꺼내들어 미래 시장을 지배할 것인가. 결국 구글이 지배자가 될 것으로 예측하는 전문가들이 많다.

왜 그렇게 보는가.

첫째, 다른 회사와 비교해 우선 기능이 우수하다는 평가가 많다. 구글은 지난해 '구글 어시스턴트'의 신기능을 속속 발표했다. 한 때 2018년 중국에서 구글의 검색을 중단하는 사태가 빚어졌다. 구글의 AI를 상징하는 '구글 어시스턴스' 때문이었다. 중국으로선 각종 정보가 모두 오픈되고 검색될 우려가 있었다. 구글 어시스턴트의 약진이 2020년에 특히 두드러졌다. 2000년 1월부터 4월까지 단 4개월 동안 어시스턴트를 지원하는 하드웨어 장치의 종류가 1,500종에서 5,000종으로 3배 넘게 증가했다. 물론 이 분야에서는 아직 아마존이 선두에 있다. 아마존 알렉사를 지원하는 하드웨어는 1만 2,000종이다.

그러나 구글 하드웨어를 소비자들이 더 선호하고 있다. '더 나은 기능' 때문이다. 디지털 마케팅 회사인 스톤 템플Stone Temple 의 조사보고서를 보면 분명해진다. 구글 어시스턴트는 아마존 알렉사, 애플 시리, 마이크로소프트 코타나보다 편리하고 성능이 우수한 것으로 조사됐다.

두 번째, 구글 어시스턴트는 믿을 수 있는 인공지능이라는 평이 주류다. 이를테면 대화 일부, 또는 전부를 선택해 쉽게 삭제할 수 있다. 아울러 구글 어시스턴트 앱을 개발하는 신생 회사에 대한 투자도 병행한다. 대기업과 협력 업체가 상생하는 선순환 구조를 만드는 셈이다.

또한, 구글 픽셀북과 노트북 컴퓨터의 키보드에 어시스턴트를 호출하는 전용 키가 장착되어 있다. 픽셀북 펜에도 버튼이 있다. 수백만 명의 직장인, 기업가가 구글 어시스턴트를 사용하고 있다. 조만간 전 세계로 확산할 것이다.

구글이 승자가 될 진짜 이유는 따로 있다. 구글은 소비자가 원하는 정보를 찾아주고 원하는 장소에 데려다 주고, 원하는 행위를 대신해 주는 인공지능 AI 분야를 선도하고 있다.

여기서 AI 분야에서 구글의 경쟁사가 될 만한 몇 개 회사의 특징을 살펴보자.

아마존은 물건 판매기업이다. 거대한 유통업체로 인식되고 있다. 아마존에서 판매하는 제품은 저렴하고 신속한 구매와 배송이 가능하다. 애플의 경우, 애플 하드웨어를 구매하지 않는 사람에게는 의미가 없다. 애플의 '시리'는 모든 사람이 이용하도록 만들어져 있지 않다.

셋째, 애플에 비해 구글은 대중적이다. 머지않아 AI가 검색엔진을 대체할 것이다. 예컨대 구글 보이스서치는 구글 어시스턴트가 완전히 대체할 것이다. 지금은 소비자가 귀찮게 컴퓨터 앞에 앉아 자판을 두드려야 검색이 가능하다. 앞으로는 말로 지시하면 구글 어시스턴드, 즉 AI 가상 비서가 찾아줄 것이다.

8년 전에는 애플이 가장 빨랐다. '시리'를 인수하면서 AI 가상 비서 시장에 가장 빨리 뛰어들었다. 아마존은 3년 전에 출시한 아마존 에코 제품군을 앞세워 AI 시장에 진입했다. 그러나 지금은 상황이 뒤바뀌었다. 경쟁력 있는 기업이 구글이라는 점이 서서히 드러나고 있다. 구글 안드로이드는 세계적으로 가장 많이 사용되는 운영체제이고, 플레이 스토어에서 대부분의 앱을 찾을 수 있다. 즉 구글의 프로세스에 친숙한 개발자와 소비자가 훨씬 더 많아지고 있다.

아울러 구글이 보유한 데이터가 훨씬 다양해지고 있다. 학교에서 크롬북을 사용하는 아이들이 점차 증가하고 있는 것도 구글에 유리한 비즈니스 환경이다. 현재 구글에 교육 시장 점유율을 뺏긴 기업은 애플과 마이크로소프트인데, 상당한 타격을 주는 모양새다. 구글 어시스턴트가 크롬북 환경의 중심으로 통합되고 있는 것이다. 정리하면 훨씬 더 많은 사람이 구글 플랫폼을 사용하고 있으며, 더 나은 AI를 보유하고 있으며 경영진의 강력한 의지가 합쳐져 시너지 효과를 내고 있는 것이다.

미래 교육에 대한 구글의 열정

미래 교육에 대한 구글의 집념은 강하다. 구글이 '구글 포 에듀케이션Google for Education'에 50개 이상의 새로운 기능을 추가했거나 시행할 예정이다. 구글 포 에듀케이션은 교육용 솔루션이다. 교사와 학생들이 온·오프라인 환경에서 학습과 관리를 할 수 있도록 지원한다. 클라우드 플랫폼, 협업 및 통신, 관리 도구로 구성된 온라인 교육 솔루션이다. 구글미트Google Meet, 클래스룸Classroom, 교육용 G스위트G Suite for Education 등으로 구성되었다. 구글미트는 동시에 수십 명의 학생들이 실시간으로 온라인 학습을 진행하는 소프트웨어다. 가로세로 각각 7개의 화면을 띄워 최대 49명이 참여할 수 있다. 클래스룸은 교사와 학생이 과제 수행이나 수업 이행에 필요한 소프트웨어이며, 교육용 G스위트는 행정 및 관리 기능 강화에 초점을 맞춘 것이다. 이미 전 세계 250개 교육 현장에서 활용되고 있다.

전 세계를 공포에 몰아넣고 있는 코로나19의 확산은 '구글 포 에 듀케이션'에 대단한 호재가 되고 있다. 학교 수업에서 대면 수업 대신 온라인 수업이 일반화되면서 이용자가 급증하고 있다. 아울 러 반복 쓰기를 최소화하고 맞춤법과 문법을 바로잡아 주는 스마 트컴포즈SmartCompose와 자동 수정 기능도 지원한다.

혁신을 거듭하는 IT 기업의 최강자

구글의 현 CEO 선다 피차이Sundar Pichai는 혁신에 관한 전권을 쥐고 경영을 지휘하고 있다. 선다 피차이는 1972년 인도에서 태어 났다. 아버지는 부품을 조립하는 공장을 경영하고 있었지만 12세 가 될 때까지 집에 전화도 없을 정도로 가난했다. 머리가 비상했 던 피차이는 명문 인도공과대학 IIT 졸업 후 곧바로 미국 스탠퍼드 에 진학했다. MBA를 취득한 뒤, 컨설팅 회사인 맥킨지에서 경험 을 쌓았고, 구글에는 2004년 입사했다. 그는 이미 구글크롬이나 안드로이드, 크롬OS와 같은 아이디어를 냈다. 피차이는 캐릭터에 서 다른 메가테크 기업의 경영자와 성향이 달랐다. 그는 타인과의 경쟁을 바라지 않으며, 상호 협력을 중시하는 것으로 유명하다. 사원이 일하고 싶다고 생각하는 회사, 일하기 좋은 회사를 지향하 고 있는 구글의 이념에 맞는 인물이 선다 피차이였다.

피차이의 경영 방침은 이렇다. 우선 유저에게 초점을 맞추라는 것이다. 유저에게 초점을 두면 다른 것은 모두 따라온다는 원리다. 그는 새로운 웹브라우저를 개발할 때도, 홈페이지를 바꿀 때도 수익이 아닌 유저를 가장 중시했다.

확실히 구글의 홈페이지를 보면 심플하고 다른 포털 사이트처럼 어지럽게 광고가 널려 있지 않다. 이는 유저가 헤매지 않고 쉽게 접근할 수 있도록 한다는 취지였다. 구글의 검색에서는 광고임을 명시하고 정보와 광고를 분명히 구분하고 있다.

피차이는 빠른 검색 시스템을 구축하도록 유도한다. 이는 유저를 기다리게 하지 않고, 유저의 귀중한 시간을 버리지 않도록 하자는 것이다.

피차이는 윤리에 어긋난 행위를 하지 않도록 사원들에게 지시한다. 이는 구글의 기업 이념으로 자리 잡았다. 게재하는 광고에는 '스폰서에 의한 광고 링크'스폰서 링크 임을 반드시 명기하고, 나아가 광고 파트너들 사이에서 비윤리적으로 순위를 조작하는 행위를 금하고 있다. 피차이는 구글 구성원들이 다양한 백그라운드를 가지고 업무, 놀이, 생활에서 독창적으로 접근하도록 장려하고 있다. 편안한 분위기 속에서 카페, 팀 미팅, 헬스장 등에서 만나 새로운 아이디어가 탄생하도록 하고 시행착오를 거쳐 바로 프로젝트화한다는 점이다. 혁신에 혁신을 위한 효과적인 방안을 찾고 있다. '스티브 잡스나 제프 베이조스와 같은 천재적인 창업 경영자를 복제하는 방법이기도 하다'고 피차이는 강조한다.

구글에는 다른 메가테크 기업에서 볼 수 없는 요소가 있다.

'마음챙김mindfulness'이 그것이다. 선의 세계에서 행해지는 명상만을 위미하는 것이 아니다. 최근 스트레스에 지친 환자의 처방법으로 의료 현장 등에 도입되고 있는 방법이다. 집중력과 자기 인식, 동료에게 도움되는 마음 습관 등을 기르는 일종의 명상법으로 알려져 있다.

구글은 어디까지 인간 생활을 진화시킬까

———

과연 구글은 어디까지 인간 생활을 변화시킬 것인가. 이는 고객에게 더욱 진전된 서비스가 무엇인가, 무엇을 내보일까에 모아진다. 그것들 중 하나는 '검색 불필요'이다. 구글 스스로 이제까지 주요 역할이었던 '검색' 자체를 불필요하게 만드는 것이다. 도대체 무슨 말인가. 통상 소비자들은 알고 싶은 정보를 찾기 위해 인터넷에서 서핑을 한다. 그러나 발상을 바꿔 탐색자가 검색하기도 전에 알고 싶은 것을 먼저 표시해 준다면 감동할 것이다. 이 같은 '검색 불용 단계'로 진입하려고 시도하고 있다. 예를 들어 금요일 저녁 무렵 약속 시간에 맞춰 브라우저를 가동하려고 하면 먼저 구글이 레스토랑을 소개해 준다. 말하자면 고객 취향에 맞춘 레스토랑을 선제적으로 검색해 나타내 보여 주는 것이다. 기술적으로 충분히 가능한 서비스이다. 지금 구글 정도의 기술력이면 가능할 것이다. 구글은 이미 검색 역할 이외 비즈니스 모델을 수행하기 위해 관련 기업을 M&A를 통해 다수 사들였다.

지금까지 매수 기업은 200여 개이고, 투자금도 30조 원 이상이다. 대부분 성장이 기대되는 기업들이다. 이를테면 2006년에 매입한 유튜브를 보자. 애초 구글도 유튜브와 유사한 동영상 서비스를 시도하고 있었다. 그러나 유튜브의 성장 속도가 훨씬 빨랐고 다양했다. 구글은 아예 유튜브 매입으로 전략을 바꿨다. 당시 매입 금액은 2조 원가량이었고, 그야말로 대박을 쳤다. 유튜브는 지금처럼 승승장구하는 플랫폼이 되어 전 세계로 확산됐다.

구글의 안드로이드 매입 또한 대박이었다. 애플의 iPhone이 개발되고 있다는 정보를 입수한 구글 경영진은 절박했다. 휴대전화 시장의 폭발적 성장이 예상되는 상황에서 이대로 가면 애플 세상이 될 것을 걱정했다. 마침내 구글 경영진은 휴대전화 운영체제를 개발하는 기술기업을 찾아내 매입하는 데 성공했다. 애플이 iPhone의 첫 발매를 단행한 시기는 2007년이었다. 구글이 안드로이드를 사들인 시기는 2005년이었다. 구글의 비즈니스 센스가 번뜩인 시기였다.

검색 서비스에서도 구글은 적극적인 매입으로 앞선 선도자를 제압했다. 구글이 검색 시장에서 기세를 떨치기 이전에는 모두가 알고 있는 야후가 시장을 장악했다. 당시 기술 수준이나 유명세에서 야후는 구글을 3년 정도의 격차로 따돌리고 있었다. 그러나 지금은 어떤가. 구글은 야후를 저만치 따돌리고 거대 메가테크로서 전 세계 검색 시장을 쥐락펴락하고 있다. 광고 시장도 거의 장악한 듯 보인다. 어플라이드 시맨틱스Applied Semantics를 인수하여 구글애드워즈에 통합시켰다. 광고 활황은 곧 수익 확대로 이어졌다.

2013년 구글이 영국의 인공지능 기업 딥마인드를 인수한 것은 그야말로 신의 한 수로 평가받는다. 딥마인드 인수는 클라우드 사업을 위한 포석이었다. 지금에 와서 보면 클라우드에 모든 기업들이 달려들고 있다. 구글 경영진의 선견지명을 입증하는 것이다. 구글이 클라우드 사업에 착수할 수 있었던 배경에는 빅데이터가 있었다. 다양한 사업으로부터 빅데이터를 모을 수 있는 체제를 구축했기 때문에 가능했다. 모든 빅데이터를 인공지능에 기억시켜, 개개인의 기호에 맞는 서비스를 제공하고 있는 것이다. 이를테면 유튜브에서 좋아하는 음악이나 동영상이 나도 모르게 표시된다. 인공지능이 나의 기호를 파악해 아직 완전하지는 않지만, 미리 표시해 주고 있는 것이다. 전 세계 수억 명에게 서비스하는 이 같은 노하우를 인공지능이 수행하고 있는 것이다. 또한, 자율주행 자동차 프로젝트인 웨이모Waymo는 현재 애리조나주 피닉스에서 로봇택시 실험을 수행하고 있다.

구글, 데이터 장악 1등 기업을 꿈꾸다

———

구글은 데이터 장악에 사활을 걸고 있다. 애플이 강력한 경쟁자로 부상하고 있다. 데이터 장악이란, 각종 데이터를 분석해서 비즈니스에 활용하는 정보로 재생산하는 작업이다. 이미 설명했듯이 데이터는 '21세기 석유'라고 칭한다. 사회 각 분야에서 생산되는 데이터가 그리 다양하게 활용되지 않고 있다. 현재 데이터에서 추출하는 정보가 분량이나 질적인 측면에서 비즈니스로 연결되기에는 부족하다. 따라서 비대칭적, 불균형에 의한 낭비가 많다. 예를 들면 병원에 갈 때마다 의사의 질문에 답변해야 하며 데이터 부족으로 인해 오진의 가능성도 없지 않다. 개인별 데이터나 해당 질병 관련 데이터가 확보되어 있으면, 어떤 병에 어떤 치료와 처방이 가능한지 빠른 시간 내에 진단해 환자에게 전할 수 있다. 생명보험 업계도 마찬가지다. 보험 가입 시 가입자의 병력이나 건강 상태 데이터를 공유하고 있으면 맞춤형 보험 가입이 가능하다. 가입자 정보량이 증가하면 그만큼 보험료도 저렴하게 책정할 수 있다.

중고차 업계는 특히 정보 불균형의 대표적 사례다. 판매자는 자동차에 대한 정보를 제대로 파악하고 있는 반면, 구매자는 차종이나 외형, 주행거리 같은 단편적인 정보밖에 알 수 없다. 사고 경력이나 기타 숨은 이력은 드러나지 않는다. 따라서 악덕 업자가 사고 경력을 숨기고 판매하는 일도 충분히 일어날 수 있다. 자동차 관련 데이터가 저장되어 있으면 있을 수 없는 일이다. 이러한 정보의 비대칭성으로 인한 시장을 경제학 용어로 '레몬 시장'불량품이 나도는 시장이라고 부르는데, 데이터가 활용되지 않는 시장이나 비즈니스에서는 레몬 시장이 되기 쉽다.

반대로 자동차의 총 주행거리나 지금까지의 사고 이력을 기록하는 IoT가 내장되어 있으면, 차량 정보가 구매자에게 모두 개방되어 중고차 시장이 보다 활발해질 수 있다. 미래 비즈니스는 이처럼 데이터가 모든 곳에서 사용될 것이다.

기업들이 고객에게 상품 추천을 할 경우, 보다 정확하고 포괄적인 데이터를 토대로 하면 신뢰도가 높아지고 매출 증가로 이어질 것이다. 판매자도 쓸데없는 분야에 시간과 비용을 낭비할 필요 없이 최단 기간 내 상품이나 서비스를 제공할 수 있다.

앞에서 21세기 석유는 데이터라고 언급했다. 석유는 먼저 깨낸 사람이 임자다. 유전으로 치면 데이터는 우물과 같다. 데이터가 나오는 지점을 먼저 찾아내면 유전처럼 일정 기간 추가 비용 없이 데이터를 캐낼 수 있다. 석유와 마찬가지로 미래 사회에서는 데이터를 활용한 비즈니스가 크게 번성할 것이다.

역으로 보면 데이터가 없으면 비즈니스 기회가 사라지는 현상이 올 것이다. 데이터의 가치를 알고 있는 기업들은 과거의 석유와 마찬가지로 데이터의 취득과 관리에 열을 올리고 있다. 이 가운데 휴대전화 운영체제 OS를 제공하고 있는 구글과 애플이 선두에 있다. 두 회사 모두 데이터의 취득 및 분석에 관한 다양한 프로젝트를 발표한 바 있다. 특히 구글이 얻는 데이터양은 압도적이다. 구글은 검색을 통해 많은 데이터를 축적할 수 있다. 데이터란 사람들의 욕구, 즉 검색을 통해 생성되기 때문이다. 세계 스마트폰 시장의 80%를 장악하고 있는 애플의 경우 고객의 취향에 관한 데이터를 대량 보유하고 있다. 어떠한 앱이 애플스토어를 통해 다운로드되고 있는지, GPS 위치 정보는 어떤 수준인지, 애플 페이에 의한 결제 성향 등 다양한 데이터를 아이폰을 통해 얻을 수 있다. 구글과 애플은 데이터의 활용 측면에서 차이를 보인다.

우선 구글은 검색, 배너, 동영상 등 온라인 광고에 활용하고 있는 반면, 애플은 데이터를 광고에 이용하지 않고 있다. 애플의 전략이다. 애플은 아이폰 판매에 데이터를 활용하고 있다. 데이터 분량에서도 구글이 압도적이다. 하지만 질적 측면에서는 애플이 낮다는 평가를 받는다. 아이폰 구매층은 대체로 소득이 높다. 연봉 2,000만 원 수준의 사용자 10억 명분의 데이터와, 연봉 1억 원 수준인 사용자 2억 명분의 데이터는 질적으로 차이가 있다. 높은 브랜드 가치를 유지하고 있는 애플은 우선 광고에 신경을 쓰지 않는다. 언젠가 고액 연봉자를 상대로 데이터를 광고에 활용하겠지만, 지금은 때가 아니라고 판단하고 있다.

그럼에도 데이터 취득에서 구글은 유리하며 압도적인 경쟁력을 보인다.

아마존이나 페이스북도 데이터 취득에 열을 올리는 구글 따라 하기에 나섰다. 두 기업은 스마트폰을 통해 자사의 앱으로 들어온 검색자를 상대로 데이터를 대량 수집하고 있다. 가장 빨리 쉽게 데이터를 수집하는 수단이 바로 스마트폰 앱의 다운로드이다. 앱을 통해 검색이나 쇼핑을 하도록 하면 구글에는 데이터 정보가 유출되지 않기 때문이다. 스마트폰 앱을 경유해 쇼핑하면 할인율도 높게 서비스하며, 포인트도 부여한다. 모두 데이터 수집을 목적으로 하는 것이다.

그래서 애플도 대책을 마련했다. 2020년 9월 아이폰의 최신 운영체제 iOS14에 탑재한 앱클립스가 그것이다. 앱클립스는 이른바 미니 앱이라고 불린다. 아이폰에서 앱을 다운로드하지 않고도 검색할 수 있다. 스마트폰 고객들은 잘 쓰지 않는 앱은 대개 다운로드하지 않는다. 앱클립스는 일종의 체험 앱이다. 그리고 애플은 다운로드되기 이전의 미니 앱 상태에서 데이터를 입수할 수 있다.

넷플릭스도 게임 비즈니스에 활용하기 위한 데이터 수집에 나섰다. 검색 시장의 강자 구글이 열어젖힌 데이터의 취득 전쟁은 앞으로 더욱 과열될 것이다.

애플(Apple)

세계 최초 시총 1조 달러를 돌파한 최우량기업

세계 최초 시가총액 1조 달러 돌파에 이어 2년여 만인 2020년 8월 2조 달러를 돌파한 최우량기업 애플. 전 세계 휴대전화 시장 순이익의 80%를 가져가는 회사다. 건강 시계 애플워치는 시계의 대명사 롤렉스를 압도한다. 애플을 찬양하는 수식어는 다양하다. 앞으로 또 어떤 수식어를 달지 주목된다.

삼성전자 시총 700조 원 스마트폰이 세계를 호령한다지만 한층 더 높은 존재감을 보이는 제품은 연간 2억 대나 팔리고 있는 애플의 아이폰iPhone 이다.

스티브 잡스가 세상을 떠난 지 벌써 9년여 시간이 흘렀는데도 애플의 질주는 이어진다. 사람들은 혁신의 아이콘으로 불리는 잡스 없는 애플을 상상할 수 없었다. 그러나 지금 애플은 점점 고급화 전략으로 시장 점유율을 높혀가면서 브랜드 가치를 올리고 있다. 기업 경영을 어떻게 해야 이런 우량, 고급 회사를 만들 수 있을까. 미국이라는 초강대국의 기반을 토대로 전 세계에서 비즈니스를 한다는데 따른 프리미엄 이익이라고만 볼 수 없을 것이다.

아이폰iPhone, 아이패드iPad, 맥북Mac 등 품질 좋은 제품이라면 애플을 떠올린다. 애플의 신모델 발표 이벤트에는 매번 전 세계로부터 큰 관심을 모은다. 삼성전자의 신모델을 발표하는 이벤트에서 전국적 관심을 끌었던 수준으로, 애플은 전 세계에서 환영받는다.

우선 애플은 고급품 위주로 한다. 이 때문에 애플의 고객은 자랑스러워한다. 자신의 구매 행위를 거의 의심하지 않는다. 비이성적 구매라는 것임을 알면서도 이에 개의치 않는다. 구매를 결정할 때 자기 뇌는 단지 구경만 했을 뿐이라는 논리로 구매 행위를 합리화한다. 이유는 간단하다. 애플이 다른 브랜드보다 우수하고 고급이라는 이유 때문이다.

도대체 무엇이 있기에 이토록 좋은 기업과 제품을 만들 수 있는가. 여기에는 창업주 스티브 잡스 특유의 섬세하고 예민한 비즈니스 감각이 내재되어 있다.

애플은 또 어떤 미래 전략을 갖고 있는가. 애플의 미래 전략을 가늠해 본다면 정보통신 업계의 미래를 내다볼 수 있을 것이다.

애플이 펼칠 미래를 알고 싶다면 과거에 무엇을 했는지 먼저 유심히 고찰할 필요가 있다. 아이폰을 2007년 시판한 이후, 애플은 11년 만인 2018년 8월 전 세계 기업 중에서 처음으로 시가총액 1조 달러를 넘어섰다. 주가는 물론 12배나 뛰었다. 지금도 애플의 기업가치는 우상향에 있는 것이 분명하다. 애초 애플은 애플 매킨토시 McIntosh, Mac로 유명했다. 2001년에 하드디스크를 탑재한 휴대 음악 플레이어 iPod을, 2007년에는 iPhone을, 2010년에는 태블릿 단말기 iPad를 시판하면서 잡스 신화를 이어가고 있다.

아이폰을 보자. 스마트폰의 전 세계 출고 대수를 본다면, 2017년 4~6월 동안 삼성은 7,800만 대였고, 애플은 4,100만 대였다. 그러나 애플이 아이폰 판매로 얻은 수익은 스마트폰 업계 전체 이익의 91%를 차지한다. 즉 세계의 스마트폰 시장의 수익은 애플이 거의 가져가고 있다 해도 과언이 아니다.

애플이 순이익을 독식할 수 있었던 데는 이유가 있다. 애플은 단순한 단말기 판매에 그치지 않았다. 단말기를 통해 새로운 디지털 라이프를 소비자에게 무료로 선보였고 열광적인 지지를 받았다. 예컨대 iPod은 사용하기 편한 휴대 음악 플레이어를 판매했을 뿐만이 아니라, iTunes라는 관리 소프트웨어를 무료 제공하고 음악 서비스를 제공했다. 듣고 싶은 음악을 사서, 언제 어디서든지 들을 수 있다. 획기적인 디지털 라이프스타일이 아닐 수 없다. 이는 종래 음악 시장의 판도를 바꾸는 파괴적인 이노베이선을 몰고왔다. 종래 구멍가게 수준인 음원 시장의 판도가 뒤집어졌음은 물론이다.

또 한 가지 아이폰에는 여타 스마트폰과 달리 iOS가 탑재되어 있다. 여타 스마트폰에는 대부분 구글의 스마트폰 OS인 안드로이드삼성폰 처럼를 탑재하고 있다. 구글이 운영하는 앱스토어 'Google Play'로 안드로이드 앱을 다운로드하여 스마트폰을 작동한다. 즉 안드로이드 OS를 채용한 스마트폰의 플랫포머는 구글이다. 그러나 아이폰 사용자는 애플이 운영하는 '앱스토어App Store'로 어플을 다운로드한다. 이미 애플은 독자적인 앱을 제공·판매하기 위한 플랫폼을 구축해 놓은 것이다. '단발기를 팔면 끝'인 여타 스마트폰 업체와 달리, 애플은 비즈니스 모델이 전혀 다르다는 것이다. 놀이 기구를 팔고 놀이 방법과 놀이 수단까지 모두 판매한 꼴이다. 애플스토어, 음악 스트리밍 서비스 '애플뮤직' 등으로 창출하는 매출액만도 2018년 9월 기준 371억 달러까지 늘었다. 비즈니스 생태계를 스스로 구축한 것이 애플의 성공 모델이었다. 아울러 고급화 전략으로 고객을 끌어모으고, 이어서 아이폰에 내장된 앱스토어를 '흥분과 활기에 넘친 장소'를 만들고 있다.

앞에서 설명한 대로 애플 고객들은 애플 제품을 자랑스러워한다. 최고의 상품을 갖고 있다는 자부심이다. 아이폰은 '나다운 라이프스타일을 유지한다.', '나의 라이프스타일이나 기분에 맞는 고품질의 스마트기기를 나답게 스마트하게 사용하고 싶다.'는 고객가치를 제공하고 있다. 애플이 아이폰에 대한 철학·생각·신념을 가지고 있듯, 자신의 일이나 라이프스타일에 철학, 생각, 신념을 갖고 싶다고 생각하는 사람, 이것이 애플의 목적이며 존재이유라는 것이다.

대표 브랜드 iPhone의 'i'에는 의미심장한 뜻이 담겨 있다. 소문자부터 시작함으로써 먼저 주의를 끌고 나서, 전체적으로 명쾌한 톤과 발음 그리고 무엇보다 i에는 '나'라는 의미가 있다.

애플의 철학은 창업자 스티브 잡스의 성향에 따른 것이다. 잡스는 한때 애플에서 쫓겨난 시기도 있었다. 1997년 복귀한 이후 공개된 애플 광고의 문구는 '다르게 생각하자'였다.

'Think different'. 당신은 아인슈타인, 존 레논, 파브르 피카소와 같이 세상을 바꾼 천재라는 메시지를 주는 것이다. 잡스가 떠난 후 현 CEO 팀 쿡Tim Cook은 이 철학을 유지하고 있다. 잡스, 쿡과 함께 최고 디자인 책임자 조나단 아이브Jonathan Ive는 여타 하이테크 기업을 압도하는 강고한 브랜드 파워를 지닌 능력자로 인정받는다.

꿈의 시가총액이라 불리는 2조 달러를
달성한 애플 CEO 팀쿡. (사진:세계일보)

애플이 선도하는 AI 프로젝트

애플의 이익은 고급 휴대전화인 아이폰에서 주로 얻는다. 애플의 2019년 1/4 분기 내역을 보면, 매출의 61.7%를 iPhone에서 올렸다. 그에 이어 서비스 부문은 12.9%. Mac이 8.8%, iPad 8.0% 순이었다. 아이폰과 함께 주요 이익이 나는 분야는 iOS의 플랫폼 구축과 에코 시스템 구축에 있다.

애플의 다음 목표는 무엇인가.

애플의 21세기 목표는 최고의 인공지능AI 기업을 만드는 것이다.

지난해 하반기 무렵 애플은 '덴트 리얼리티Dent Reality'와 손잡고 고난도의 인도어 매핑 기술을 개발 중이다. 간단히 말해 웹상에서 고객이 원하는 것은 무엇이든 스스로 해주고 찾아주는 솔루션이다. 덴트 리얼리티는 애플의 인도어 매핑 솔루션을 공급하고 있다. 고도의 정확성을 겸비했다. 초기에는 주로 쇼핑센터와 쇼핑몰을 탐색하는 수준이었지만, 용도는 다목적으로 확장할 수 있다. 지난해부터는 증강현실, 즉 AR에 기반한 이용자 인터페이스를 개발 중이다. 앞으로 아이폰과 아이패드에 탑재해 실내 매핑, 물체 식별, 정밀 AR 기반 경험을 위한 강력한 툴이 될 수 있다. 아울러 애플워치에 지도, 아케이드, 활동 앱을 구현하는 역할도 가능하다. 위에 열거한 프로젝트는 미래 애플의 AI 프로젝트와 관련하여 기초적인 몇 가지만 소개했다. 무엇을 또 고객에게 보여 줄지 소비자들은 가슴 두근거리며 기다리게 만든다.

애플의 메인 비즈니스는 아이폰을 위시한 제조업이지만, 소비자들이 기억하는 애플은 혁신, 디자인, 아이디어의 아이콘이다. 미래 애플은 바로 최고의 인공지능 AI 기업을 지향한다. 존 지아난드레아 AI 전략 수석부사장은 언론 인터뷰에서 "iOS에서 AI를 사용하지 않는 기능을 찾아보기가 점점 어려워지고 있다"면서 "AI와 머신러닝 ML은 애플이 생산하는 아이폰, 아이패드 등 거의 모든 생산품에 탑재되어 고급 기능을 선사할 것"이라고 말했다. 그러나 애플은 이런 기능을 일부러 내세우지 않는 전략을 취하고 있다. 소비자가 스스로 알아서 찾도록 유도하는 전략이다.

애플이 내놓은 인공지능 '시리'가 구글 '어시스턴트'나 아마존의 '알렉사'와 비교해 볼 때 콘텐츠 품질이 떨어진다는 지적이 있다. 그러나 애플 경영진의 생각은 다르다. 애플산 모든 기기에 ML 전용 하드웨어를 탑재하고 있기에 팀 쿡은 자신하고 있다.

그러면 애플이 구상하는 AI 전략의 핵심은 어디에 있는가. 애플의 AI 전략은 구글과는 다르다. 구글은 AI 연구에 오픈소스 기반의 공동 프로그램에 참여하고 선도하는 것으로 유명하다. 반면 애플은 대부분의 연구를 비공개로 진행한다. 비밀스럽다. 최근 현대자동차가 애플과 '애플카' 생산을 협의하다 중단한 것은 애플의 비밀주의 때문이라는 설이 파다하다. 지아난드레아 부사장은 AI 전문 잡지와 인터뷰에서 "iOS 운영체제는 계속해서 AI와 머신러닝 기술로 진화를 이룰 것"이라면서, "AI 기반의 하드웨어 부품이나 제품을 산업을 선도하는 가장 좋은 위치에 애플이 있다"고 강조했다. 큰소리치는 기술력을 보유하고 있다는 뜻일 것이다.

애플은 세계 최초로 태블릿PC를 개발하고, 그것을 편리하게 쓸 수 있는 펜슬을 개발했다. 디바이스는 물론 소프트웨어까지 개발하며 AI 기업으로 대단한 잠재력을 평가받고 있다. 지아난드레아 부사장은 "구글은 그 자체로 놀라운 기업이다. 하지만 애플과 비교해 애초부터 비즈니스 지향점이 다르다"고 강조한다.

애플 AI 프로젝트의 첫 작품은 증강현실(AR)

———

지난 몇 년간 애플은 소프트웨어와 하드웨어 업데이트에서 증강현실 기능을 강조해 왔다. AR은 머신러닝 기술의 집약체다. 앞에서 설명했듯, 애플은 아이폰 생산과 아울러 아이폰이 작동하는 플랫폼 등 자체 생태계를 구축하는 비즈니스 모델을 채용했다. AR 비즈니스 또한 이런 순서를 밟을 것이다. 애플 것을 즐기기 위해서는 애플 플랫폼을 선택해야 한다는 논리다. 비난도 받고 있지만, 어쨌든 애플 애호가들은 늘어나고 있다.

애플은 AR 생태계를 구축하기 위해 여러 가지 첨단 기술을 활용하고 있다. 모바일로 실감나는 AR 경험을 제공하기 위해 AR키트ARKit를 공개했다. 기본 개념은 이런 것이다. iOS 기반의 기기에 내장된 카메라, 프로세서, 모션 센서를 활용해 AR 솔루션에 접근하는 것이다. 지금 사용 중인 아이패드와 아이폰이 사실상 증강현실을 향한 창문이 되는 형태이다. 지아난드레아는 "AR키트는 디지털 사물 및 정보를 주변 환경과 혼합하고 이를 통해 앱은 화면을 벗어나 완전히 새로운 방식으로 실제 세계와 자유롭게 상호작용할 수 있게 된다"고 했다. 예컨대 AR키트는 카메라 센서 등을 통해 주변 환경을 정확히 추적한다. 빠르고 안정적인 움직임의 추적, 환경광, 규모 등을 계산해 제공한다. 이를테면 개발자로 하여금 애플의 최첨단 컴퓨터 시각 기술을 사용해 AR 솔루션을 구축하도록 유도한다. 이를 통해 게임, 쇼핑 경험, 다양한 디자인 체험 등이 가능하도록 한다. 여기에다 물류와 유통, 비상 대응, 군사, 교육, 의료 등의 분야에서도 AR을 사용할 수 있다. AR의 잠재력은 무궁무진하다 할 것이다.

참고로 AR은 앞으로 여러 분야에서 변화를 몰고 올 것이다. 애플은 AR 콘텐츠 제작자를 위해 콘텐츠 생성부터 소비자 사용에 이르기까지 세계 최고의 플랫폼을 제공한다. 아울러 AR 솔루션의 개발자는 수억 명에 이르는 애플 애호가인 고급 소비자에게 접근해 큰 수익을 얻을 수 있다. 앱 개발자와 콘텐츠 제작자 모두 고급 소비자와 만날 수 있으니 환영할 것이다.

애플의 AR 진출은 철저한 계획을 거쳐 빈틈없이 실행된다. 애플의 행보는 AR/VR에 관심을 가진 모든 기업에 확신을 주면서 장기 전략으로 가져갈 수 있게 길을 열고 있다.

애플의 AR 시장 진출은 여러 면에서 파장이 클 것이다. AR과 VR이 소비자를 위한 주류 현상으로 부상하기 시작했음을 의미한다. 이제 수억 명의 애호가 시장에서 벗어나 수십억 명의 사용자가 나타날 것이다.

그러나 AR을 둘러싼 환경은 아직 극히 초기 단계에 있다.

CNBC 진행자 진 먼스터는 "AR은 미래의 운영체제가 될 것이다. 아이폰은 향후 5년 동안 AR 기기로 사용되겠지만 궁극적으로 AR 기기는 일종의 웨어러블이 될 것"이라며 "개발자는 AR키트를 통해 지금까지 우리가 경험한 AR을 훨씬 뛰어넘는 풍부한 AR 경험을 구축할 것"이라고 말했다.

AR은 아마도 의료 분야에서 가장 인류에 공헌할 솔루션으로 자리매김할 가능성이 높다. CEO 팀 쿡은 의료 분야 진출을 위해 각 단계를 차근차근 밟아가고 있다. 애플은 이미 애플워치를 개발하는 등 관련 소프트웨어와 솔루션을 개발해 온 경험이 풍부하다. 건강 소프트웨어 기반의 솔루션에는 건강 앱, 활동 측정, 주기 추적, 의학 앱, 최신 센서 설계 등이 포함된다. 그러나 이런 툴에 접근할 수 있는 사용자는 아직 소수에 그치고 있다. 애플의 제품은 고가품이기 때문이다. 비싼 가격을 기꺼이 지급할 수 있는 고객은 소수이다.

팀 쿡이 겨냥하는 것은 비싼 디바이스에 있지 않다. 좀 더 심오

한 분야에 공을 들이고 있다고 생각할 수밖에 없다. 애플이 최근 공개한 심전도ECG 기능은 하나의 좋은 사례다. 지금까지 애플은 건강을 모니터링하고 관리하는 툴에 초점을 맞췄다면, 앞으로는 더 혁신적이면서 더 보편적인 툴을 내놓을 것이다.

먼저 애플은 이미 '건강 기록 앱Health Records app'을 통해 헬스케어 혁신으로 방향을 잡았다. 그 특징을 살펴본다.

첫째, 3D 프린팅이다. 지난 2019년 주목할 사건이 있었다. 이스라엘 텔아비브에서 환자의 세포를 이용해 아주 작은 인공심장을 3D 프린팅한 것이다. 이 인공심장은 실제 인체에 주입되지는 않았지만, 인간의 장기가 복제될 날이 머지않았음을 보여 준다. 실제 복잡한 수술 준비를 돕는 증강현실 시스템이 이미 존재한다. 존슨앤드존슨은 24개 센터를 포함해 의학교육 기관에서 AR 시스템을 채용하고 있다.

둘째, 모바일에 의한 원격 환자 모니터링혈당 측정, 심전도, 혈압 모니터이다. 가우스 서지컬이 개발한 트라이톤Triton 앱을 보자. 모바일 기기로 산부인과 수술 시 환자의 출혈량을 원격 모니터링한다. 아울러 유방암 여부도 검진할 수 있다. 이러한 솔루션들이 이미 생겨나고 있다. 병원이나 클리닉이 아닌 집이나 보호시설 또는 여타 커뮤니티 센터에서 보살핌 받는 환자가 증가하고 있다. 스마트폰을 통해 건강 모니터링부터 실제 시술까지 모바일 기기는 더 많은 원격 치료를 제공할 것이다. AR, 원격 환자 모니터링, 자동화는 가벼운 수술도 가능한 시대가 열리고 있다.

2024년 애플 자율주행차는 궁극의 모바일
———

2020년 12월 21일 한 해를 마무리 할 즈음 영국의 로이터통신은 애플이 2024년까지 자율주행 전기차를 생산할 계획이라고 전했다. 그러면서 자체 설계된 배터리가 애플 자동차의 핵심이라고 했다. 애플은 앞서 2014년에 '프로젝트 타이탄'이라는 이름의 법인을 만들어 자율주행차를 직접 개발하는데 나섰다. 이후 자율주행 소프트웨어를 개발하는 쪽으로 사업 방향을 바꿨으나, 더 이상은 큰 움직임을 보이지 않았다. 업계에서는 애플이 자율주행차 개발을 사실상 그만둔 것이라는 말이 나돌기도 했다. 애플의 자율주행차 양산 시점이 2024년으로 언급된 것은 로이터통신 보도가 처음이다.

애플의 자율주행차 배터리 개념은 이런 것이다. 배터리 내부의 셀 용량을 키워, 파우치와 모듈을 없애는 '모노셀Mono Cell'을 채택할 계획이다. 이를 통해 내부 공간을 확보해 다른 설비를 장착하거나 차체의 무게를 줄인다는 것이다. 주행거리를 늘리기 위한 배터리 성능 향상, 그리고 과열 걱정이 없는 리튬인산철LFP 배터리를 채택할 것으로 알려졌다. 이처럼 '애플카'가 나온다는 뉴스에 시장에서는 반신반의했다가 이번에는 진짜로 받아들이고 있다.

비교적 사실 기반 뉴스로 유명한 로이터통신의 보도인 데다 애플은 긍정도 부정도 하지 않았기 때문이다. 다음날 애플 주가는 4%나 올랐다. 반면, 잠재적 경쟁자로 지목되는 테슬라 주가는 한동안 밀렸다. 당연히 완성차 업계는 물론 협력사도 긴장할 것이다. 시장이 애플카에 긴장하는 이유는 애플이 하기 때문이라기보다, 잡스의 염원이 자동차였기 때문이다. AI와 에코 시스템에서 첨단 기술을 갖고 있는 애플은 어떤 식으로든 자율주행차를 개발할 것이며, 이는 곧 고급차를 목표로 할 것이다.

애초 스티브 잡스는 자동차광이었다. 아버지 폴 잡스와 어릴 때부터 자동차를 뜯고 만지며 기계를 접했다. 자동차는 잡스를 공학의 세계로 끌어준 첫 물건이었다. 애플의 디자인 총책임자였던 아이브는 잡스와 함께 맥북, 아이팟, 아이폰, 아이패드 등 애플의 라인업을 일으킨 사람이다. 아이브는 애플 디자인처럼 자동차 디자인에도 열정을 쏟고 있다. 잡스는 애플이 만든 기기들이 자동차와 비슷하다고 말한 적이 있다. 사실 자동차에는 배터리와 컴퓨터, 모터 등의 기계적인 구조가 아이폰과 흡사하다. 2011년 10월 잡스가 췌장암으로 사망한 이후, 팀 쿡은 '프로젝트 타이탄'을 통해 잡스의 꿈을 대신 이루려 한다. 그리스 신화에 나오는 거인족 타이탄이란 이름을 내걸고 처음 세상에 공개된 건 2015년 월스트리트저널의 보도에서 비롯됐다. 이 과정에서 더그 필드 등 핵심 인력을 테슬라에서 스카웃, 빼내갔다. 애초 애플 직원이었던 그는

2013년 테슬라 수석부사장으로 갔으나, 2018년 다시 애플로 돌아와서 프로젝트 타이탄을 맡았다. 동시에 핵심 인력 몇 사람이 애플에 둥지를 틀었다. 핵심 인재를 빼앗긴 일론 머스크는 애플에 분노를 드러냈으나 이미 때는 늦었다. 당시만 해도 테슬라보다 애플의 인지도가 높았다. 당연히 훨씬 많은 보수를 받고 애플로 옮겼을 것이다. 한동안 애플카는 수면 아래에서 움직이다가 드디어 2020년이 끝나기 직전 로이터통신의 보도로 인해 세간의 주목을 받게 되었다.

여기서 발상의 전환을 해보자. 자동차는 사실상 휴대전화와 더불어 인간 삶에 필수품으로 대접받을 만하다. 애플은 자동차를 말 그대로 움직이는 디지털 기기로 만들 작정이다. 스마트폰의 다양한 기능을 그대로 자동차에 접목시키는 것이다.

자동차가 개발된 이후부터 지금까지 근 300여 년 동안 자동차에 관한 프레임은 바뀌지 않았다. 엔진을 개발하고 외장 하드웨어를 새롭게 선보일 뿐 기본 개념은 바뀌지 않았다. 애플은 다르다고 큰소리친다. 기존 시장을 파괴한 경험이 풍부하다. 이를테면 아이팟으로 음반 시장을 격변시켰고, 아이폰으로 휴대전화 시장을 뒤집었다. 이런 경험은 애플뿐만 아니다. 빅테크 기술로 천문학적인 기업을 일군 구글, 아마존도 종래 시장을 뒤집고 강자로 나선 메가테크 기업들이다. 이들 모두 자율주행 기술을 개발하고 시험 중이다. 향후 승부가 어찌 될지 주목하지 않을 수 없다. 아마도 2025

년쯤이면 대략 윤곽이 드러나지 않을까.

애플 경영진이 자동차 생산과 관련해 주목하고 있는 것 중 하나는 모바일 OS이다. 모바일 OS는 어디든 응용할 수 있는 인간의 두뇌에 해당한다. 휴대전화처럼 스스로 찾아주고 유도해 주는 개념을 자동차에 접목시킨다고 상상해 보자. 만일 인간의 조종이 필요 없는 완전한 자율주행 차량이 확산되면 자동차는 종래 운반 수단에 불과했던 자동차와는 전혀 다른 존재가 될 것이다.

현대 도시민들의 가장 큰 고민 중 하나는 교통 체증이다. 물론 드론택시가 곧 나오겠지만, 자율주행차가 알아서 운전한다면 얘기가 달라진다. 교통 체증으로 자동차가 정지하는 동안 운전자는 운전에 신경 쓰지 않아도 된다. 자동차 내부는 콘텐츠를 즐기는 사적 공간으로 변신할 수 있다. 아울러 이동 시간에 영화나 뉴스를 보거나 업무를 처리할 수도 있다. 영상 통화를 하며 목적지에 도착하는 동안 그림을 그리며 지루함을 달랠 수도 있다. 이런 라이프스타일은 현재 모바일 기기를 이용하는 행태와 크게 다르지 않다. 연비나 마력, 토크를 따지던 기준보다 실내 디자인, 네트워크 기능, 즐길 수 있는 엔터테인먼트의 종류 등을 더 따지는 자동차가 더 인기를 얻을 수 있다,

이미 구글은 안드로이드 오토를, 애플은 카플레이를 거의 대부분의 자동차회사에 삽입시켰다. 아마존도 음성 비서 '알렉사'를 자동차 소프트웨어로 장착시킬 준비를 하고 있다.

향후 애플의 행보가 주목되는 시점이다. 애플의 로고가 새겨진 자동차가 시장에 나올 경우, 소비자들은 종래 폭스바겐이나 포드, 또는 현대기아차를 여전히 사줄까? 의문이 아닐 수 없다. 애초 자동차 산업은 마진율이 적은 분야로 악명이 높다. 차 한 대 팔아 남는 이익은 많아야 9% 전후이다. 그러나 최고급 차를 지향하는 애플은 다를 것으로 시장에선 보고 있다.

애플의 2020년 3분기 영업이익률은 21%였다. 자동차 업계에서는 꿈같은 이익률이다. '자동차 업계의 애플', 즉 최고급 차로 인정받는 테슬라가 9.2%에 그쳤다. 애플은 어떻게 할까. 실제 차량을 생산하기보다는 하드웨어나 소프트웨어 및 서비스의 수직 통합으로 쾌적한 드라이빙을 지닌 자동차를 출시하고 싶은 것이다. 일례로 구글은 삼성전자나 LG전자 등 스마트폰 제조업체를 통해 안드로이드 OS를 공급했을 뿐, 스스로 제품을 만들어 시장에 뛰어들지는 않았다. 자율주행차에서도 마찬가지일 거라는 예상이 많다. 그러나 애플은 생각이 다른 것 같다. iOS라는 자체 운영체제를 탑재한 아이폰을 개발해 판매하면서, 자신만의 생태계를 조성한 것이 애플 비즈니스 스타일이다. 다만 자동차 엔진이나 작동 시스템은 모두 종래 자동차 회사에서 납품받은 다음, 하드웨어와 소프트웨어, 각종 서비스를 장착해 완성한다는 개념이다. 수직 통합 생산한 자동차에 애플 로고가 박힌 자동차를 직접 만들어 내는 것이 애플에게는 어울린다.

특히 애플은 세계 최대의 현금을 보유한 기업이다. 중견 국가의 1년 예산과 맞먹는 국가 단위의 자본가이다. 엄청난 현금의 보유는 개발 과정에서 결정적 역할을 한다. 자본 시장에 휘둘릴 우려가 없다는 말이다. 이런 자본력을 바탕으로 그간 애플은 프로세서, 배터리, 카메라, 센서, 디스플레이 개발에 투자해 왔다. 이들 5개 분야가 적절히 조합한다면 꿈의 자율주행 전기차가 나올 수 있다.

애플이 최근 선보인 아이폰12에는 라이다LiDAR 스캐너가 장착되어 있다. 상대편에 레이저를 발사해 돌아오는 데이터를 바탕으로 거리를 측정하고, 공간을 매핑하고 개체를 식별해 자동차 조종 정보를 만들어 내는 디바이스다. 그야말로 라이다는 자율주행차에 필수 장착 소프트웨어다. 배터리도 종래 LG화학이 개발한 유형과는 다르다. 배터리에는 모노셀 디자인을 적용, 배터리 팩의 파우치와 모듈을 없애, 보다 넓은 공간을 확보할 것이다. 이렇게 확보된 공간에 용량이 더 큰 배터리를 탑재한다면 주행거리를 획기적으로 늘릴 수 있다.

애플이 자율주행 전기차에 뛰어든다는 소식에 여타 기업들이 긴장하는 이유는 또 있다. 애플은 혁신적 기업이지만 선구자는 아니다. 아이폰도 그렇다. 애초 노키아 등 원조 휴대전화 메이커들이 군림했다. 그러나 지금 애플은 자신만의 감수성과 콘텐츠를 무기로 비즈니스를 성공시켰다. 새로운 제품이나 기술을 빠르게 쫓아가서 모방적 창조를 해내는 기업이 애플이다. 경쟁사가 이미 차지하고 있던 셰어share에 도전해 몇 년 후에는 시장을 뒤집어 대세를 장악하는 '혁명'을 일으키곤 한다. 자동차 업계의 혁신 아이콘인 테슬라가 개척해 낸 시장에 베스트 팔로워 애플이 뛰어들어 맞대결한다면 흥미로운 구경거리가 될 것이다.

기술기업 애플, 최대 신용카드 업체 접수할 수도

지난해 3월 애플은 신용카드인 '애플카드Apple Card' 출시를 발표하면서 금융 사업에 뛰어들었다. 마스터카드와 협업하기로 했다. 신용카드는 물론이고 애플만의 서비스와 유리한 기능이 다수 포함되어 있다. 우선 애플페이와의 연계 기능이다. 보통 애플페이를 이용했을 때 할인율은 1%이다. 애플카드 칩을 내장한 iPhone으로 결제하면 2%의 할인 서비스를 받을 수 있다. 애플과 제휴하고 있는 기업, 예를 들어 우버를 이용할 경우 3% 할인을, 애플 제품 구매 시에도 3% 할인 서비스를 받을 수 있다. 더욱이 회계 앱을 아이폰에 설치해 놓으면 애플카드 이용 내역이 식비, 교통비 등 결제 종류에 따라 색깔로 표시된다. 이는 직감적으로 무슨 돈을 썼는지 알 수 있게 해준다. 디자인도 깔끔하고 산뜻하게 디자인했다.

그런데 왜 기술기업으로 성공한 애플이 금융 비즈니스에 진출했을까. 이를 분석한다면 애플의 향후의 전략을 가늠할 수 있을 것이다. 애플은 원래 매킨토시 PC를 개발하는 제조업이었으나, iPhone을 출시하면서 소프트웨어 중심으로 바뀌었다. 현재 애플 그룹 순이익의 절반 이상이 아이폰 관련 분야에서 나오고 있다. 아이폰의 대호황으로 애플 시총이 2,300조 원을 넘어섰다. 하지만 최근 들어 성장이 둔화되고 있다. 특히 중국산 휴대전화의 등장은 아이폰의 매출 둔화를 야기하고 있다. 중국 업체들은 아이폰과 유사한 고성능 휴대전화를 거의 절반 가격에 판매하고 있어, 중국에서는 적지 않은 소비자들이 중국산 휴대전화로 갈아타고 있다. 이런 상황과 애플카드의 출시가 연관 있다는 분석이 나온다.

특히 애플과 같은 기술기업이 신용카드 회사를 접수할 가능성이 있다. 빠르면 3~4년 안에 현실화할 수도 있다. 지금의 물리적인 신용카드 수요가 줄면서 전자 결제가 일반화되고 있기 때문이다. 점포에서도 카드 리더기를 설치하는 것 자체가 비용이 들고 귀찮은 행위다. 소비자들에게 스마트폰과 신용카드 둘 중 어느 것이 덜 중요하다고 묻는다면 당연히 신용카드라고 답할 것이다. 이미 상당 부분 스마트폰이 신용카드 결제 기능을 대신하고 있다. 카드회사나 금융사들은 이런 미래에 대해 예상하고 있다. 하지만 현재로선 뾰족한 수가 없는 것 같다. 지금도 카드로 인해 엄청난 돈이 들어오기 때문이다.

미국과 서구 경제 카드사들은 그야말로 지난 수십 년간 황금알을 낳는 비즈니스를 누려왔다. 유사 이래 이렇듯 놀고먹는 돈벌이를 아직 찾지 못하고 있다.

실제로 카드사가 얼마나 많은 이익을 누리는지 보자. 카드로 결제하면 대략 3~5%의 수수료가 빠진다. 10만 원 결제하면 3,000~5,000원, 100만 원을 카드 결제하면 3~5만 원이 빠져나간다. 실제 카드업체가 결제 수수료로 챙기는 돈은 연간 약 20조 원 수준이다. 가장 유명한 비자카드는 시가총액이 약 470조 원, 마스터카드는 약 350조 원 정도이다. 막대한 순이익을 벌어들이는데 소용되는 원가는 그야말로 작은 수준이다. 소수의 임원들이 순이익을 챙겨간다. 이 같은 엄청난 이익을 내고 있는 비즈니스를 쉽게 포기할 수는 없다. 아울러 카드 회사들은 새로운 비즈니스에 나서려 해도 기존 강자들과 맞붙어 승부할 엄두를 내지 못하고 있다. 다만 한가지 방법은 있다. 이 분야에 강한 벤처기업을 인수해 e커머스나 여타 4차원 혁명 산업에 투자할 가능성이다. 가장 먼저 실행한 업체는 애플과 제휴한 마스터카드이다. 투자그룹 골드만삭스도 움직임을 보이고 있다. 애플은 아이폰 시대가 조만간 큰 변화를 맞을 가능성에 대비해 금융업 비즈니스를 준비하고 있다.

애플, 의료기기 혁명을 선도할 것

이미 전문가들 사이에선 익숙한 얘기지만, 아마도 2025년쯤 클라우드가 보편화하면 의료 분야에서 가장 변화가 예상된다. 지금의 각종 질병 진단 디바이스는 도태될 가능성이 높다. 이를테면 MRI 등 정밀 검사 장비가 클라우드에 연결될 것이다. 암 의심 환자는 과거 MRI 촬영과 현재를 비교하면 확실한 진단을 할 수 있다. 인공지능을 이용해 과거의 경력과 현재를 비교하면 의사의 오진을 예방할 수 있으며 보다 정확한 진단을 기할 수 있다. 수만 가지의 암 발명 케이스를 보유하고 있는 클라우드는 분명 대단한 역할을 할 것이다.

이처럼 헬스케어 영역은 데이터 사이언스에 의거해 탁월한 진화를 거듭할 것이다. 이를 뒤집으면 클라우드, 즉 데이터 사이언스 없는 의료시설이나 의료기기 제조업체는 도태될 것이 분명하다. 그러나 현재 의료기기 메이커 대부분은 클라우드화, 즉 데이터 사이언스에 취약하다. 여기에 주목하고 있는 기업이 애플이다. 만약 애플이 클라우드 기술에 특화한 의료기기를 개발하면 단박에 업계를 평정할 것이다. 예컨대 테슬라가 기존 완성차 개념을 무시하고 스마트한 자동차를 개발해 혁신의 아이콘으로 떠오른 것과 유사한 상황이 빚어진다는 말이다. 이를테면 애플은 고객의 수면을 분석해 보다 효과적인 수면법을 제시해 주거나 피트니스를 관리해 주는 '애플원' 출시를 준비 중이다. 애플은 코로나19 팬데믹으로 인해 헬스케어 영역을 적극 개발을 목표로 하고 있다. 애플은 클라우드나 인공지능 영역에서 구글에 비해 우위에 있는 것은 아니다. 분명 애플은 후발주자이지만, 아이폰의 엄청난 수익을 통해 쌓아둔 천문학적 현금을 앞세워 의료 서비스 분야로 진출할 방침이다. 소프트뱅크의 손정의 회장이 생명공학에 천문학적 자금을 투자한 것과 같은 맥락이다.

지금 병원은 대부분 아날로그 방식에 의존하고 있다. 병원에 갈 때마다 의사 개인의 기억과 경험에 의존해 문진표를 작성하고 진단한다. 그러나 클라우드에 연결하면 인공지능이 수십만 가지의 질병 사례에 대입해 보다 정확한 진단을 내릴 수 있다. 앞서 애플은 헬스케어 시대를 대비해 애플워치를 개발 출시한 바 있다. 애플워치가 클라우드와 연결되면 금방 환자의 상태를 파악할 수 있다. 시간 절약은 물론 오진의 리스크도 예방할 수 있다.

이는 애플뿐만 아니라, 구글도 헬스케어 영역으로의 진입을 공언하고 있다. 구글은 2019년 하반기 애플 워치와 비슷한 디바이스 개발을 위해 의료 벤처기업 '피트비트Fitbit'를 매입했다. 애플 워치처럼 인체의 생체 상황을 측정해 얻은 데이터로 고객의 건강 정보를 서비스하고 있다. 구글헬스가 그것인데, 아직은 초보적 단계에 있다.

애플은 특히 사람의 오감에 관한 디바이스에 주목하고 있다. 2018년 무선 이어폰 '에어팟'을 출시한 데 이어 올해 안에 AR 안경 애플글라스Apple Glass'와 후각에 관한 디바이스를 내놓을 계획이다.

디바이스에 쓰이는 반도체는 향후 3년에 걸쳐 자체 생산하는 목표로 집중하고 있다. 지난해 '애플 월드 와이드 디벨로퍼스 컨퍼런스 2020' WWDC에서 발표했다. 반도체를 자체 생산하는 움직임이 최근 트렌드이다. 이를테면 구글은 TPU Tensor Processing Unit 라는 자율주행 반도체를 독자적으로 개발하고 있다. 물론 삼성이나 TSMC 등 파운드리 전문회사에 의뢰하는 주문형 반도체를 개발하는 유형이다. 애플은 애초 제조업 중심 회사였지만, 이제 소프트웨어로도 위용을 떨치고 있다.

애플워치를 출시한 또 다른 이유

본격적인 헬스케어 시대에 대비한 애플워치의 또 다른 쓰임새가 있다. 그것은 애플워치에서 고객별 생체 데이터를 추출해 내고 싶기 때문이다. 구글워치가 앞서는 상황을 경계한 것이다. 애플은 아이폰뿐만 아니라 애플워치, 에어팟 등 사람이 항상 착용하는 기기를 출시해 고객에 가장 밀접한 데이터를 확보하는 데 집중하고 있다. 애플은 아이폰이라는 고급 스마트폰을 출시해 유사 이래 단일 품목으로 가장 많은 이익을 획득하고 있는 기업이다. 미래에는 이 같은 이익을 어디에서 얻을지 안갯속이다. 애플은 데이터에서 그 답을 찾은 것 같다. 생체 데이터를 통해 고객과 가장 밀접한 여타 기업보다 먼저 알아내 선제적으로 대응하는 비즈니스를 전개하고자 하는 것이다.

　페이스북은 데이터를 취득하는 자체 하드웨어를 생산하지 않는다. 대신 페이스북에 달린 댓글이나 코멘트, 사진 등으로부터 추출한 데이터를 분석해 광고나 e커머스에 활용하고 있다. 페이스북이 인스타그램을 매입한 건 외연 확장도 있지만, 사진에서 얻을 수 있는 데이터가 목적이기도 하다. 이를테면 먹고 싶은 요리의 사진을 클릭하면 해당 가게의 예약 사이트로 연결되는 서비스가 이에 해당한다. 페이스북은 유저의 동향을 데이터로 취득해 가게에 연결하면 매출의 몇 퍼센트를 소개비로 받는다. 이런 비즈니스는 넷플릭스에서도 준비 중이다. 애플이 강자인 이유는 이처럼 고객별 생체 데이터를 가장 먼저 알아차리고 비즈니스에 연결하는 능력 때문이다. 이처럼 애플 스마트워치는 편리하지만 한편으로 프라이버시 노출이라는 단점도 있을 것이다.

　미래의 세계에서는 모든 디바이스가 인터넷과 연결되어 차례차례 데이터를 축적한다. 사람의 행동이 모두 기록될 우려가 있다는 점이다. 특히 고성능 스마트폰이나 애플워치는 항상 지니고 있기 때문에 어디서 무엇을 하는지 쉽게 알아챌 수 있다. 집 안이나 차내 등에서의 행동은 카메라를 설치해 두면 곧바로 알 수 있다. 이산화탄소의 농도를 측정하면 집합한 사람의 인원수와 상황을 파악하고 수상한 사람의 침입을 방지하는 보안 시스템도 출시되고 있다.

3

세계를 지배하는 GAFA

페이스북(Facebook)

21세기형 메신저의 미래를 보여 주다

개인 간의 소통을 원활하게 한 공로는 단연 페이스북이다. 아
마도 페이스북만큼 개인 간 소통 매체로 존재감을 발휘하
고 있는 기업은 없을 것이다. 특히 미국 선거에서 단연 두각을 드
러낸 기업은 페이스북이다. 지난 몇 차례 선거만 보아도 유권자의
마음을 파고드는데 소셜미디어SNS만 한 존재는 없었다. 주요 지
상파 방송이나 신문 같은 기존 매체보다 소셜미디어가 유권자 획
득에 훨씬 유리해졌다.

지난 2016년 대선에서 도널드 트럼프 대통령의 당선에 결정적
공헌을 한 것은 페이스북이었다. 트럼프 대통령은 SNS의 특성을

제대로 간파했으며 이를 선거에 이용했다. 반면, SNS에 의해 되치기당한 경우도 있다. 트럼프는 대통령 선거 후, 페이스북에 러시아가 트럼프 승리에 관여했다는 가짜 뉴스가 떠돌면서 트럼프는 꽤나 고생을 했다. 소비자는 일반적인 소셜미디어의 영향을 받는 것 이상으로 소셜미디어를 통해 주변의 입소문의 영향을 받아 선거 투표권을 행사한다. 이 때문에 페이스북은 같은 부류로 불린 나머지, 퇴출하라는 비판 여론에 몰렸다. 이처럼 영향력이 큰 것이 페이스북이다.

페이스북은 전 세계 20억 명이 사용하는 21세기형 메신저의 전형이다. 페이스북은 SNS의 진정한 강자다. 가장 빠른 시간 안에 가장 많이 알려졌으며, 가장 빨리 큰돈을 벌었다. 페이스북에 가입한 유저MAU=Monthly Active User, 페이스북과 메신저를 통해 월 1회 이상 접속는 2018년 12월 기준 23억 2,000만 명. 페이스북 그룹은 크게 5개로 이뤄진다. 페이스북과 자매 SNS인 '메신저', 사진도 함께 올리는 '인스타그램', 메신저상의 앱 '와츠앱Whats App', VR가상현실−Virtual Reality 헤드셋을 다루는 '오큘러스' 등 5가지로 구성되어 있다.

인스타그램은 구성이나 기능에서 설명할 필요 없이 널리 퍼져 있다. 페이스북 경영진은 인스타그램을 2012년 10억 달러에 사들였다. 와츠앱도 2014년 무렵 218억 달러에 매입했다. 매입 당시 가입자는 6억 명을 넘었다고 한다. 중국에서는 텐센트의 위챗이 압도하고 있지만, 페이스북도 중국에서 점유율을 높이고 있다. 오큘러스는 2014년 20억 달러로 매입했는데, VR과 AR Agumented Reality, 증강현실을 시현하고 있다. VR은 디스플레이에 시현되는 고해상도의 영상 세계를 마치 현실처럼 느끼게 하는 기술이다. VR 기술은 장소나 이동 수단의 제약을 넘어 사람들에게 다양한 체험을 하도록 한다. VR 기술은 아직 발전 과정에 있다. 헤드셋 등의 보급에도 시간이 걸릴 것이다. VR이 보급되면 사람들의 의사소통 방식은 크게 바뀔 것이다. 공동 창업자 마크 주커버그 Mark Elliot Zuckerberg 는 "언젠가, 이런 몰입적인 증강현실 AR 은 몇십억 명의 사람들에게 일상생활의 일부가 된다"라고 말했다.

페이스북의 경영 원리는 비교적 이해하기가 수월하다. '사람과 사람이 연결되기 위한 플랫폼을 제공해, 보다 많은 사람을 플랫폼 위로 끌어들여 즐기도록 한 다음, 이용자들로부터 데이터를 수집하고 최적화된 광고로 돈을 버는 유형이다. 페이스북, 메신저, 인스타그램, AR · VR 서비스도 모두 사람을 연결해 방대한 개인의 데이터를 수집한다. 모인 사람들의 성향을 분석한다면 보다 효과적인 광고를 가능하게 한다. 마케팅 플랫폼으로 압도적인 지위를 구축하고 있는 것은 순식간에 수십억 명의 사람이 모였기 때문이다. 이런 상황에서 기업들은 페이스북의 마케팅 능력을 무시할 수 없을 것이다.

마크 주커버그 페이스북 CEO가 미상원에서 증언하고 있다. (사진: 세계일보)

스테이블 코인 리브라(=디엠), 금융 시스템에 지각변동

———

페이스북이 한창 잘나가던 지난 2017년 무렵 개인정보 유출이 세계적인 이슈로 등장했다. 설상가상으로 페이스북 서버에 해커가 침입하면서 개인정보 수천만 건이 무더기로 유출되는 사건이 빚어졌다. 사람들은 점점 페이스북에 신뢰 문제를 제기하면서 염증을 느끼기 시작했다. 이용 건수도 해가 갈수록 하향 추세에 접어들었다. 사람들에게 새로운 길을 제시하지 않으면 페이스북은 내리막길로 미끄러질 수밖에 없었다. 과연 보안 문제와 개인정보 유출로 코너에 몰린 페이스북의 미래 전략은 무엇인가. 때마침 세계는 디지털 화폐 쪽으로 관심을 집중시키고 있었다.

주커버그가 주목한 것은 비트코인과 여타 알트코인 등 암호화폐와 블록체인 기술이었다. 2018년 페이스북은 자체 암호화폐 '리브라'를 개발했다. 왓츠앱과 인스타그램에 송금, 결제 서비스를 연동시킨다고 발표한 후 암호화폐 관련 프로젝트를 추진했다. 비자, 마스터카드 등과 협력해 암호화폐 기반의 결제 시스템 구축에도 박차를 가했다. 암호화폐로 결제가 가능하도록 체제를 구축했다.

페이스북은 지난해 12월 리브라의 이름을 '디엠Diem'으로 바꾸고 새로운 전략으로 접근하고 있다.

전 세계 26억 명이 넘는 엄청난 이용자를 보유하고 있는 페이스북 리브라의 파급력이 어디까지인지 금융 전문가들은 가늠하지 못했다. 그런데 주커버그는 암호화폐 이름을 왜 '리브라'로 지었는가. 점성술에서 리브라는 천칭자리 이름이다. 천칭은 저울을 의미하기에 리브라는 공평과 정의라는 의미를 뜻한다. 리브라는 미국 달러나 다른 국가의 법정화폐와 연동하는 방식의 '스테이블 코인stable coin'이다. 스테이블 코인은 말 그대로 안정적이다. 여타 암호화폐와 달리 폭등하거나 폭락하지 않는다. 그러나 리브라는 페이스북을 중심한 초기 창립자들이 운영권을 좌우할 수 있는 구조라는 한계를 지적받고 있다. 모든 권한을 페이스북 경영진이 쥐고 있기에 견제 장치가 없다는 지적이다. 페이스북 경영진은 중앙통제를 없애겠다고 주장했지만, 마크 주커버그 개인의 화폐가 될 것이란 우려는 이어지고 있다.

만일 주커버그의 제국이 된다면 이는 우려할 만하다. 통화 주권과 국제 자본 이동을 감시하는 각국의 정책이 무력화될 수 있다. 더욱이 수수료 없이 24억 명이 송금하고 결제할 경우 각국 정부는 통제할 수단이 없다. 카카오톡에서 사진 파일을 보내듯 손쉽게 대출과 송금도 할 수 있다면 소비자 입장에서는 열렬히 환영할 것이다. 아프리카나 인도처럼 은행 보급률이 낮은 나라에 금융 인프라를 제공한다는 계획은 상당히 매력적이었다.

국내 기업인 카카오의 사례를 보면 알 수 있다. 플랫폼의 이용자 기반은 엄청난 자산임을 알 수 있다. 카카오의 간편 결제 수단인 '카카오페이'는 메신저 플랫폼 카카오톡의 영향력에 힘입어 빠르게 가입자를 늘려나가면서 단시간 내 간편 결제 서비스 시장의 강자로 올라섰다. 이후 결제, 송금과 같은 기본적인 간편 결제 서비스에서 전문 금융 서비스로 영역을 넓혀가고 있다. 그래서 세계적인 플랫폼인 페이스북의 최초의 결제 시스템 리브라의 의도와 향후 전망에 관심이 집중될 수밖에 없다. 암호화폐 리브라가 출시되면 암호화폐 사용자가 2~3배 늘어나고 비트코인에 대한 수요도 급격히 증가하지 않을까 예상하는 전문가들이 많다. 기존 금융 서비스에 접근하기 어려웠던 소외 계층을 주고객으로 포용하고, 소비자들이 금융 거래에서 부담했던 불필요한 비용을 절감할 수 있으니 페이스북의 비즈니스 모델은 계속 주목받을 것이다.

스테이블코인 리브라는 비트코인 등 기존 암호 자산과 달리 금융 자산과의 태환 구조로 설계됐다. 보유한 금이나 은만큼만 화폐를 발행했던 금은 본위제와 닮았다. 초기 창립자들이 낸 돈을 바탕으로 발행된 후에는 기존 화폐를 주고 교환해야 한다. 페이스북은 안정적이고, 가치 변동이 최소화되며, 유동화가 용이한 자산에 분산 투자를 함으로써 리브라의 가치를 안정시키겠다고 설명했다. 가격 변동이 심하면 결제 수단으로 통용되기 어려운 점을 고려한 것이다. '1달러 = 1리브라'와 같은 형태로 암호화폐 가치를 뒷받침하겠다고 밝혔다.

말 그대로 화폐는 권력이다. 태환을 기초로 한 화폐는 과거 시대부터 제국 통치자의 전유물이었다. 고대 로마 아우구스투스의 순도 90% '데나리우스'와 한 무제의 '오수전'이 그랬다.

근대에도 아편으로 청나라 경제를 붕괴시킨 영국의 중앙은행이 200년 전인 1819년 '리브라 £'를 금의 가치에 고정시켰다. 19세기 소수 유대인 자본가들이 만든 대기업 집단은 20세기 미국 경제를 장악하면서 연방준비제도Federal Reserve System, FRB를 발족시켜 달러 발행권을 가졌다. 그 대기업들이 지금 미국의 정치, 경제를 쥐락펴락하고 있다.

화폐가 권력이라는 말은 예나 지금이나 불변이다. 만일 검은돈 거래, 보안 위협 등의 우려를 씻는다면 리브라가 세계 경제에 큰 영향을 미칠 수 있다. FRB를 대신해 새로운 경제 권력이 될 수 있는 '페이스북준비제도'가 탄생할지 세계가 주시하고 있다. 페이스북 경영진은 현재 리브라란 명칭을 디엠으로 바꾸고 아프리카와 인도 정부를 비롯한 각국 정부를 상대로 설득 작업을 벌이고 있다. 이름을 바꿨다고 해서 공평과 정의라는 명분은 계속 유지한다는 게 페이스북 생각이다.

기득권층의 압박과 페이스북의 대응

페이스북이 천명한 리브라의 사명에 대해 거듭 되짚어본다. 그들이 천명한 리브라의 사명이란, 전 세계에서 통용 가능한 간편 화폐를 확산시키고, 보편적인 금융 인프라를 제공하는 것으로 요약할 수 있다. 페이스북은 전 세계에서 은행 접근성이 떨어지는 인구를 17억 명으로 산정했다. 이 중 10억 명 이상이 스마트폰을 보유하고, 5억 명 이상이 인터넷을 활용한다고 분석했다. 페이스북의 엄청난 회원 규모는 코인의 유통에 큰 영향을 미칠 것이고, 블록체인과 암호화폐의 대중화에 기여할 것이다. 몇 년만 지나면 리브라의 영향력은 결제, 전자상거래, 은행 서비스로 확대될 것이다. 이론적으로만 봐도 그렇다. 리브라를 통해 구매하는 모든 제품을 할인받을 수 있다면 너도나도 리브라 코인을 통용할 것이다. 리브라는 전통적인 금융 시스템의 폭리와 수수료를 줄이고, 소비자들에게 저축을 늘려 주는 역할을 할 것이라고 천명한 바 있다.

앞서 페이스북 경영진은 미국 은행들에 대해 데이터 협력을 요청한 것으로 알려졌다. 금융 서비스 제공을 염두에 두고 있음을 알 수 있다. 페이스북은 블록체인 앱인 댑dApp을 채택했다. 이는 이용자에 대한 간편한 신원 확인 절차의 일환이다.

우여곡절 끝에 2020년 4월 페이스북은 초기 리브라 모델에 대한 문제점을 보완한 후 2.0 버전을 공개하면서 판도를 넓혀가고 있다. 페이스북은 새로운 종류의 화폐 시스템을 목표로 하고 있다. 미국 달러와 유로, 일본 엔화 같은 국제 통화 바스켓으로 담보를 제공하고, 블록체인 기술에 기반을 둔 디지털 화폐로 키워나갈 계획이다.

그러나 리브라의 비판론자들은 기회보다 위험 요인이 더 크다고 지적한다. 2019년 6월 리브라 공개 이후 각국 정부는 비난을 연거푸 쏟아냈고, 트럼프 미국 대통령도 비난했다. 트럼프 대통령은 트위터를 통해 "리브라는 안정적인 지위와 신뢰도를 거의 제공하지 못할 것"이라고 비판했다. 이는 기존 금융 기득권층이 반발하고 나선데 따른 결과다. 금융 기득권층은 페이스북의 엄청난 기반과 인프라를 두려워하고 있다. 리브라 프로젝트 발표 당시, 당시 제롬 파월 연준 의장은 "개인정보, 돈세탁, 소비자 보호, 금융 안정에 대해 심각한 우려를 갖고 있다"고 말했다. 페이스북 경영진이 리브라 코인 통용 대상 국가로 꼽은 인도의 경제 관료들도 성공 가능성을 일축하고 나섰다.

그럼에도 페이스북과 파트너들은 한발씩 나아가고 있다. 리브라협회는 여전히 21개 기업, 스타트업, 벤처캐피털 업체, NGO를 회원으로 두고 있다. 우버와 리프트, 스포티파이, 통신 다국적기업 보다폰, 그리고 암호화폐 거래 회사인 코인베이스Coinbase가 계속 참여하고 있다. 페이스북은 리브라가 결국 성공할 것이라고 자신하고 있다. '암호화폐의 시대적 흐름crypto-zeitgeist'을 활용함으로써 결국 성과를 낼 것이라고 자신한다. 리브라가 기득권층의 역풍을 맞았지만, 오히려 전 세계적으로 전자화폐 경쟁이 더욱 가열되고 있다.

은행과 다른 기술 회사들은 물론 중국이 가장 주목하고 있다. 페이스북 경영진은 중국의 디지털 신생 기업들, 즉 텐센트의 위챗페이나 알리바바의 알리페이가 전통 금융 시스템을 추월하고, 사람들의 일상생활에 밀착함으로써 어떻게 거인이 됐는지 지켜봤다. 2018년 중국 모바일 결제 시장에서는 38조 달러가 거래됐다.

리브라가 전 세계적으로 실현 가능하고, 가격 안정성이 뛰어난 전자 현금이 될 것인가? 아니면 다른 코인이 리브라를 앞지를 것인가? 만일 리브라가 좌절된다면 다른 누군가가 재빨리 그 자리를 파고들 것이다. 글로벌 결제 기업인 페이팔에 정통한 한 인사는 "리브라협회를 탈퇴한 페이팔이 디지털 통화 파트너십을 주목하고 있다"고 전했다. 스퀘어와 로빈후드 등 금융 서비스 스타트업들은 비트코인처럼 좀 더 분권화한 암호화폐를 지지하고 있다.

JP모건 체이스와 웰스파고 같은 은행들은 달러 가치에 고정된 디지털 화폐 버전을 시험하고 있다. 은행들은 리브라 부류의 스테이블 코인을 지향하고 있다. 디지털 화폐 업계에서는 내다본다. 구글과 아마존, 마이크로소프트 등 메가테크 기업들이 자체 디지털 화폐의 출시하는 것은 시간문제라는 것이다. 아직 메가테크 기업들은 침묵을 지키고 있다. 그들은 리브라가 어떻게 기존 질서를 뒤흔들지 지켜보며 때를 기다리고 있을 것이다. 리브라가 무서운 것은 은행 계좌를 가지고 있지 않은 사람끼리 돈의 송금을 가능하게 한다는 점이다. 페이스북은 사람 간의 연결을 통해 실현하다는 무계좌 송금이 가능토록 할 계획을 갖고 있다.

이에 각국 중앙은행들은 충격을 받고 번쩍 정신이 들었다. 실제로 중국 인민은행은 디지털 위안화 발행을 실행에 옮기고 있다. 프랑스 중앙은행도 2020년 상반기 코로나 팬데믹 와중에도 블록체인 기반의 디지털 통화를 시험 운영하고 있다.

유럽 중앙은행과 캐나다 중앙은행 등으로 구성된 태스크포스팀은 연구개발 일정을 앞당기고 있다. 중국은 국가 전자화폐를 시행하는 첫 주요 국가가 될 준비를 마쳤다. 중국인민은행은 선전과 쑤저우에서 시도한 시범 사업 결과를 토대로 국책은행 및 통신업체들과 함께 진행하고 있다. 디지털 위안화는 암호화폐를 뒷받침하는 블록체인 기술에 의존할 것이다. 이 가상화폐는 중국에서 큰 인기를 누리는 위챗페이 및 알리페이 결제 앱과 호환될 전망이다.

최근 중국 정부가 알리바바를 압박한 것은 중앙정부의 가상화폐를 유통시키기 위한 것으로 판명되었다.

페이스북을 따라 하는 메가테크 기업

———

그런데 페이스북의 암호화폐 리브라에 자극받은 메가테크 기업들이 너도나도 뛰어들고 있다. 테슬라를 성공시키며 세계적 거부가 된 일론 머스크가 비트코인을 찬양하고 나섰다. 그는 지난 1월 29일 트위터 계정 소개란에 대뜸 비트코인 해시태크#를 달았다. 지난 8일엔 테슬라의 현금 1조 6,600여억 원15억 달러으로 대량의 비트코인을 사들이고 "테슬라 차량 결제에 비트코인을 쓰겠다"고 해 비트코인 열풍에 가세했다.

비트코인은 사기라고 비난하던 대형 기관투자가 나섰다. 미국에서 가장 오래된 은행 뉴욕멜런은행BNY멜런과 마스터카드가 각각 비트코인 자산 관리와 결제 서비스를 도입하겠다고 밝혔다. 세계 1위 자산운용사 블랙록도 비트코인 투자를 선언했다. 마이애미시도 비트코인으로 세금 납부와 급여 지급을 인정하겠다고 나서며 정부 기관까지 비트코인 시장에 진입했다.

비트코인은 아직 가격 변동성은 크고 결제 수단으로서도 부족하다. 그런데도 일론 머스크가 비트코인 옹호에 나서고, 대자본가들이 비트코인 투자를 시작했다. 그 이유는 무엇인가. 우선 달러 가치 하락에 대한 우려에서 비롯된 인플레이션 헤지다. 코로나 사태로 엄청나게 풀린 달러 대신 비트코인에 투자한다는 것이다.

둘째, 테슬라 같은 메가테크 기업들이 비트코인에 관심을 갖는 데는 다른 이유가 있는 것 같다. 일론 머스크는 시세 등락과 상관없이 비트코인을 장기 보유하면서 가상화폐를 제도적으로 정착시키는 데 관심이 있다. 가상화폐를 이용하면 국가 권력의 통제에서 벗어나 새로운 금융 시스템을 갖출 수 있다는 것이다. 정부 통제에서 벗어난 자유로운 금융 시스템은 이미 페이스북 창업자 주커버그가 창안한 것이다. 스테이블코인stable coin 리브라의 발행과 유통을 추진한 주커버그는 전 세계 26억 이상의 페이스북 이용자를 기반으로 독자적 금융 생태계를 만들려는 것이다.

이런 청사진을 일론 머스크와 미국 자본가들은 뒤늦게 알아차린 형국이다.

블록체인 기술로 탈중앙화된 가상화폐는 정부와 중앙은행이 독점해온 화폐 발권력을 국가 권력에서 '독립'시킬 수 있다. 지금은 금융과 산업의 경계가 모호한 추세 속에서, 금융 권력을 확보하려는 기업들이 가상화폐에 집중하고 있는 것이다. 뉴욕증시 상장사 중 비트코인에 투자한 기업은 테슬라 외에 핀테크 업체 스퀘어와 클라우드 기반 경영정보 업체 마이크로스트래티지 등이 있다. 스퀘어는 1억 7,000만 달러약 1,880억 원를 추가 투자했다.

셋째, 자본가들이 비트코인 활황세를 틈타 수익을 획득하려 한다는 시각이 많다. 자본가들은 비트코인을 직접 보유하지 않고, 투자신탁 회사를 통해 간접 투자 상품에 투자하고 있다.

페이스북 10년을 내다본 '워크플레이스'

지난 2017년 9월 페이스북은 종래 미션인 '세계를 보다 개방적으로 연결한다'는 문구를 다음과 같이 바꿨다. '사람들에게 커뮤니티를 구축하는 힘을 제공해 세계의 연결을 조밀하게 한다'는 것이다. 단지 사람을 이어 주는 역할이 아니라 사람과 사람 스스로가 보다 가까워질 수 있도록 힘을 불어넣겠다는 것이다. 사람 간 커뮤니티를 지금보다 더 강화하겠다는 페이스북의 의지를 드러낸 것이다.

페이스북 그룹은 취미나 비즈니스 등을 공통분모로 하는 유저들이 정보를 공유하는 세계적인 툴이다. 유저 그룹은 크게 두 가지로 구분할 수 있다. 누구나 읽을 수 있는 공개 그룹과 멤버들만이 읽을 수 있는 비공개 그룹이다. 부수적으로 정기 구독자만이 할 수 있는 '서브스크립션' 그룹을 만들어 지속적으로 안정된 수익을 얻도록 했다. 페이스북 그룹이 전 세계에서 24억 명이 이용하는 서비스임을 생각하면 서브스크립션의 도입은 안정적인 수입원이다. 페이스북이 미션 변경과 아울러 제시한 향후 10년의 로드맵은 주목할 만하다.

로드맵에 따르면, 먼저 만 3년 후인 2020년 9월 무렵 페이스북과 인스타그램을 기반으로 보다 확고한 에코 시스템을 구축했다. 두 번째, 5년 뒤인 2022년에는 메신저와 와츠앱에 360도 동영상 등을 탑재한다. 세 번째, 고도의 Wi-Fi와 드론에 의한 커넥티비티connectivity를 강화하면서 워크플레이스를 비롯한 AI나 VR/AR의 탑재를 실현한다는 것이 로드맵의 골간이다.

향후 10년 로드맵에서 화상회의 시스템인 '워크플레이스'는 중요한 위치에 있다. 페이스북은 2021년 2월 10일부터 워크플레이스의 무료 제공을 폐지했다. 사용자는 유료 버전으로 업그레이드하거나 그냥 일반 사용자용 페이스북을 사용해야 한다. 워크플레이스는 2016년 공개되어 작년 5월 기준으로 유료 사용자가 500만 명에 이르렀다. 페이스북은 워크플레이스 무료 제공을 폐지하면서 무료 버전인 '워크플레이스 에센셜'을 도입했다. 에센셜은 고급에서 제공되는 SSOSingle-Sign-On이나 분석 등 추가 기능이 제한되어 있다. 워크플레이스 에센셜을 사용하는 기업은 2021년 2월 10일까지 유료 요금제로 업그레이드하도록 했다.

페이스북에 따르면 현재 미국과 유럽에서 2,000만 명 정도가 기업 내부 회의 목적으로 워크플에이스를 사용 중이다. 다만 교육 및 비영리 단체에는 계속해서 무료 앱을 제공한다는 계획이다. 요금도 저렴한 편이다. 페이스북의 어드밴스드Advanced 요금제는 사용자당 월 4달러이며, 엔터프라이즈 요금제는 사용자당 월 8달러다. 페이스북이 저렴하게 서비스하는 이유는 요금을 받으려는 것보다는 국제적 규제 때문이다. 무료 폐지의 이유 중 하나는 유럽 전자통신규범European Electronic Communications Code, EECC과 개인정보 보호 및 전자통신 지침e프라이버시 지침, ePrivacy Directive 때문이다. 쉽게 말해 EU의 새로운 개인정보 보호법을 준수하는 데 목적이 있다. 적은 금액이라도 유료로 전환하면 페이스북은 안정된 수입으로 바탕으로 새로운 기능 추가와 판매에 집중할 수 있다. 워크플레이스를 보다 세련되게 기능을 추가할 수 있고, 소규모 팀 단위는 물론, HR 책임자 또는 CIO 등 고위 경영진과 직접 접촉할 수 있다. 최근 코로나19 팬데믹으로 인해 재택근무가 일상화되는 현상도 페이스북에는 대단히 고무적이다.

페이스북은 2021년 벽두부터 기업용으로 더 세련된 소프트웨어를 내놓고 있는데, 특히 '워크플레이스 룸Workplace Rooms'이 인기를 끌고 있다. 지난해 4월 출시된 페이스북의 화상회의 SW인 '메신저 룸Messenger Rooms'의 기업용 버전이다. 데스크톱이나 모바일 기기를 통해 언제든 화상회의를 시작할 수 있다. 또한 워크플레이스 계정이 없는 사용자도 초대를 통해 화상회의에 참여할 수 있다. 가장 주목할 만한 것은 자동 번역 기능이다. 영어, 프랑스어, 독일어, 이탈리아어, 포르투갈어, 스페인어를 지원한다. 실시간 번역 및 자막 기능이 첨부된다. 수많은 기업의 다국적 직원들이 서로 다른 언어를 사용하더라도 실시간 번역 및 자막 기능을 통해 연결할 수 있다.

2021년 2월부터 출시된 새 워크플레이스 버전에서는 VR, 즉 가상현실 기능이 포함됐다. 이는 페이스북의 가상현실VR 사업부 오큘러스Oculus를 중심으로 구축됐다. 초창기 가상현실은 주로 소비자용 제품에 적용됐다. 최근에는 훈련 및 교육에 가상현실을 활용하는 기업들이 점점 더 늘어나고 있다. 현재 워크플레이스에는 400개 이상의 오큘러스 비즈니스 앱이 있다.

페이스북의 이런 움직임은 VR 산업의 활성화를 위한 가장 큰 기회가 될 수 있다. 소비자용 VR보다는 기업을 대상으로 한 시장이 오히려 VR 기기 발전을 이끌고, 관련 산업의 향방을 가늠할 수 있다. 이를테면 미국 내 월마트 매장이 좋은 사례다. 월마트는 진열대 정리 방법, 보안, 비상 대비 훈련 등 사내 직원 교육에 오큘러스 기기를 활용하고 있다. 유명 제약회사들도 3D 시뮬레이션이나 신제품 디자인, 수술법 교육 등에 오큘러스를 사용하고 있다. 협업 및 화상회의 툴의 발전을 위해서는 가상현실에 주목해야 할 시점에 와 있다. 어쩌면 이것이 앞으로 비즈니스 연속성을 확보하는 데 핵심적일 수 있다.

VR의 인기가 지속적으로 성장하고 있지만 아직 본격 단계에 이르지는 못했다. 하드웨어와 소프트웨어 등에서 인프라가 형성되기까지 시간이 걸릴 것이다. 그러나 분명한 것은 가상현실은 차기 미디어 포맷이다. 지금은 변화가 한참 진행 중이다. 사람들의 경험 그리고 인스타그램 피드의 동영상, 완전한 포맷을 갖춘 실시간 동영상, 360 동영상까지 온갖 종류의 동영상 포맷이 조만간 실생활 가까이 다가올 것이다. 페이스북은 그간 수년 동안 갖가지 논란에도 불구하고 2020년 1/4분기에만 61억 달러의 수익을 올렸다.

페이스북, 증강현실과 가상현실의 미래를 선도

2020년 9월 페이스북 경영진은 미래에 펼칠 기술을 공유하는 연례 컨퍼런스 '페이스북 커넥트Facebook Connect'를 개최했다. 올해로 7번째 맞는 행사였다. 코로나19로 인해 온라인으로 진행되었지만 반응은 뜨거웠다. 특히 페이스북은 증강현실 및 가상현실의 기술을 선도하는 청사진을 펼쳐 보였다. 기존 행사명이 '오큘러스 커넥트'였으나 '페이스북 커넥트'로 변경되었다.

행사에서 경영진은 VR 헤드셋 '오큘러스' 등 페이스북의 모든 AR/VR 프로젝트를 보다 널리 공유하겠다고 밝혔다. 행사에서 페이스북 CEO 마크 주커버그, 리얼리티랩 책임자 앤드류 보스워스, AR 콘텐츠 사업 책임자 크리스 바버 등이 나서 미래 프로젝트를 펼쳐 보였다. 우선 10월 출시된 VR 헤드셋 '오큘러스 퀘스트 2'가 미리 공개됐다. 최상급 해상도를 구현하는 디스플레이와 한층 정밀한 플랫폼 프로세서가 탑재되어 있어, 향상된 몰입 경험을 제공했다는 평가를 받았다. 가격도 64GB 기준 299달러로 낮춰 한층 대중적인 플랫폼으로 성장할 수 있는 기반을 다졌다. 그간 초기 기대와 달리 가상현실 시장은 수년간 침체기를 겪었다. 실패라고까지 할 수는 없어도 업계 사람들의 희망처럼 큰 시장이 형성되지는 못했다. 가상현실 헤드셋 '오큘러스 퀘스트 2'는 활력을 불어넣을 수 있다. 스냅드래곤Snapdragon XR2 프로세서를 탑재해 성능은 2배 더 높고, 무게는 503g으로 10% 더 가볍고, 한쪽 눈당 1,832× 1,920의 더 높은 해상도를 제공한다. 가격 등 거의 모든 요소에서 만족도가 높고 가상현실 시장의 대중화를 가져올 자격이 충분하다는 평가다.

그런데 소비자들의 가장 큰 불만은 페이스북에 반드시 로그인해야 한다는 점이다. 페이스북 계정은 대규모로 개인정보를 유출하거나 무단으로 타 업체에 개인정보를 제공한 적도 있다. 그런 상황에서 페이스북 사용을 강제하는 방침에 소비자층이 상당한 불만을 제기하고 있다. 페이스북은 소셜 네트워크를 주업으로 하면서 광고로 대부분의 수익을 올리고 있으며 페이스북, 페이스북 메신저, 인스타그램, 왓츠앱 등 여러 서비스를 보유한 거대 SNS 기업이다.

페이스북은 2019년 9월 가상현실 기반 SNS '호라이즌Horizon'을 공개하고 올해 8월부터 클로즈 베타 서비스를 시작했다. 텍스트, 사진, 동영상을 만들고 공유하는 페이스북 서비스와 달리 호라이즌은 가상현실이라는 특성에 맞춰 자신만의 창작물이나 세계를 만들고 사람들과 협업하거나 경쟁하는 구조로 이뤄져 있다.

아울러 효과적인 재택근무를 돕는 인피니트 오피스, 홈트레이닝과 관련한 건강 앱 등을 추가시켰다. 더욱 확장성을 갖추기 위한 것이다. 게임이나 영상을 주로 소비했던 VR 플랫폼에서 벗어나 새로운 부가가치를 만들어 내는 AR의 영역으로 한 단계 더 업그레이드한다는 계획이다.

페이스북 '스파크 ARSpark AR' 플랫폼이 이에 속한다. 스파크 AR은 AR 기술에 대한 전문 지식이 없는 기업이나 일반 이용자도 손쉽게 AR 효과를 경험할 수 있는 플랫폼이다. 아울러 고객이 스스로 AR 효과를 제작한 뒤, 플랫폼에 올려 출시하는 것도 가능하다. 페이스북에 따르면, 2018년 10월 스파크 AR을 처음 선보인 이후, 전 세계 190개국에서 크리에이터 40여만 명이 활용하고 있다. 지난 1년간 스파크 AR 플랫폼에 등록 및 출시된 AR 효과만 120만 건에 달하다고 한다. 연간 50억 건 이상의 조회수를 달성한 크리에이터 계정만도 150개가 넘는다. 또한, 현재 매월 6억 명 이상이 AR 경험을 하고 있다고 페이스북은 밝혔다.

페이스북의 '시크릿 크러시secret crush'라는 기능도 데이팅이라는 색다른 체험을 제공한다. 안면은 없지만 궁합이 좋다고 생각되는 사람끼리 연결해 주는 서비스로, 가상공간에서 말하자면 미래의 연인을 찾을 수 있다. 이 기능은 만 18세 이상인 페이스북 이용자가 페이스북 모바일 앱에서 데이팅 프로필을 따로 만들면 된다. 그러면 친구의 친구, 또는 친구 그룹에 속하지 않은 사람 가운데 누군가를 추천해 준다. 이용자들은 나이나 종교, 키 등 원하는 조건을 설정할 수 있다.

마음에 드는 사람의 프로필 아래에 댓글을 남기거나 '좋아요'를 눌러 호감을 표현할 수 있다. 서로에게 호감이 있으면 매칭이 성사된다. 데이팅 프로필은 페이스북 계정에서 이름과 나이를 가져와 생성된다. 다만 사용자가 원하면 데이팅 프로필을 페이스북이나 인스타그램 계정과 더 긴밀히 통합할 수 있다. 예컨대 페이스북이나 인스타그램에 올린 사진을 데이팅 프로필에서 공유하도록 설정할 수 있다. 데이팅에서는 또 문자 메시지만 보낼 수 있을 뿐 사진이나 동영상, 링크 등은 공유할 수 없고 송금할 수도 없다.

페이스북 관계자는 "부적절한 사진이나 동영상이 데이트 경험을 망칠 수 있다는 걸 알고 있다"며 "따라서 나중에 원하는 메시지 서비스로 이동하기 전에 신뢰를 쌓게 하고 싶었다"고 말했다. 페이스북 경영진은 "오큘러스나 스파크 AR 같은 기술의 발전이 일상 속의 물리적 제약을 뛰어넘는 새로운 패러다임을 만들 것"이라고 자신한다.

아마존(Amazon)

고객들이 아마존을 좋아하는 이유는?

———

왜 소비자들은 아마존이라는 e커머스를 좋아하는가. 품질 좋은 상품을 싸게 살 수 있기 때문만은 아니다. 이는 어디까지나 일부에 불과하다. 아마존에서는 자신들이 원하는 상품을 나름대로 싼 가격으로 빨리 살 수 있다. 상당수 상품이 무료 배송이거나 주문하고 다음 날 배송되는 아마존 프라임 서비스도 있다. 그래서 미국 소비자들은 아마존에서 쇼핑을 한다.

아마존은 고객들이 사용하기 편하고 브랜드 가치를 높이기 위해 소비자 데이터를 이용한다. 데이터를 취득하기 쉬운 수단이 '서브스크립션'이다. 미국에서 아직 전통 대형 슈퍼에서 서브스크립션이나 데이터를 활용하지 않고, 상품 종류나 품질로 승부하고 있는 전통적 쇼핑몰이 많다. 그러나 아마존은 서브스크립션 전략으로 전통 시장과 경쟁을 뚫고 승리했다.

'서브스크립션 커머스Subscription Commerce, 정기 구독'라고 불리는 이 서비스는, 소비자가 일정한 금액을 미리 내면 보통 한 달에 한 번씩 판매자가 특정 상품들을 선별해 한 상자에 담아 배달해 주는 유통 방식이다. 서브스크립션의 특징은 '선별 추천'에 있다. 소비자는 바쁜 시간을 쪼개 매장에 직접 나가지 않고도 최신 트렌드에 맞는 다양한 물건과 최신 정보를 꽤 저렴한 가격에 접해볼 수 있다. 판매자는 정기 고객을 확보해 장기적이고 안정적인 수익을 확보할 수 있다. 미국이나 유럽 등에서는 서브스크립션 커머스가 화장품, 유기농 식품, 패션, 신발 등 다양한 상품 분야에서 주요한 유통 채널로 자리 잡았다. 국내에선 지난해 독일의 화장품 배송업체인 '글로시박스'가 서비스를 처음 선보였다.

서브스크립션의 특징은 일단 서브스크립션에 가입하면 고객은 좀처럼 다른 서비스 플랫폼으로 이동하지 않는다는 점이다. 즉 앞으로 기업이 살아남기 위해서는 서브스크립션을 얼마나 빨리 도입해 동종 업계보다 먼저 고객을 끌 수 있는지가 관건으로 보인다. 앞으로는 보다 좋은 품질의 서브스크립션을 실행하는 기업이 살아남을 수 있다. 반대로 말하면, 서브스크립션을 도입하지 않은 유통기업은 도태될 수 있다는 말이다. 아직도 매장에 나와 고객을 맞는 판매 모델을 유지하는 상점이 대부분이다. 물론 소매 분야에서는 여전히 질 좋은 상품을 갖추는 것이 중요하다. 그러나 앞으로 소매업의 경우 상품의 품질은 기본이고 여기에 서비스의 편리함, 체험을 중시하는 경향으로 진화하고 있는 양상이다. 품질 좋은 물건을 대량 매입해 타사보다 싼 가격으로 판매하면 성공한다는 예전 사고방식은 저물고 있다. 이를테면 아마존은 구체적으로 음악, 영상, 게임 등 디지털 미디어에 집중하고 있으며, 소프트웨어 기업 마이크로소프트가 게임회사를 계속 인수하고 있다. 넷플릭스와 애플뮤직, 스포티파이 등도 서브스크립션 전략으로 성공한 사례다.

스마트폰 앱이나 온라인 인터넷 매장은 24시간 언제든지 고객과 접할 수 있다. 고객의 정보를 흡수해 각각의 고객에게 맞는 맞춤형 상품이나 서비스를 소개해 나간다. 그리고 고객과 항상 연결하는 대표적인 서비스가 서브스크립션이다. 이 전략은 유저가 별다른 수고를 들이지 않고도 자신에게 맞는 콘텐츠와 서비스, 체험이 제공된다.

서브스크립션과 리스는 개념이 다르다. 연회비를 부담하는 것은 같은 유형이지만 서비스의 본질은 완전히 다르다. 리스는 일정한 금액을 받고 대여하는 것이지만, 서브스크립션은 고객에게 최상의 가치를 계속 제공한다는 것이 서비스의 본질이다. 따라서 서브스크립션은 데이터 취득에 중점을 둔다.

이를테면 자동차 리스의 경우, 새 차로 바꿀 수 있지만 서비스의 질은 바뀌지 않는다. 반면 서브스크립션 소비자들은 주말이면 차량을 이용해 캠핑을 떠나 낚시나 스노보드를 즐긴다는 데이터가 있다. 이를 바탕으로 아웃도어에 적합한 SUV를 소개한다. 나아가 신형 낚싯대나 보트, 호텔 등의 소개도 가능하다.

이처럼 서브스크립션은 데이터를 철저하게 활용하여 '고객 체험'을 추구하는 비즈니스 유형이다. 데이터를 활용하지 않는 서브스크립션에서는 장점을 살리지 못하고 있다.

아마존은 미래 기술기업의 모델

———

아마존은 불과 10여 년 전만 해도 전자상거래, 즉 e커머스에 뛰어난 스타트업 가운데 하나였다. 그러나 이제는 전자상거래, 인공지능AI, 클라우드 분야에서 첨단을 달리는 기술기업의 선두가 되었다. 아마존의 성장에는 창업자 제프 베이조스의 능력도 능력이지만 시대적 흐름을 결코 간과할 수 없다. 이를테면 A사는 하드웨어IBM 등, B사는 소프트웨어마이크로소프트, C사는 서비스업아마존 등을 비교해 본다. 지금 어떤가. 어느 한 업종에 머물렀다가는 몇 년 못 가서 도태되고 만다. 과거 주력 분야의 벽을 깨고 과감히 하드웨어, 소프트웨어, 서비스 이 세 가지 영역을 모두 섭렵해야 살아

남는다는 의미다. 반대로 말하면, 자기의 주력 분야에 머무르면 시대에 뒤처진다는 의미다. 예를 들어 현대-기아차가 자동차 제조 능력으로 따지면 테슬라보다 훨씬 앞선다. 그러나 시장에서는 테슬라의 기업가치를 훨씬 쳐준다. 왜 그럴까. 테슬라는 자동차 제조는 물론, 인공지능을 서비스에 집중해 고객에게 가치를 부여해 주었기 때문이다. 테슬라는 자동차 산업의 미래 버전을 보여 주고 있다.

이런 미래 기업의 버전을 가장 먼저 예측하고 뛰어든 기업이 아마존이다. 그야말로 미래 첨단 기업의 모델을 보여 준다. 이를테면 아마존에코라는 하드웨어를 만들고, 알렉사라고 하는 소프트웨어를 개발해, 아마존 웹서비스AWS라는 클라우드 서비스로 제공한다. 현재 아마존 프라임 같은 시스템으로 고객의 마음을 확실히 붙잡는 시스템을 유지하고 있다. 즉 모든 영역을 지배한다는 아마존다운 서비스를 제공하고 있다.

아마존을 창업한 제프 베이조스는 TV에서 빡빡머리로 나온다. 일반인에게는 의아한 모양새이지만, 그의 성격을 보여 주는 일면이다. 현실에 안주하지 않고 도전하는 캐릭터를 보여 준다. 이혼하고 불륜의 난봉꾼이라는 비난 속에서도 아마존 CEO의 이미지는 그대로이다. 이혼 합의금만도 어마어마하다고 한다. 이혼 여성은 위자료만 받고도 미국 여성 부자 4위가 되었다고 하니 베이조스의 재력을 알만하다. 그를 부러워하는 게 아니라 성취를 이뤄낸

제프 베이조스

베이조스의 도전 정신이 오늘의 아마존을 만들었다는 점을 강조
하는 것이다. 그는 코로나19로 위기에 몰린 트럼프 경제팀에서 한
때 역할을 맡는 등 현실 정치도 관여했다.

지금 아마존은 전 세계 도시 유명 상가를 먹어 치우고 있다. 코
로나19 사태로 인한 충격으로 기업들은 아우성이지만 아마존은
승승장구하고 있다. 지난해 연말 팬데믹이라는 대형 악재에도 아
마존 자산은 30조 원 가까이 늘었다고 한다.

베이조스는 아이비리그 명문 사학 프린스턴대학을 졸업한 물리
학도였으나 전기와 컴퓨터공학으로 바꿔 졸업했다. AT&T, 인텔
등 최고 회사에서 스카웃 제의를 받았으나 안정된 직장과 고액 연

봉을 뒤로하고 중소기업에 입사했다. 나름 소신 있는 남자였다. 그 회사에서 프로그래밍을 배운 뒤에 돌연 회사를 그만두고 잠시 헤지펀드에서 일하다 아마존을 창업했다. 1994년 무렵 헤지펀드에서 일하던 중 웹사이트가 매년 23배씩 성장했다는 놀라운 통계를 발견했다.

그 무렵 번쩍하고 머리를 스쳐가는 아이디어가 있었다고 그는 훗날 회고했다. 즉시 회사를 창업했다. 직장에서 다른 사람들과 경쟁에서 이길 수 없다는 한계를 느껴 일찍이 창업을 결심했다고 한다. 1980년 프린스턴 장학금을 받는 최우수 학생임에도 자신의 능력의 한계를 절감했다. 베이조스는 물리학 클래스에서 수학 문제를 풀려고 몇 시간 동안이나 끙끙대며 애를 썼다. 동료 친구가 자신보다 더 문제를 잘 푸는 것을 보고 컴퓨터공학으로 방향을 바꾸었다.

스티브 잡스처럼 베이조스도 1994년 차고에서 아마존을 창업했다. 원래 회사 이름은 카다브라Cadabra 였는데, 나중에 아마존으로 바꿨다. 영어 알파벳 순서로 맨 첫 글자 A에 해당하는 이름을 찾다가 남미를 가로지르는, 세계에서 가장 긴 강 Amazon으로 했다고 한다. 나이 서른 살이었다. 발음하기도 좋고 기억하기 좋은 이름이 아닐 수 없다.

베이조스는 언론 인터뷰에서 이렇게 말했다.

"1994년 당시 한 해 동안 수백 배 성장하는 회사가 있었는데, 상당히 특이했다. '어떤 비즈니스 모델을 갖고 있어야 이 흐름에 올라탈 수 있을까?' 몇 개의 회사 이름을 적어낸 끝에 서점을 하기로 했다. 초기엔 부모님 돈을 조금 받아 사업비에 충당했다."

애초 국내에 알려지기로는 인터넷 서점 정도로 인식되었다. 창업 3년만인 1997년엔 IPO에 성공했는데, 당시 한 주당 18달러였다. 국내에서 10여 년 전만 하더라도 아마존은 '성공한 인터넷 서점' 정도로 알려졌으나 지금을 세계를 좌지우지하는 초거대 인터넷 쇼핑몰로 변신했다. 물론 미국의 글로벌 파워 때문에 가능했다. 아마존은 글로벌 파워를 토대로 성장한 대기업 FAANG페이스북, 애플, 아마존, 넷플릭스, 구글 중에서도 가장 많은 돈을 벌었다.

아마존은 영국 버전인 도서 사업과 영화 데이터베이스 사업인 IMDb, 중국의 e커머스 등 대부분 웹사이트 기반의 전자상거래 사업들이다. 2013년 유력 신문 워싱턴포스트 주인이 되었고, 앞서 2010년 블루오리진도 창업했다. 어린 시절부터 우주에 관심이 많아 블루오리진을 만들었다. 워싱턴포스트가 시장에 나왔는데 그는 언론에 문외한이었다. 하지만 온라인상에서 언론의 파워를 간파하고 있었던 것이다. 베이조스는 특히 글 쓰는 사람들을 특히 좋아한다. 글을 쓰는 것은 사고력을 신장시키기 때문이라는 것이다.

베이조스의 성공 배경을 보면, 현실에 안주하지 않는 그의 성격이 큰 몫을 차지한다. 자신의 성공에 안주하지 않고 스스로의 벽을 깨고 나왔다. 연간 수백 배 성장하는 웹 기반 사업에 눈을 뜬 것도 도전하고 성취하는 성격적 특징 때문이다. 아마존은 창업 초기의 책을 파는 플랫폼과 생태계를 그대로 활용하고 응용했다.

단기 이익보다는 미래 고객 중심 전략으로

———

제프 베이조스가 어떤 캐릭터를 갖고 있는지 간단히 살펴보았다. 그의 캐릭터를 이해한다면 미래 그가 펼쳐 보이는 구상을 엿볼 수 있다. 기업이란 자신을 둘러싼 환경과 조응하며 세상에 필요한 가치를 만들어 내는 조직이다. 단순히 돈 버는 조직이 아니다. 환경 변화에 민첩하게 올라타 새로운 가치를 만들어 내고 승승장구하는 기업이 있는가 하면 어떤 기업은 기존의 제도와 관성에 매여 변화에 뒤처진다. 비슷한 기술을 가진 스타트업도 누군가는 성공하고 누군가는 실패한다. 무엇이 이 차이를 만들까?

베이조스의 비전은 명확하다. 자신의 가게를 찾아오는 고객에게 최고의 경험을 전달하는 것이다. 일단 고객이 들어오면 손님을 포위할 수 있어야 한다는 게 그의 철학이다. 마음이 설레도록 고객을 유도하고, 경험하고 싶어지는 것을 제시하는 방법을 고안했다.

앞에서 보았듯 그는 '고객'이라는 개념을 명확히 정의했다. 아마존이 모토로 내세우는 것은 고객주의다. 다시 말해 고객의 경험

customer experience을 중심으로 고객의 니즈에 대응하는 것이다. 매일 임원들에게 주문하는 게 있다. '고객 제일주의', '창업 초기의 사고방식', '혁신'이 그것이다.

고객 제일주의를 내거는 아마존에게 AI 시대의 개막은 대박의 찬스를 가져다주었다. 이를테면 아마존 에코를 보자. 아마존의 인공지능 알렉사에 탑재된 스피커 '아마존 에코'는 단순히 소리만 나오는 게 아니다. 인터페이스의 기능도 함께 갖췄다. 인공지능이 클라우드 정보에 전달해 즉시 해결해 주도록 설계되었다. 각자 자기 집에서 쇼핑하거나 게임을 즐길 수 있다. 이처럼 아마존의 수익 구조는 '플랫폼과 에코 시스템 구축'에 기반한다. 속된 말로 아마존의 마진은 박하다. '박리다매'라는 저가 대량의 영업 전략을 구사한다. 기껏해야 아마존의 영업이익률은 2~3%에 그친다. 유통업계 10%대의 영업이익률과 비교하면 비교 대상도 못 된다.

그러나 플랫폼 차원으로 눈을 돌리면 확 달라진다. 아마존 쇼핑몰로 고객들을 몰려들도록 해서 갖가지 가치를 창출해 낸다. 아마존은 단기간 이익을 목표로 하지 않는다. 장기적인 현금 흐름을 중시하면서 미래 기업가치를 극대화하고 있다. '이익보다도 성장을 쫓는' 전략은 고객들에게는 환영받을 만하다. 아마존의 시총이 높은 이유다.

아마존을 보면 미래 유통산업이 어떻게 전개될지 예측이 가능하다.

이쯤 되면 베이조스의 속맘을 알 것도 같다. 이익보다는 회사를 키워낸다는 전략이다. 플랫폼, 즉 판을 키워서 고객들에게 이익을 돌려준다는 생각이다. 회사 덩치가 커지면서 기업가치도 상승시킨다. 이는 주가를 끌어올리는 동력이다. 이익이 나면 재투자로 사업을 확장하거나 제품가를 낮춰 고객을 끌어모은다. 자연히 충성도 높은 고객층이 형성되고 이 고객층이 또다시 더 큰 수익을 창출하는 구조로 환원되는 방식이다.

올해 이익보다는 5년 후 청사진에 초점을 맞추다

———

아마존의 플랫폼 전략은 인공지능과 빅데이터 시대를 맞아 그 가치를 더욱 키운다는 것이다. 이 전략은 적중하고 있다. 플랫폼을 확장해서 클라우드 서비스인 '아마존 웹서비스AWS'와 인공지능 스피커인 '아마존 에코'를 앞세워 전자상거래 유통을 장악했다. 홀푸드를 인수해 신선 식품 위주의 오프라인 매장도 차렸다. 아마존은 이렇게 전자상거래와 오프라인 매장에서 얻는 다양한 고객 정보를 매출액 증대에 활용한다.

아마존 고객의 방대한 정보, 즉 빅데이터를 활용해 여러 가지 서비스 질을 향상시킨다. 플랫폼 참여자가 늘면 늘수록 시너지 효과는 높아지고 고객에게 돌아가는 혜택은 커진다. 이러한 선순환은 아마존을 절대 강자에 올려놓았다.

해마다 연말이면 이익을 따져 임원을 개편하거나 회사를 뒤집는 전략을 구사하는 것이 일반적인 회사 풍경이다. 하지만 베이조스는 이런 관행적인 방식을 없앴다. 영업 이익보다 더 중요한 것은 내년 또는 2~3년 후, 5년 후 청사진을 누가 제대로 그리느냐를 따져 임원 재임용을 한다.

다시 말해 베이조스는 '고객 중심주의'라는 키워드 못지않게 '미래 지향성'을 강조한다. 베이조스의 '1만 년 시계'는 미래 지향성을 드러내 주는 사례다. 롱나우재단에서 1만 년 동안 멈추지 않고 자동으로 작동하는 시계를 만들기 위해 추진 중인데, 베이조스가 여기에 4,200만 달러를 기부했다. 이 시계는 1만 년 후 후세들이 살아갈 미래를 그려 보자는 의미에서 만들고 있다.

그의 시선은 벌써 우주여행을 하고 있다. 어린 시절부터 우주를 향한 꿈을 키워온 베이조스였다. 그렇기에 5,000억 원 사재를 내서 항공우주 기업 '블루오리진Blue Origin'을 창업했다. 블루오리진의 성공 여부는 미지수다. 그러나 베이조스 우주 사업의 목표는 단순히 우주여행만이 아니다. 우주에서 인간이 거주할 수 있는 토대를 만들겠다는 꿈이다. 즉 우주여행을 위한 플랫폼을 구축하려고 한다.

미래에는 훨씬 저렴한 가격에 우주에 갈 수도 있을 것이다. 갖가지 과학기술이 발달한 지금 우주여행을 위한 기반이 그런대로 정비되어 있다. 따라서 마중물만 제대로 투입된다면 머지않아 아마존처럼 우주여행 프로젝트도 대성공할 것이다. 베이조스의 생각대로 우주 사업 진출이 쉬워지고, 경쟁을 통해 더욱 저가화가 이뤄진다면 우주 산업 전체가 발전할 것이다. 베이조스의 우주 사업은 조만간 아마존의 차세대 미래 먹거리로 자리 잡아, 또 한 번의 아마존의 기적을 이뤄낼지 주목된다.

베이조스는 아마존이라는 새로운 시스템을 만들고 계속 도전할 것이다. 클라우드와 인공지능 분야가 폭풍 성장할 것으로 예측한 베이조스는 2007년 킨들Kindle이라는 전자책 전용 단말기를 시장에 내놓았다. 빠른 속도로 전자책을 다운받을 수 있는 기계다. 이는 전 세계 태블릿 시장 판도를 바꿨다.

킨들 이후에도 인공지능 무인 편의점 '아마존고'를 만들어 새로운 유통 실험을 했다. 그렇다고 무작정 덤벼드는 게 아니다. 도전의 바탕에는 데이터적 엄밀함이 내재되어 있다. 철저히 데이터에 기반해서 기업을 운영하며 사업의 미시 구조 역시 꼼꼼히 관리한다. AWSAmazon Web Service 임대 사업은 그런 면에서 대표적이다. AWS 임대 서비스를 시작할 당시 임원들은 반대했다. 베이조스는 당장의 이익보다 장기적 안목을 키우는 전략이라고 설명했다. 배송, 물류, 화장품, 식료품, 미디어, 금융, 로봇, 인공지능AI, 우주 기술, 헬스케어 시장에까지 진출을 선언한 그는 인터넷 제국을 꿈꾸고 있다.

시대의 흐름을 읽고 시장은 선점하다

———

'아마존은 당신이 무엇을 좋아하고 어디를 가고 싶은지 꿰뚫고 있다. 아마존이 발표한 제품 중에는 사실 새로운 제품은 그리 많지 않다. 전 세계 젊은이들을 상대로 엄청난 광고비로 홍보했지만 실제로는 과장된 것들도 적지 않다. 여러 다른 상품을 서로 복사해 출시한 것 같지만 성격이 전혀 다른 부류도 있다. 성격이 전혀 다른 제품을 하나의 플랫폼으로 연결하는 기법은 아마존을 따를 기업이 없을 것이다.

그간 내놓은 제품 가운데 웨어러블 컴퓨팅 기기가 좋은 사례이다. 안경과 링, 이어폰을 연결하는 것이다. 안경에 스피커와 마이크를 내장해 손을 쓰지 않고 전화 통화를 할 수 있도록 하는 제품이 출시되었다. 손가락에 끼워 대화 기능을 내장한 링도 나왔다. 손에 대고 얘기하면 전화 통화할 수 있는 제품이다. 에코버드라는 130달러짜리 이어폰도 있다. 여느 이어폰과 다름없이 작동하고, 음악을 듣고, 통화도 할 수 있으며, 이어폰을 알렉사Alexa와 연결해 다양한 서비스를 즐길 수 있다. 이러한 기기들은 완전히 새로운 발상이 아니다. 다만 아마존은 이런 웨어러블 기기를 하나로 묶어 낸다. 가상 비서의 개념이 이것이다.

실체가 없지만 작동하고 움직인다. 확실히 손을 쓰지 않고도 모든 주변 기기를 이용하게 될 미래는 조만간 올 것이다.

아마존 경영진은 이러한 시대 변화를 읽고 있다. 현 단계를 4차 산업혁명 초입이라고 한다. 인간과 비슷한 인조인간이 곧 만들어질 것이다. 일부 기기들이 합쳐져 인간의 두뇌 역할을 하게 될 것이다. 이들은 보조적 지식 및 기억으로 작동할 것이다. 인공지능 AI의 발달로 현실화되고 있다. 현재로선 알렉사, 시리, 구글 어시스턴트, 코타나 등이 가상 비서의 역할에서 선도할 것이다. 정보를 찾아주고, 스케줄을 관리하고, 회의나 식당 예약을 하는 것 등 단순 작업은 모두 AI가 할 것이다. 앞으로 아마존이 속속 내놓는 제품은 불가피한 미래를 가속시키는 도구이며 가격 파괴의 과정이다. 여기에는 물론, 아마존의 장삿속이 내재되어 있다. 미래 표준을 만드는 것은 아마존 음성 비서이자 미래 가상 비서가 될 알렉사를 확산시키는 마케팅 작전의 일환이다.

아마존의 가상 비서의 형태가 안경이 될지 이어폰이 될지 반지가 될지 아직은 모른다. 데이터는 아마존에 무궁무진 저장되고 있다. 이를 통해 아마존은 자신의 쇼핑몰에서 모든 것을 구매하도록 유도하고 있다. 상품은 아마존 트럭이나 아마존 드론을 통해 아마존 박스로 배송될 것이다. 아마존은 무엇이 얼마나 팔려 이익을 남기는지에 관심을 두지 않는다. 그러니 경쟁사보다 더욱 싸게 저렴하게 공급할 수 있다. 아마존이 가장 중요하게 여기는 것은 자신들이 만든 플랫폼, 다시 말해 '아마존 제국' 안에서 활동하는 것이다.

지난 연말 아마존이 미국 팟캐스트 업계를 뒤흔든 뉴스가 나왔다. 아마존이 미국의 팟캐스트 기업인 원더리Wondery를 인수한 것이다. 원더리는 약 1,000만 명의 구독자를 보유한 미국의 인기 팟캐스트 업체다. 업계에선 인수 금액을 4,400억 원으로 추정했다. 팟캐스트 사상 최대 규모다. 팟캐스트는 현재 미국에서 급성장하는 시장 중 하나다. 미국 인터렉티브광고협회IAB에 따르면 미국의 팟캐스트 광고 매출은 매년 50% 이상 커지고 있다. 올해에는 2조 원 이상으로 전망된다. 몇 년이 지나면 10조 원에 이를 것이다. 애플도 팟캐스트 서비스 '스카우트 FMScout FM'을 인수해 팟캐스트 서비스를 확대하고 있다.

원더리 인수에는 아마존뿐만 아니라 애플, 소니 등이 참여해 인수 경쟁을 벌였으나 아마존이 승리했다. 소비자의 기호가 음악에서 팟캐스트 영역으로 이동하고 있음을 이미 아마존은 간파했다. 실제로 코로나19 사태로 재택근무가 일상화되면서 스트리밍 미디어 수요가 급증하고 있다. 이에 따라 원더리는 지난 9월 말 기준 이미 전년 대비 매출이 75%나 급증했다. 팟캐스트 서비스는 구독료와 별도로 광고료라는 수입원이 있어서 관련 기업들은 흥미를 갖는 분야이다. 2020년 1월 CESConsumer Electronic Show, 세계 최대의 기술전시회에서 아마존은 알렉사와 주유소가 교신하는 서비스를 시현했다. 주유소에 알렉사가 탑재되어 있다. '알렉사, 주유비 지급해 줘'라고 말하면 자동으로 아마존에 등록되어 있는 신용카드 크레딧 카드로 지급이 완료된다. 주차 요금도 '알렉사, 지급해 줘'라고 말하면 똑같이 자동으로 지급될 것이다.

고객이 하는 모든 행동은 데이터로 축적이 될 것이다. 알렉사 에코를 통해 축적된 데이터를 토대로 서비스를 제공한다. '이 사람은 이런 것을 사고 있다'는 개별적인 데이터가 알렉사에 축적되면, 최적의 상품 추천이나 군더더기 없는 광고도 할 수 있다. 이를테면 한 고객이 인도 여행의 가이드북을 산다. 그는 조만간 인도로 여행할 확률이 높다. 이때를 놓칠세라 알렉사는 "인도행 항공사, 호텔, 레스토랑은 이것입니다"라면서, 고객이 찾아보기도 전에 제시해 줄 것이다.

아마존보험도 출시되어 종래 비즈니스와 시너지를 낳을 것이다. 최근 대출 등 여신거래, 보험 등 금융 사업으로 진출하고 있다. 아직은 본격 단계에 있지 않고, 보험으로는 JP모건과 워런 버핏의 버크셔해서웨이 및 자회사 임직원을 상대로 한정적인 영업을 하고 있으나 곧 일반화될 것이다. 이런 식으로 건강 관련 보험이나 손해보험 쪽도 검토하고 있다고 한다. 보험 분야의 경우 미국의 한 벤처기업이 시작했는데, 아마존은 이를 벤치마킹하고 있다.

앞으로는 사람이 말을 하면 이를 문자로 인식해 글로 정리해 주는 소프트웨어가 선보일 것이다. 여기에는 우선 두 가지 연산 처리가 필요하다. 사람이 낸 음성 파형을 문자화하는 기술과 문자화된 말의 내용을 이해해 문장으로 만드는, 자연언어 처리 기술이다. 여기에는 수만 가지의 문장을 담은 클라우드가 필수적인 자산이 될 것이다. 도전도 빨리 결정하지만, 철수 결정도 빠르다. 아마존은 '파이어폰Fire Phone'이라는 독자적인 휴대전화를 시판했으나 선도 기업들에 밀려 1년 만에 철수한 적도 있다. 현재 아마존은 클라우드, 인공지능, 자연언어 처리와 관련된 고난도 기술 개발을 위한 연구 인력을 다수 영입해 연구를 독려하고 있다.

아마존은 아무래도 전자상거래 분야에서는 최강자다. 무엇보다도 정확하고 속도감 있게 상품을 소비자에게 전달하는 게 가장 큰 목표다. 주문하면 바로 다음 날 상품이 도착하는 '아마존 프라임Amazon Prime'은 이런 점에서 호평을 받고 있다. 검색 시장에서도 비슷한 상황을 볼 수 있다. 야후는 가능한 한 자신의 사이트에 오래 머물러 주기를 바란다. 메인 화면에 방대한 정보를 담아 놓고, 광고도 상당량 표시하고 있다. 그러나 구글은 아마존처럼 최단시간 내에 알고 싶은 정보에 대응하는 식이다. 이 때문에 메인 페이지는 놀랄 정도로 심플하고 광고도 일체 없다. 아마존의 행보에 대해 향후 주목해야 할 분야로 아마존 에코Amazon Echo라는 인터페이스와 아마존 보험대출 그리고 드론 택배와 자동 배달 등이 고객에게 찾아갈 준비를 하고 있다.

팔리지 않아도 고객에게 가치를 부여하는 제품

———

기업에게 있어서 팔리지 않는 물건을 만들면 대부분 실패했다면서 낙담하고 만다. 그러나 아마존 경영진은 사고방식이 다르다. 생각이 팔리지 않는 물건을 만들었어도 실패로 보지 않는다. 아마존은 계속해서 새로운 디바이스를 출시하고 있다. 도대체 무슨 생각인가. 만일 그 상품이 팔리지 않았다고 해도, 어느 정도 고객 데이터를 취득할 수 있는 것으로 만족한다. 그 상품을 계기로 고객이 아마존 프라임에 입회하면 성공이다. 고객이 아마존 프라임에 가입하면 결과적으로 이익으로 이어지기 때문이다. 이를테면 e커머스에서 판매하는 상품은 10% 할인도 한다. 여타 EC 사이트에서 보면 적자가 나는 가격이다.

아마존은 2014년 출시한 아마존 스마트폰 '파이어폰'의 경험을 보자. 이 휴대전화는 전혀 팔리지 않았다. 하지만 고객들은 아마존 프라임에 가입했고 소비자를 확보했다. 이로써 아마존은 고객의 아이디어를 얻어 다음 상품을 잇달아 출시하게 되었다. 당연히 히트 상품은 몇 개 안 된다. 하지만 출시해 보고 평가가 좋지 않은 제품은 데이터만 얻고 바로 철수한다. 아마존이 내놓은 제품의 70~80%는 큰 히트 없이 금방 사라지기도 한다. 그러나 20~30%라도 히트하면 감지덕지하며 계속 도전한다. 아마존의 이런 시스템은 앞으로도 변하지 않을 것이다. 방대한 연구개발비를 들여 고성능 하드웨어를 하나 만들어 내는 것보다도, 더 빠른 속도로 고객 중심 디바이스를 내놓는 것이 지금 아마존의 전략이다. 좀 다른 얘기지만 애플도 아마존 따라 하기를 하고 있다. 애초 하드웨어에 강한 애플이지만, 소프트웨어 및 서비스 사업에 진출했다. 애플 경영진은 애플카드를 출시해 별다른 이익을 바라지 않고 있다. 고객 데이터를 확보하기 위한 디딤돌로 여기는 분위기도 있다. 애플 카드는 보다 유용한 고객 데이터를 획득하기 위한 디바이스 정도라는 말이다. 고객에 관한 각종 데이터는 헬스케어 분야, 즉 애플워치나 애플글라스에 바로 적용할 수 있다. iPhone이라는 절대적인 하드웨어를 가지고 있는 애플은 고객 데이터를 토대로 새로운 디바이스를 연이어 실험하고 있다.

아마존, 드론을 앞세워 건설업을 넘보다

현재 드론과 로봇에 의한 갖가지 건설 건축 분야의 혁신적 서비스가 출현하고 있다. 아마존이 가장 발 빠른 움직임을 보인다. 아마존은 드론과 로봇을 앞세워 건설 건축 분야 진출에 공을 들이고 있다. 현재 건설업 분야는 과당경쟁으로 이익률이 하락하고 있으며, 애초부터 이익률이 적어 기술기업들이 주목하지 않은 분야다.

특히 건설업 분야는 특성상 아직 인력에 의한 작업이 적지 않으며 정보화가 가장 더딘 분야다.

아마존은 먼저 측량 분야의 혁신 방안으로 데이터화를 실험하고 있다. 아직도 측량에서는 페이퍼 설계도가 일반적이다. 공정 관리에 관해서도 페이퍼가 사용되고 있다. 이어 인력으로 수행하는 공정을 로봇이나 자동화로 전환하는 방법이다. 인력이 움직이는 고공 크레인을 무인화 내지 자동화할 수 있다면 실질적으로 24시간 작업을 할 수 있다. 아마존은 측량의 데이터화나 로봇에 의한 무인화 내지 자동화에 성공하면 비용을 거의 90% 이상 낮출 수 있을 것으로 본다. 아마존은 이를 위해 실리콘밸리에서 설계 분야 벤처기업을 매입해 다양한 실험을 하고 있다.

토목공사에서도 혁신이 가능하다. 아직 사람의 눈대중에 의한 토목공사가 이행되고 있지만, 고성능 카메라를 탑재한 드론이 날아다니며 보낸 화상 자료를 분석한다면 어떨까. 사람보다 훨씬 정확할 것이며, 속도가 빨라지고 인건비가 절약될 것이다. 국내에서도 드론에 의한 측량이나 토목공사가 일부 이행되고 있으나 아직 초보 단계다. 굴삭기의 자동·무인화도 실험하고 있다. 아마존은 굴삭기에 숙련된 인공지능을 탑재하는 방법을 고안 중이다. 인공지능이 성토 작업 시 흙의 속성과 모양에 따라 파내는 방법을 조정하는 학습을 훈련시키고 있다.

아마존은 아울러 스마트홈도 구상하고 있다. 조만간 소형 드론으로 집 안을 감시할 수 있는 'Ring Always Home Cam'을 출시할 예정이다. 스마트홈의 경우 물품 구매 시 10% 정도의 할인을 해주면 고객들이 몰린다는 계산이다.

소형 드론이 물건을 배달하는 장면 (사진: 세계일보)

3

미래를 선도하는
혁신 기업

마이크로소프트(Microsoft)
테슬라(Tesla)
넷플릭스(Netflix)

미래를 선도하는 혁신 기업

마이크로소프트
(Microsoft)

인터넷 혁명을 선도한 마이크로소프트

———

지금도 컴퓨터를 처음 열었을 때 마이크로소프트MS 로고가 나온다. 지금의 인터넷 시대가 열린 최고 공로자라면 당연히 마이크로소프트일 것이다. 빌 게이츠가 1975년 창업한 MS는 윈도우라는 운영체제를 통해 퍼스널 컴퓨터를 지배했고, MS Office를 내놓으면서 비지니스의 표준이 되었다. 그러던 MS에 잠시 먹구름이 잠시 뒤덮기도 했다. 그야말로 폭풍처럼 성장한 구글, 페이스북, 아마존, 애플 등에 밀려 2000년대 무렵 레전드로 사라질 수도 있었다. 한때 지배했던 '늙은 사자'에 비유하기도 한다. 그러나 다시금 MS가 빛을 발하는 시대가 다가오고 있다. 특히 인공지능 분야와 디지털 트랜스포메이션 분야에서 MS는 독보적이다.

앞으로 미래 IT 기술기업들은 AI 활용에 성패가 달려 있다고 해도 과언이 아니다. AI를 통해 기업은 사용자가 원하는 것을 이해하고, 제품을 더 잘 설계할 수 있다. AI는 사용자가 원할 때 가장 개인화되고 매력적인 콘텐츠를 제공해 고객을 확보할 수 있다.

2018년 MS는 AI 설계 기업 '시멘틱 머신즈'를 인수했다. AI를 본격 비즈니스 모델로 구현한 일대 사건으로 업계에서는 받아들였다. 분명 구글, 애플 등 IT 공룡들이 AI 비즈니스를 선점한 것은 사실이나, MS는 역시 빅플레이어로 대접받고 있다.

이를 증명하는 것은 특허 건수이다. 독일 시장조사 업체 아이플리틱스IPlytics가 2019년 말 기준 글로벌 IT 기업들의 AI 특허 보유 건수를 발표했다. MS가 1만 8,365건, IBM 1만 5,046건, 삼성전자 1만 1,243건, 퀄컴 1만 178건, 구글 9,536건, 필립스 7,023건, 지멘스 6,192건, 소니 5,526건, 인텔 4,464건, 캐논 3,996건 순이었다. 이미 MS는 AI를 비즈니스에 적용하기 이전인 2014년 자체 인공지능 기술 '샤이오스'를 선보였다. MS가 인수한 시맨틱 머신즈는 현재로선 가장 첨단 기술을 갖고 있는 AI 설계 기업이다.

MS는 또한 프로세서 부문의 최강자답게 AI 플랫폼에서 진가를 드러내고 있다. '2019 CES'에서 MS는 신기술을 뽐냈다. 당시 한국의 LG전자와 AI 자율주행 소프트웨어 개발 협력을 체결한 MS는 클라우드 플랫폼 '애저 Azure'를 선보였다. 애저가 지원하는 HPC High Performance Computing와 GPU Graphic Process Unit를 이용하면 자율주행 SW 개발에 드는 시간과 노력을 대폭 단축시킬 수 있다.

이어 2020년 1월 열린 '2020년 CES'에서 MS는 LG전자와 차량용 인포테인먼트 등 B2B 협약을 맺은 것은 특기할만한 일이었다. 본격적인 자율주행 전기차 시대에 대비해 LG의 앞선 모바일 전자 기술을 확보하기 위한 포석이다. 모바일에서 부족한 부분을 보완하기 위한 것이다. 구글, 애플, 페이스북, 아마존과 마찬가지로 마이크로소프트 역시 모바일 기술의 경험이 중요하다.

확실히 MS는 모바일 부문에 약점이 있다. 강력한 경쟁자들을 잠깐 짚어 보자. 구글과 애플은 안드로이드와 iOS를 통해 엄청난 분량의 유용한 데이터를 수집하고 있다. 예컨대 세계 수십억 명의 사람들은 모바일 기기를 통해 AI 기반의 구글 어시스턴트, 구글 나우, 시리 등을 사용한다. 구글은 수십억 명의 고객들의 기기 사용 양태를 보면서 기술 피드백을 계속할 수 있다.

그러나 MS에는 모바일이 빠져 있다. 최근 한국에서 LG가 모바일 사업을 접는다고 발표한 것처럼 MS도 윈도우폰 사업을 완전히 접었다. 2019년 10월 모바일 운영체제 개발을 중단한다고 발표하기 전 윈도우폰 시장 점유율 1.3%에 그쳤다. 모바일에서의 실패를 맛본 마이크로소프트는 AI에서 절대 강자가 되지 못할 수도 있다. 확실한 모바일 자산이 없이는 인공지능 시장의 낙오자가 될 수 있다. MS가 이를 극복할지 여부는 두고 볼 일이다. LG전자와의 B2B 협약은 그래서 상당히 의미 있는 일이다.

MS의 강점은 앞에서 설명했듯이 플랫폼에 기반한 기초 데이터에 있다. AI와 최첨단 머신러닝에는 방대한 기초 데이터가 필요하다. 마이크로소프트는 검색엔진 '빙', 수억 명에 이르는 윈도우 운영체제와 오피스 사용자, 그리고 소셜 사이트 '링크드인' 등 많은 데이터를 확보해 놓고 있다.

빙은 구글만큼 많은 인기를 얻는 검색엔진은 아니다. 하지만 AI에 기반한 검색엔진으로선 훌륭하며 여전히 수많은 기초 데이터를 만들어 내고 있다. 야후의 전 임원 래리 코넷은 빙을 칭찬한다. 빙은 하루에 수억 건의 검색어 질의를 처리하는 것은 AI 시스템에 알맞은 환경을 갖추고 있다고 했다.

일반 사용자와 직접 연결되는 MS 윈도우 사용자들은 AI 시대에 엄청난 강점이 될 것이다. AI 개인 비서 '코타나'를 장착한 '윈도우 10 시리즈'는 전 세계 5억 대를 넘는다. MS 오피스 또한 지금껏 가장 지배적인 소프트웨어로 군림하고 있다. 오피스는 교정과 자동 언어 번역 등에 AI를 활용하고 있지만, 향후 그 쓰임새 무궁무진할 것이다. MS는 이미 갖춰 놓은 엄청난 기반을 토대로 피드백을 하면서, AI 시대에 대비한 알고리즘을 조정하면서 경쟁력을 높이게 될 것이다.

MS, 클라우드 컴퓨팅 기술을 압도할 것

———

　지난 2018년 11월 30일에는 MS가 애플을 제치고 16년 만에 전 세계 시총 1위 자리를 되찾았다. 주가가 2014년 1월 37.16달러에서 만 5년 만에 110.89달러까지 3배 이상 폭등한 결과였다. 지금 MS의 시가총액은 1,200조 원을 넘나들고 있다. MS의 시장 가치는 PC 운영체제 '윈도우'에 얽매이지 않고 클라우드 서비스를 시작하면서 급상승하기 시작했다. 현재 MS 매출의 25%는 클라우드 플랫폼 '애저Azure'를 활용한 사업에서 나온다.

　MS의 기업 가치 상승의 주요 배경으로 사티아 나델라 CEO의 아이디어에서 나왔다. 2018년 12월 블룸버그 비즈니스위크가 나델라를 커버스토리로 보도하면서 '나델라상스나델라+르네상스'란 제목을 붙였을 정도다.

　인도 출신 소프트웨어 개발자 나델라는 1992년 MS에 합류했고 기업용 클라우드 담당 부사장을 거쳐 2014년부터 CEO를 맡았다. MS가 윈도우 수익에만 매몰되어 스마트폰 시대에는 구글과 애플에 뒤처져 있었다.

　취임 이후 나델라는 MS에서 '윈도우'란 말을 싹 걷어냈다. 가장 먼저 윈도우폰 사업을 매각했다. 기존 클라우드 서비스명이었던 '윈도우 애저'에서도 윈도우를 뺐다. 그러고선 그간 쌓아온 최고의 소프트웨어 기술을 바탕으로 클라우드 시장에 진출했다.

전 세계 컴퓨터와 연결된 애저는 업계에서는 최초로 아프리카에 진출했고, 전 세계 50여 곳에 클라우드 거점을 설치했다. 클라우드 서비스 시장이 유망 산업으로 꼽히면서 클라우드 설비인 데이터센터 증설 경쟁에도 속도가 붙었다. 최근 MS는 아마존의 20곳보다 클라우드 거점이 훨씬 많아졌다. 앞서 아마존은 2006년 클라우드 서비스를 가장 먼저 상업화한 업계 선두주자다.

앞으로 5세대 이동통신5G 도입으로 클라우드 시장 경쟁이 더욱 치열해질 것이다. 5G 시대에는 데이터 전송 속도가 빨라지면서 사물인터넷IoT, 자율주행차, 스마트홈 등 빅데이터에 기반한 기술 보급이 늘어날 것이다. 이에 따라 데이터 트래픽이 폭발적으로 늘면서 필요한 클라우드 규모도 확대된다.

2020년 2,000억 달러를 돌파한 클라우드 시장은 2025년에는 4,000억 달러에 도달할 전망이다. 업계의 선두를 지키려는 아마존도 MS처럼 클라우드 거점을 늘리고 있다.

클라우드에서 후발주자인 구글은 올해 안에 미국 전역에 데이터센터 및 사무실 확충에 130억 달러를 투자한다. 클라우드 서비스 업체들은 양적 경쟁뿐만 아니라 질적 경쟁에도 열을 올리고 있다. 5G 시대에 데이터 트래픽이 폭증하면 현재의 기술력이 한계에 부딪히기 때문이다. 따라서 데이터를 더 빠르게 처리할 기술이 필요하다. 여기에서 주목받는 것이 '에지컴퓨팅'이다. 에지컴퓨팅은 중앙서버인 클라우드가 아니라 네트워크 말단에지, edge에서 데이터를 처리하는 기술이다. 매번 중앙서버로 데이터를 전송하지 않고 자주 쓰는 데이터는 중간 단계에서 처리하는 것이다. 이를테면 한 보안 회사가 송유관 정찰을 위한 감시용 드론을 띄웠다고 치자. 이전에는 반드시 원격지에 있는 중앙서버에 데이터를 송수신했기 때문에 분석 시간이 오래 걸렸다. 하지만 드론 내부에 분석 기능을 내장한다면 이상 징후를 보다 빨리 파악할 수 있다. 시장조사 기관 IDC는 2022년까지 40% 이상의 기업이 에지컴퓨팅을 포함한 클라우드 서비스를 이용할 것으로 점쳤다. MS는 에지컴퓨팅에 집중해 이 분야를 선도한다는 포부를 밝혔다. 이를테면 MS는 2019년 '애저 IoT 에지'Azure IoT Edge를 선보였다. 중간 서버에서 데이터를 처리한 뒤, 나중에 처리 데이터가 중앙서버에 송수신되는 방식이다.

향후 5~10년의 뉴노멀에 대비하는 MS

———

향후 5~10년을 위해 마이크로소프트는 무엇을 준비할까. 한때 코로나19 팬데믹 위기를 조장했다는 '가짜 뉴스'에 휩싸이기도 했던 MS는 팬데믹이 바꿔 놓은 IT 기업 환경을 바꾸겠다는 야심을 갖고 있다. 기업의 디지털 환경을 총책임진 CIO들은 사실상 과거와는 전혀 다른 환경에 직면하고 있다. 회복이나 복구라는 단순한 과거로 돌아가는 것이 아니라 '넥스트 노멀'을 추구한다는 점이다.

CEO들이 넥스트 노멀을 목표로 경영상 고려하고 있는 몇 가지를 짚어 본다.

첫째, 신속한 의사결정의 자율성이다. 2022년 무렵 대부분 CIO들은 데이터 및 AI, 보안을 바탕으로 팀원들에게 더 나은 의사결정 환경을 지원할 것이다. 구성원들은 갈수록 불확실성에 직면할 것이다. 팀과 팀원들은 보다 더 자율적인 의사결정을 내려 불확실성에 신속히 대응해야 할 것이다. 고객 행동, 외부 환경 변화에 대한 실시간 정보와 지식을 가장 잘 획득할 수 있는 사람은 일선에 있는 팀원들이다. 팀원이 의사결정을 조속히 내리기 위해서는 잘 정리된 데이터와 지능형 인텔리전트 도구를 활용할 줄 알아야 한다. 동시에 데이터 사이언스, AI, 사람–기계 인터페이스, 첨단 지능형 워크플로우 디자인 분야에서 역량을 강화해야 한다.

두 번째로 고려하는 것은 급증하는 사이버 공격, 불안, 무역 전쟁, 갑작스러운 붕괴에 적응하는 방법이다. 종래의 방법대로 한다면 기업의 신뢰도가 추락하는 사태에 직면할 것이다. MS는 이런 환경 변화에 맞서 차세대 디지털 플랫폼 구축에 주력한다는 방침이다. MS에는 차세대 디지털 플랫폼을 독차지하기 위한 프로젝트가 있다. 미국 IT 전문지 '윈도우 센트럴 Windows Central'의 보도에 따르면, 마이크로소프트는 올해 '윈도우10' 사용자 인터페이스 User Interface 에 대한 대규모 개편을 시작한다. 운영체제 윈도우 10X가 그것이다. 작업 표시줄, 작업 센터 및 운영체제 전반에 다양한 메뉴를 내장한다. 윈도우 10X의 출시는 2021년에 윈도우 환경을 상당히 바꿀 것이다. 프로젝트를 주도하고 있는 MS 최고 제품 책임자 파노스 파나이는 "사람들이 좋아하고 원하는 것을 윈도우에 옮기고 싶다."라고 말했다. 윈도우10을 더 세련되고 첨단형 스타일로 만들기 위한 것이다.

MS의 또 하나 야심찬 프로젝트는 카메라 부문이다. 컴퓨터에 내장된 카메라가 그것이다. 21세기 젊은이들에게 웹캠은 그 어느 때보다 중요해졌다. 코로나19로 대부분 인간 활동이 비대면 활동으로 전환되면서 쌍방향 비대면 소통이 일상화되고 있다. 이 시점에 내장 카메라의 성능이 컴퓨터의 인기를 좌우한다고 해도 과언이 아닐 것이다.

MS 간부들은 품질 좋은 웹캠의 중요성에 대해 절절히 깨닫는 중이다. 지난 2019년 서피스북3 Surface Book3 , 서피스 고2 Surface Go2 등 새로운 서피스 하드웨어 제품군을 내놓았다. 시장에서는 기존 제품의 업그레이드 수준으로 특별한 차이가 없다고 비판한다. 하지만 고객들이 발견하지 못한 게 있다. 서피스 시리즈의 전면 카메라는 500만 화소의 사진과 1080p 영상을 촬영할 수 있다. 지금까지 나온 경쟁사 노트북의 카메라는 대부분 100만 화소 사진과

720p 영상을 촬영할 수 있다. 카메라 성능으로만 따져도 MS 제품이 몇 배나 앞선다.

앞으로 비대면 시대 웹캠은 세상으로 향하는 창이 될 것이다. 줌 Zoom, 마이크로소프트 팀즈Teams, 구글 미트Google Meet, 웹엑스 WebEx가 서로를 연결되어 새로운 만남의 장소가 될 것이다. 식당, 회의실, 호텔, 카페 등을 웹캠이 대체하고 있는 것이다. 고객들은 TV와 스트리밍 서비스에서만 본 유명인들을 바로 만나게 될 것이다. 노트북컴퓨터 카메라 앞에 있는 사람을 선명히 보고 목소리를 또렷이 들을 수 있다면 그야말로 금상첨화다.

IT 업계 전문가들조차 MS가 매우 강력한 카메라 노하우를 갖고 있다는 사실을 모르고 있었다. MS 내부 서피스팀의 엔지니어링 책임자 더그 벡은 "웹캠이 실제로 매우 어두운 곳에서도 사용할 수 있다는 점을 설득하는 데 시간이 꽤 걸렸다."라고 고백했다.

이 과정에서 MS는 예술과 과학의 융합을 꾀하고 있다. 사람들은 오디오 품질이 좋지 않거나, 영상 품질이 좋지 않으면 짜증을 낼 것이다. 대부분의 사람이 사용자의 영상 시청을 중단하면 상호작용을 할 수 있는 기회가 그만큼 사라진다. 짜증의 원인이 된다. 더 좋은 웹캠을 디자인하는 것은 고화질 신호를 인터넷으로 전달하는 것 이상의 의미를 준다. 바로 예술과 과학의 조화로 가능한 일이다. 과학이 충분하지 않을 때 예술이 등장한다.

다시 말해 사용자를 정확히 보여 주는 것은 MS 정체성을 나타내는 필수 과정이다. MS는 피부색을 정확히 표현하는 데도 많은 공을 들였다. 더그 벡은 "사람의 피부색을 자연스럽게 맞추는 특허를 가지고 있다. 보정된 파이프라인을 통해 피부색을 정확히 표현할 수 있다."라고 했다.

이 과정에서 AI의 역할은 점점 중요해질 것이다. AI 영역에서 MS의 행보는 놀랍다. 심층 신경망과 같은 정교한 알고리즘을 채용하면 이미지의 특징을 자연색 그대로 추출할 수 있다. 앞으로 스마트폰을 들고 돌아다니는 시간이 크게 줄어들 것이다. 이제 카메라 관련 소프트웨어는 PC로 넘어갔다. PC의 전면 카메라가 우리의 삶 속으로 들어올 날이 올 것이다. 이렇듯 MS는 5년 후 내지 10년의 삶을 준비하듯이 착착 뉴노멀에 대비하고 있다.

MS가 구축하려는 뉴노멀 가운데 또 하나는 동영상이다. 동영상을 제작하고 전송하면 사람과 사람 간 소통이 더욱 원활해진다. 소통은 인간 삶에 중요한 바탕이다. 이는 MS 설립자 빌 게이츠의 신념이다. 멜린다게이츠 재단을 설립한 것도 빌 게이츠의 철학을 반영한 사회사업의 하나다. 빌은 중국의 인기 동영상 플랫폼 틱톡 TikTok을 인수했다. 한때 트럼프 대통령이 반대하면서 어려울 것 같았던 틱톡이 MS 품에 안겼다. 다만 틱톡의 모회사인 중국의 바이트댄스는 기술적으로도 완전히 분리된다는 전제가 붙었다. MS는 틱톡의 미국, 캐나다, 뉴질랜드, 호주 법인을 인수했다. 물론 미국 정부 산하 외국인투자심의위원회 감독하에 인수 협상이 이뤄졌다.

틱톡은 미국에서 센세이션을 일으키고 있다. 재미있고 짧은 형식의 모바일 동영상 앱은 사용이 쉬우면서도 강력한 기능을 선보인다. 틱톡은 빠른 속도로 제작자와 시청자들로 이루어진 거대한 커뮤니티를 구축하고 있다. 개인주의로 흐르는 현대 문명의 가장 큰 맹점은 에고이즘이다. 커뮤니티가 구축된다면 에고이즘 같은 사이비 사상은 상당 부분 완화될 것이다. 실제로 틱톡은 2018년 iOS와 안드로이드 양 진영을 아울러 세계에서 가장 많이 다운로드, 사용된 앱 가운데 하나였다. 과연 MS의 틱톡 인수는 비대면 인간 사회에서 연결하는 도구로써 대박을 터뜨릴 포석이 될 것인가.

빌 게이츠 궁극의 목적은 새 생명을 구하는 것

빌 게이츠의 기업관은 인간 삶의 궁극적 행복이다. 이를 위해서는 건강한 사상, 건강한 삶이 전제되어야 한다. 무엇보다도 건강한 신체가 우선이다. 현대 사회에서 유전자의 결손은 인간에게 큰 불행이다. 이를 막기 위한 방안의 하나가 유전자 치료이다. 인간의 기술로 건강한 신체를 유지할 수 있는 방안으로 유전자 치료는 그 가능성이 엿보인다. 이와 관련해 빌 게이츠가 역점을 두는 것은 크리스퍼 유전자 가위 기술이다. 오늘날 사람의 질병과 관련이 있는 유전자 변이체의 89% 이상을 유전자 편집을 통해 고칠 수 있다는 점은 고무적이다. AI와 크리스퍼 유전자 가위는 질병들을 퇴치할 수 있는 강력한 도구가 될 수 있다.

빌 게이츠는 지난 수년간 급속도로 진전을 보이는 유전자 가위 기술에 큰 기대를 걸고 있다. 그는 "인간 게놈 프로젝트를 통해 기본적인 DNA 정보를 알아내고 DNA가 질병과 어떤 연관성을 가지고 있는지 알아낸 지는 15년 전에 불과하다"며 "크리스퍼 유전자 가위를 통해 DNA를 정밀하게 편집할 수 있게 된 지는 불과 8년 밖에 지나지 않았다"고 했다. 그러면서 "오늘날 사람의 질병과 관련이 있는 유전자 변이체의 89% 이상을 유전자 편집을 통해 고칠 수 있다"며 "AI와 크리스퍼 유전자 가위는 질병들을 퇴치할 수 있는 강력한 도구가 됐다"고 평했다.

실제로 '유전자 가위'crispr 기술의 현실화가 성큼 다가온 느낌이다. 현 단계는 크리스퍼 3세대라고 칭한다. 이는 특정 유전자를 정밀 편집할 수 있는 생명공학 기법은 비약적 발전을 거듭하고 있다. 빌 게이츠가 만난 사람은 캘리포니아대 버클리캠퍼스 교수인 제니퍼 다우드나Jennifer A. Doudna였다. 그는 크리스퍼를 처음 개발하면서 이 분야를 선도하는 생물화학자다. 그는 크리스퍼 기술의 상용화를 열어젖혔다. 크리스퍼 실험실을 230만 원 정도면 차릴수 있고, 15만 원이면 유전자 편집 키트를 구매할 수 있다는 게 다우드나 교수의 주장이다. 뇌질환 등 불치병 치료와 함께 건강 등

생활 분야의 산업 잠재력이 무궁무진하다고 할 수 있다.

그는 2012년 6월 과학잡지 '사이언스'에 크리스퍼 기술에 관한 최신 연구 성과를 올렸다. 이 논문에는 3세대 유전자 가위 기술인 '크리스퍼-캐스9'이 실려 있었다. 2015년 양대 과학학술지인 사이언스와 네이처는 '가장 뛰어난 과학적 성과'로서 크리스퍼 기술을 꼽았고, 그해 '타임'지는 다우드나를 전 세계 '가장 영향력 있는 인물 100인'에 선정했다. 현재 그는 생물학 분야의 유력한 노벨상 후보로 거론되고 있다.

그의 발표 이전까지 크리스퍼 기술은 덜 정밀했고, 상용화하기에는 너무 비쌌다. 그가 유전자 조작이나 편집에 드는 비용과 시간을 대폭 줄이고, 오류도 거의 없는 기술을 개발한 것이다. 그의 연구 성과에 따라 유전자를 세밀하게 컨트롤할 수 있다면 인간 질병은 새로운 차원에서 치료할 수 있다. 크리스퍼 기술이 엄청난 힘으로 폭발하는 진짜 이유는 저렴한 비용과 쉬운 사용법에서 나오기 때문이다. 실험할 때 필요한 것은 간단한 도구와 인공 염색체, 즉 플라스미드뿐이다. 앞으로 이 기술은 HIV와 암 등의 불치병 치료와 함께 전 세계적인 식량 부족 문제 해결에 획기적인 기여를 할 것이다. 각종 질환 예방과 치료, 신약 개발은 물론 효모의 게놈유전체을 편집해 새로운 맛의 맥주를 만들 수 있는 등 활용 범위는 무궁무진하다. 썩지 않고 몇 달에 걸쳐 천천히 숙성하는 토마토, 말라리아를 옮기지 않는 모기, 경찰과 군인을 도울 수 있는 근육질의 반려견, 뿔이 자라지 않는 소 등은 이미 유전자 편집을 통해 존재하는 생물들이다.

빌 게이츠와 만난 제니퍼 다우드나는 "크리스퍼 유전자 가위 기술은 인류가 쓰기에 따라 불치병을 치료하는 건강 혁명의 기원이 될 수 있겠지만, 반면 원자폭탄 같은 괴물이 될 수도 있다"고 걱정하기도 했다. 문제는 어디까지 유전자 가위 연구를 허용할 것인가다. 그러나 크리스퍼 기술을 인간에 적용하면 문제는 달라진다. 윤리적인 문제는 둘째로 치고, 특정 기능만을 장착한 사이보그 같은 인간을 만들어 낼 수도 있다.

보았듯 빌 게이츠는 유전자 연구 성과의 양면성을 지적한다. 만약 어느 미친 과학자가 인간 배아에 기술을 적용하면 어떻게 될까. 빌 게이츠 역시 연구 과정에서 무분별한 유전자 가위 사용의 위험성을 우려했다. 솔직히 인간 유전자를 편집할 수 있는 유전자 가위 기술이 핵무기에 맞먹는 재앙을 부르지는 않겠지만 크리스퍼 연구를 서두르는 게 좋게만 보이지 않는다. 다만 빌 게이츠는 유전 질환으로 앓고 있는 수많은 어린 생명을 살려 새 희망을 불어넣을 수 있을 것으로 기대하고 있다.

잠시 말을 바꿔 한국의 경우를 보면, 2000년대에 이른바 황우석 사태를 맞으면서 관련 연구가 위축되었다. 생명공학 기술에 대한 사회적인 신뢰가 무너지면서 강력한 규제로 귀결되었다. 그 사이 미국과 중국의 연구는 저만치 앞서 나가고 있다. 현재 크리스퍼 기술은 상용화에 매우 근접해 있다. 엄청난 사회적, 산업적 파급이 예상된다. 각국 간에 치열한 특허전쟁이 벌어지고 있다. 현재 한국은 크리스퍼 기술 세계 톱3로 평가된다.

빌 게이츠는 무엇보다도 크리스퍼 기술에 대한 가이드라인을 설정하는 것이 시급하다고 주장한다. 몇 년 전만 해도 크리스퍼 또는 유전자 가위 기술은 극히 일부의 생명과학자들 사이에서만 사용되는 학술 용어였다. 일반인들은 물론이고 대다수 생물학자에게도 생소했다. 하지만 이제 누구나 한 번쯤은 들어보았을 만큼 세간의 관심을 받고 있다. 빌 게이츠는 한 모임에서 이런 말을 한 적이 있다.

"선천적으로 선하거나 악한 기술은 없다. 다만 인간이 기술을 어떻게 사용하느냐에 달렸을 뿐이다. 자신의 유전적 미래를 통제할 힘은 경이로운 동시에 두렵기도 하다. 이 기술을 어떻게 다룰지 결정하는 일이야말로 인류가 대면한 적 없는 가장 큰 도전일 것이다. 나는 우리가 감당할 수 있기를 바라고 또 감당할 수 있다고 믿는다."

빌 게이츠는 마이크로소프트 산하에 유전자 가위 기술 연구소를 두고 향후 20조 달러 이상 펼쳐질 관련 산업에서 선도적 역할을 하고 있다.

이와 관련해 빌 게이츠가 투자한 비앤지오BngO는 구글벤처스 등 13개 업체와 공동으로 미국 에디타스 메디슨Editas Medicines에 1

억 2,000만 달러를 투자했다. 투자 결정 시점은 2019년 4월 무렵이었다. 2013년 11월 창업한 에디타스 메디슨은 크리스퍼 유전자 편집 기술을 보유한 첨단 벤처기업이다. 이 기술은 결함 있는 유전자를 제거하거나 편집하는 초기 단계 기술로서 단일세포 수준에서 연구가 진행 중이다. 유전자 치료제 활용에도 길을 열어줄 수 있다. 현재 크리스퍼 유전자 가위 기술에 대한 투자 수주 경쟁이 심화되는 상황에서 에디타스 메디슨이 가장 많은 투자금을 유치했다. 물론 유전자 가위 기술을 개발하려는 빌 게이츠의 의지가 작용한 덕분이다.

향후 에디타스 메디슨은 바이러스 등 다양한 전달 시스템을 활용, 유전자 가위 효소인 CRISPER-Cas9 단백질을 환자의 세포에 직접 주입하여 유전자를 교정하는 유전자 치료법 개발에 주력하고 있다. 빌 게이츠가 가장 관심 갖는 분야는 유아기부터 선천성 질환을 안고 태어난 아동들을 치료하는 방법이다. 그는 우선 관련 스타트업에 선제적으로 투자해 자신의 이상을 실현시키려 하고 있다. 1년여 동안 전 세계를 휩쓸고 있는 코로나 바이러스에 대한 해법 중 하나로 AI 유전자 가위가 주목받고 있다. 앞서 빌게이츠는 코로나19 바이러스 퇴치를 위한 백신 개발에 1억 달러를 기부하기도 했다.

빌 게이츠, 화장실 혁명에 투자하다

———

2008년 6월 27일 한여름 더위가 기승을 부리는 날이었다. 미국 워싱턴주 레드먼드에 자리 잡고 있는 MS 본사에서는 주인을 떠나보내는 행사가 열렸다. 주인공은 바로 소프트웨어 황제로 MS를 창업한 빌 게이츠였다. 빌 게이츠는 30년 이상 MS를 이끌면서 세계 정보기술 업계의 황제로 군림했다. 그리고 전 세계 인터넷 혁명을 선도했다. 그는 컴퓨터를 구동시키는 이른바 MS도스라는 소프트웨어 하나로 세계 최고 갑부 자리를 13년 동안이나 지켰다. 한때 독점적인 영업으로 비난받았던 인물이다. 빌 게이츠는 이날 자신이 땀과 눈물로 키워 왔던 MS와 작별을 고했다. 대학 친구인 스티브 발머 최고경영자에게 회사를 맡긴 채 사회사업가로 나갔다. 자신의 자녀에게는 1,000만 달러씩만 물려준다고 했다. 빌 게이츠가 완전히 물러났음에도 MS는 빌 게이츠를 떼어놓을 수 없다.

MS를 공동 설립한 빌 게이츠는 경영 일선에서 물러난 뒤 세계 보건의 진화, 교육 발전, 기후 변화 대책 마련에 많은 시간을 쏟고 있다. 이후 게이츠는 MS 회장에 이어 기술 자문역으로 활동 중이다. CEO 사티야 나델라를 비롯한 경영진의 기술 자문 역할을 맡아 계속 MS와 인연을 이어가고 있다.

MS 이사회는 존 W. 톰슨이 이끄는 12명으로 개편됐다.

빌 게이츠가 화장실 혁명에 온몸을 던지고 있는 것은 이미 알려져 있다.

빌 게이츠의 고민거리 중 하나가 지구촌의 화장실 문제다. 이 지구상에서 수세식 화장실을 포함해서 위생적이고 안전한 화장실을 쓰는 인구의 비율은 약 30% 수준에 그치고 있다. 세계 인구의 약 30%는 화장실을 사용하기는 하지만 분뇨를 그냥 강물로 흘러보내는 화장실에서 일을 본다. 나머지 32%는 결코 사용할 수 없는 비위생적인 화장실을 쓰거나 그마저도 없어 아예 야외에서 볼일을 본다.

아프리카 오지에서 분뇨에 의해 오염된 식수를 먹은 아이들은 질병에 감염되거나 설사를 자주 앓고 있다. 이 아이들은 병 때문에 영양 섭취가 부실해져 영양실조에 걸리고 결국 사망에까지 이르게 된다. 빌 게이츠는 깨끗하고 안전한 화장실은 수세식 시설처럼 돈 있는 사람들만 누릴 수 있는 특권이 아니라 모든 인간이 누려야 할 권리로 인정되어야 한다고 강조한다.

빌 게이츠는 이런 지구촌의 현실을 극복하기 위해 하루빨리 화장실 혁명을 이루어야 한다고 주장하며 혁신적인 화장실 공모 및 지원 사업을 시작했다.

그는 수세식 화장실만이 최고의 해법이 아니라고 본다. 그러면서 분뇨의 자원화에 큰 관심을 갖고 있다. 그는 분뇨가 소중한 자원을 품고 있는 보물 창고라고 생각하는 것 같다. 분뇨의 자원 가치에 주목하고 이 자원을 회수하는 여러 가지 기술들이 개발하는 데 지원을 아끼지 않고 있다. 빌 게이츠는 분뇨 자원화 기술을 갖춘 화장실 혁명은 곧 환경 혁명이자 자원 혁명이라고 강조한다.

물이 하늘에서 땅으로 바다로 순환하는 소중한 자원이듯이, 분뇨 역시 우리 몸에서 자연으로 순환하는 소중한 자원이라는 관점이다.

마이크로소프트를 창업한 이후 1995년 인터넷 중심으로 회사의 관점을 옮긴 빌 게이츠는 인터넷 민주화를 강조했다. 그는 MS의 창업 이념을 실천하려고 준비 중이다.

MS, 스마트시티 OS의 선도자가 되다

MS는 B2B, 즉 법인끼리 거래하는 B2B 비즈니스의 강자이다. MS가 최근 군침을 흘리고 있는 대상은 도시의 운영체제인데, '도시OS'라고 한다. 클라우드가 전 세계 IT 업계 대세가 된 상황에서 MS는 이를 도시 운영 시스템에 적용하려 시도하고 있다. 국가마다 또는 도시마다 각자 서버 등 설비를 구축했던 시스템을 클라우드화하려는 시도이다. 실제 일본 정부는 일부 운영 시스템을 아마존 클라우드 시스템에 맡기기 위해 클라우드 시스템 적용을 주업무로 하는 '디지털청' 발족에 박차를 가하고 있다.

아마존이 일본 정부 시스템의 클라우드화 프로젝트를 따냈으나, 미 펜타곤 등 미국 정부의 클라우드화는 MS가 수주했다. 작년 입찰 당시 트럼프 대통령과 제프 베조스 아마존 창업자와 사이가 좋지 않은 데 따른 결과라는 얘기도 있지만, MS의 시스템이 더 좋은 평가를 받았다고 한다. 이 같은 클라우드화 프로젝트는 속칭 큰돈을 벌 수 있는 비즈니스이다. 단순히 운영체제에 국한하지 않고, 시스템 가동에 필요한 다양한 애플리케이션도 통틀어 수주하기 때문이다. 그래서 프로젝트 규모가 상당하다.

클라우드화 작업에서 MS는 차별성을 보이고 있다. MS는 정부기관 운영체제뿐만 아니라 도시 운영을 위한 시스템 전체를 클라우드화하는 데 힘을 쏟고 있다. 이 과정에서 빌 게이츠 이후 CEO를 맡은 스티브 발머는 몇 가지 경영상의 실수를 했다.

그중 하나는 구글 다큐먼트나 오픈오피스 등 다른 라이벌 기업이 클라우드를 활용하여 무료 서비스를 제공하는 와중에 Office를 패키지로 소비자가 사도록 하는 비즈니스 모델에 집착한 것이다. 비즈니스에 집착한 모바일 시대를 따라가지 못했고, 그 결과 휴대전화 사업에 완전히 뒤처지는 결과가 되었다. 다행히 현 CEO 사티아 나델라는 개방된 경영 체제로 전환했다. 누구든지 어디서든지 사용할 수 있는 개방된 디바이스와 소프트웨어를 제공하는 체제로 전환했다. 나델라는 구독 서비스를 도입했다. 소프트웨어를 패키지 판매하던 관행에서 탈피해 연 단위로 구독하는 체제로 바

꿈으로써 소비자들의 초기 구매 부담을 덜어준 것이다. 소비자가 지급하는 금액은 총액은 별 차이가 없지만, MS 소프트웨어는 최신 기능이 구비되어 있어 고객들 사이에서 인기가 높게 형성되었다. 이후 MS에 대한 소비자 인식이 향상되면서 주가는 10배 이상, 시총은 1,000조 원을 넘어섰다. 독점 체제에 안주하다 쓴맛을 본 이후 다시 오픈 이노베이션으로 변신에 성공한 케이스이다. 마이크로소프트는 고품질의 소프트웨어를 가지고 있어 언제라도 업계 최고가 될 잠재력을 갖고 있다.

마이크로소프트 창업자 빌 게이츠 (사진: 세계일보)

테슬라(Tesla)

미래는 예측하는 게 아니라 만들어가는 것

———

2021년 1월 7일 세계 주요 언론들은 이렇게 전했다. "일론 머스크, 제프 베이조스 제치고 세계 부자 1위 등극"이라는 내용이다. 일론 머스크가 베이조스를 제치고 최고 부자가 된 것은 미국에서 큰 화젯거리가 되고 있다. 테슬라는 작년에만 6배 이상 주가가 오르는 바람에 머스크의 순자산도 빠른 속도로 증가했다. 지난해 7월 뉴욕 증시에서 테슬라는 자동차 업계 시총 1위에 올랐다.

지난 수십 년간 미국 자동차 업계의 황제로 군림했던 도요타 위에 올라선 것이다. 매출로 따지면 테슬라의 시장 점유율은 1%가

채 되지 않는다.

그럼에도 테슬라와 일론 머스크는 각종 기록들을 갈아치우고 있다. 투자자들은 당장의 매출 숫자보다 미래 가치를 보고 이에 투자하고 있다는 것을 입증하는 것이다. 현대 사회에서 자동차는 인간 생활의 가장 필수적인 물건이다. 자동차 하나만으로 세계 시장을 들었다 놨다 할 수도 있다. 그만큼 자동차는 연관 산업으로의 파급력이 엄청나다.

한때 사기꾼과 모험가 사이에서 왔다 갔다 했던 일론 머스크다. 사기꾼이 아니라 그가 내뱉는 말이 동종 업계 CEO들에게는 생소했기 때문이다. 미국 재계에서는 때로는 황당하기까지 한 그의 말의 의미를 정확히 이해하지 못했다. 그는 분명 100년이 넘는 자동차 산업에서 '굴러들어온 돌'이다. 굴러온 돌이 '박힌 돌'을 걷어차고 있는 게 최근 자동차 업계 동향이라면 과장일까.

실로 그는 세계 최고 비즈니스 혁신의 이이콘으로 성장해 가는 도상에 있다. 이러한 배경에는 무엇이 작용하는가. 비전을 현실로 옮기는 무서운 실행력, 실행을 가능케 하는 현실적 기술력이 뒷받침하고 있다. 그는 늘 팀원들에게 얘기한다. "미래는 예측하는 것이 아니라 만들어간다."

오늘날 글로벌 기업은 순전히 재무제표적 관점만 본다면, 해당 기업의 가치를 온전히 평가하기 어렵다. 다시 말해 매력적인 비전과 구체적인 실행 계획이 담긴 '파이낸셜 스토리'가 중요해지고 있다. 이 같은 변화를 가장 극명하게 보여 주는 사례가 바로 테슬라다. 당장 재무적 성과는 별로 없어 보인다. 하지만 투자자들에게는 그게 아니었다. 마치 종교적 주술사처럼 일론 머스크를 숭배하는 것에 가깝다. 비슷한 시기에 경이로운 기업 성장을 일궈낸 아마존의 제프 베이조스를 숭배하지는 않는다. 유독 투자자들은 머스크에 대해서만 숭배할 정도로 신뢰한다. 혁신과 미래에 대한 비전을 보았기 때문이다.

최근 일론 머스크는 암호화폐 비트코인에 1조 5,000억 원 정도를 투자했다고 한다. 이 때문에 비트코인은 폭등했고, 여타 알트코인들이 덩달아 올랐다. 그만큼 투자자들은 머스크에 대한 기대를 하고 있다.

앞으로 10년은 모빌리티 전쟁이다. 글로벌 비즈니스 지형도를 뒤바꾸는 모빌리티 경쟁이 벌어지고 있다. 테슬라는 자율주행 전기차만을 전문으로 하는 회사가 아니다. 전기차는 모빌리티 서비스와 산업 생태계 구축을 위한 도구일 뿐이다. 머스크의 비전은 자동차 시장에만 머물지 않는다. '바퀴 달린 휴대전화' 개념으로 자율주행 자동차를 생산하고 있다. 최근 애플이 이런 개념 아래 '애플카' 생산을 선언했다. 선도자인 테슬라에서 영감을 얻었다고 볼 수밖에 없을 것이다. 이는 궁극적으로 대부분 산업군에서 신선한 충격을 미칠 것이다.

삼성 휴대전화에 안주해 있던 한국 소비자들은 애플 아이폰에 큰 충격을 받았다는 사실을 기억할 것이다. 인터넷으로 연결된 컴퓨터가 모바일로 바뀌면서 수많은 새로운 서비스가 생겨났고, 동시에 기존 거대 산업이 한순간에 사라진다. 대표적인 사례가 노키아다. 세계 시장의 40%를 장악했던 노키아의 휴대전화 사업부는 딱 5년 만에 마이크로소프트에 팔리면서 공중 분해되는 처지가 되었다. 사람들은 '테슬라발' 충격이 어떤 유형의 파급력을 발휘할지 숨죽이며 주시하고 있다. 스마트폰처럼 설계된 자동차가 고속도로를 질주할 날이 멀지 않았다.

그러면 어떤 일이 벌어질까? 움직이는 스마트폰 또는 세계를 하나로 묶는 네트워크 컴퓨터로 변모한 자동차가 출현한다면 관련 서비스와 비즈니스 업계는 지각 변동을 경험하게 될 것이다. 물론 비즈니스 기회가 엄청나게 확대될 것이다. 스마트폰의 등장 때와는 비교 자체가 안 된다. 자동차는 관련 부품만 2만여 개에 이르는 대형 장치 산업이다. 그만큼 산업계 전반에 미칠 충격이 엄청날 것이다. 자동차 업계에선 자율주행 전기차의 전 세계 시장 규모를 7,000조 원으로 예상한다. '모빌리티 혁명'이란 바로 이런 것이다.

모빌리티 혁명은 제조, 에너지, 통신, 서비스, AI 등 다양한 분야에서 동시에 일어날 것이다. 연관 업계 사이에서는 가지각색의 경쟁이 펼쳐질 것이다. 향후 5년 내 사라지는 기업, 그리고 뜨는 기업이 생겨날 것이다.

흥미로운 말이 회자된다. "자동차 업계에선 테슬라를 증오하지만 IT 회사들은 테슬라를 사랑한다"는 말이다. IT 회사들은 테슬라가 자동차 업계의 구글 OS 안드로이드 같은 존재가 될 것을 기대하고 있는 것이다. 관련 자동차 업계에서는 '대비하고 반격하든지 아니면 망하든지, 둘 중 하나'라는 위기 의식이 퍼지고 있다. 기존 업계는 중간 다리 역할 또는 종속 회사로 남아, 소부장 납품 회사가 되는 것이다. 이제 자율주행 자동차의 선도자는 누가 뭐래도 일론 머스크라는 사실을 의심할 나위없다.

일론 머스크가 구상하는 꿈의 자동차의 모습

———

모바일 시대의 다음 요소로 주목받을 것은 무엇인가. AI 심화기술, 빅데이터 경제, 5G 통신 서비스 등이 그것이다. 서로 다른 분야의 기술들이다. 하지만 이것들을 하나로 수렴하는 융합체가 다름 아닌 자율주행 자동차이다. 바로 이종 산업 간의 컬래버레이션이다. 앞에서 자동차는 연관 산업에 미치는 파급 효과가 크다고 설명했다. 정보통신ICT과 가전 업계에서도 치열한 경쟁이 벌어지고 있는데, 이는 자율주행차가 경제와 사회에 미치는 영향력과 연관되어 있다.

관련 비즈니스에 새로 진입을 고민하고 있는 기업들의 중요한 과제가 아닐 수 없다. 그러면 일론 머스크가 만들어 내려는 꿈의 자율주행차는 어떤 형태일까.

미래 자동차는 사람의 도움 없이 완전히 알아서 달린다. 테슬라는 완전 자율주행 기능을 구현한 이후에는 차량 공유 서비스를 구상하고 있다. 대부분의 차량 소유주는 하루에 5~10% 정도만 자동차를 쓴다. 머스크는 "만일 공유 서비스가 실행된다면, 진짜 자율주행 자동차의 경제적 효용은 일반 차량에 비해 몇 배는 높을 것"이라고 설명했다. 이 부분에 대해서는 뒤에 더 상술할 것이다.

차량 이용 희망자는 스마트폰 앱으로 자동차를 호출한다. 차에 올라 도착지까지 잠을 자거나 독서를 할 수 있다. 아울러 차량 소유자는 우버Uber 운전자처럼 테슬라 네트워크에 차량을 등록해놓으면 이용자가 지급한 일정 소득을 챙길 수 있다. 앞으로 10년 안에 자율주행차가 도로를 점령하면서 기존의 산업 질서를 재편하고 도시의 양태도 바꿀 것이다. 즉 3~5년 후에는 자율주행차가 일상 속에 등장할 것이며, 10년 안에 상용화된다는 말이다. 2030~2035년 무렵이면 완전한 자율주행차가 도로를 메울 것이다. 특히 대도시는 차량 공해가 없는 쾌적한 도시로 변모할 것이다.

미국의 컨설팅 기업 JD파워스에 따르면, Y세대는 운전하는 시간을 낭비라고 생각한다. 운전하는 동안 소셜미디어와 인터넷을 즐길 수 있다. 사람들은 이동하는 시간을 개인적으로 유용하게 활용할 방법을 찾는 것이다.

일론 머스크가 주목하는 것은 이런 성향을 즐기는 세대, 즉 Y세대의 동향이다. Y세대의 변화 양상은 테슬라 비즈니스의 매우 중요한 단서가 된다. 경제의 가장 큰 주체와 소비자로 부상하는 30세 미만의 젊은이가 그들이다. 그들은 도로를 보다 효율적으로 활용하길 원한다. 운전 시 발생하는 스트레스와 분노가 감소하고, 업무나 미디어 콘텐츠 혹은 여가에 집중하기를 원한다. 더불어 노년층과 장애인들의 이동성도 향상된다. 많은 사람이 주거, 직업활동, 여가를 유용하게 활용할 것이다.

하지만 편리함은 양날의 칼과 같을 수 있다. 혁신적인 기술이 뜨면 다른 산업은 사양화 길을 걷고 결국에는 사라질 것이다. 대표적으로 택시와 트럭 운전사, 그리고 자동차 산업 전반이 지각 변동할 수 있다. 도로교통 위반으로 발생하는 세수도 감소하며, 차안에서 이상한 행동을 하는 등 윤리적인 문제도 발생할 것이다. 해킹 같은 사이버 공격이 발생해 자율주행차가 제멋대로 움직이면 큰 사고로 이어질 수 있다.

새로운 광고도 선보일 것이다. 운전대를 잡지 않고 행동의 자유를 얻은 사람들에게 광고 메시지를 전달하는 새로운 방법이 나올 것이다. 이동의 편리함과 속도가 더해지면서 사람들은 꼭 도시에서 살 필요를 느끼지 않을 것이다.

잠시 다른 얘기로 갔지만, 역시 일론 머스크가 가장 신경 쓰는 분야는 해킹 문제이다. 누군가 자동차를 해킹할 수 있는 악의적인 기술을 개발한다면, 자율주행차는 세상에서 가장 위험한 무기 중

하나가 될 수 있다.

그래서 머스크는 사람보다 더 안전한 자율주행차를 제작하기 위해 설계도를 구상하고 있다. 우선 단기적인 목표는 태양광 발전을 배터리와 결합시키고, 사람보다 10배 안전하게 운전할 수 있는 자율주행차를 내놓을 계획이다. 해킹 예방을 위해 최고의 컴퓨터 엔지니어 수십 명을 초빙했다. 그렇다고 비싼 자동차가 아니다. 머스크는 이미 수년 전 '경제적으로 감당할 수 있는' 자율주행차를 만든다고 했다. 지금 자동차 판매 가격 수준의 태양광 에너지를 쓰는, 적당한 값의 자동차를 대량 생산 판매한다는 비전이다.

머스크는 수년 전 개인 블로그를 통해 "1차 마스터 계획은 테슬라가 부자만을 위한 자동차를 제작한다는 부당한 비난을 변호하는 데 목적이 있었다. 그러나 핵심 비전은 과거나 지금이나 같다. 지속 가능한 친환경 에너지 기술 개발에 박차를 가해 미래에도 계속 좋은 삶이 유지될 수 있도록 만드는 것이다. 인류는 지속 가능한 에너지 경제를 구현시켜야 한다. 그러지 않은 상태에서 화석 연료가 소진되면 인류에 큰 위기가 초래될 것"이라고 했다.

머스크는 2년 전 태양광 발전 기술과 배터리 저장 기술의 통합을 실현하는 프로젝트에 착수했다. 주택 가정용 태양광 발전기 시장을 선도하고 있는 솔라시티SolarCity를 인수했다. 이미 테슬라는 태양광 발전 전력을 저장할 수 있는 주거용 및 상업용 배터리를 생산하고 있다. 테슬라는 공동으로 네바다주 리노 외곽에서 '기가 팩토리Gigafactory'는 2020년부터 35기가와트 1기가와트=10억 와트 의 배터리를 생산하고 있다. 연차적으로 50억 달러가 투입된다.

이미 국내에도 잘 알려져 있지만, 세계적인 차세대 배터리 메이커 LG화학과 손잡는다는 계획도 갖고 있다. 자율주행차의 핵심인 고효율의 배터리 생산에 박차를 가하고 있다. 현재 테슬라 자동차에서 비용이 가장 비싼 부품이 리튬이온 배터리 팩이다.

다음으로 상용차다. 세미트럭과 버스는 아직 개발 초기 단계에 있다.

테슬라가 구상하는 자율주행 버스는 대도시 대중교통에 이용되고 있는 대부분 버스보다 크기가 작을 것이다. 그렇지만 더 많은 승객을 수용하고, 운전자는 '차량 관리자' 역할을 하는 버스를 구상하고 있다.

앞에서도 서술했지만, 일론 머스크가 지난 몇 년간 가장 고민했던 문제는 역시 안전도였다. 2017년 테슬라의 자동차가 사고를 내 운전자가 사망한 사고가 발생한 이후, 언론의 파상 공격을 받았다. 테슬라 '모델S'의 운전자가 트랙터와 충돌 직후 사망한 사고였다. 당연히 자율주행 기술이 안전한가에 대한 의문이 제기될 수밖에 없다. 급기야 테슬라는 미국도로교통안전국NHTSA과 미국증권거래위원회SEC의 사고 조사를 강도 높게 받았다. 상당한 액수의 사고 수습 비용도 냈다. 사고 장소는 플로리다 주 윌리스톤이었다.

컴퓨터 소프트웨어와 센서, 카메라, 레이더를 기반으로 한 자율주행 기술을 사용한 차량에서 발생한 첫 번째 사망 사건이다. 테슬라는 모델S의 자동주행 센서가 흰색 대형 트럭을 감지하지 못해 발생했다고 발표했다. 얼마 안 가서 펜실베이니아 턴파이크에서 또다시 테슬라 '모델X'가 뒤집히는 사고가 났다. 경찰 조사에 따르면, 자율주행 기능을 활성화하자 자동차가 도로 한 쪽으로 방향을 틀더니 뒤집혔다는 것.

《로봇과 사람Our Robots, Ourselves: Robotics and the Myths of Autonomy》의 저자 데이비드 마인델은 기술의 한계를 지적했다. 인간이 만든 로봇은 극한 환경에서 문제를 일으킨다. 결국 자율주행 자동차 아이디어도 결코 좋은 게 아니라는 것이다. 미국 MIT 항공우주학부 교수인 마인델은 달 착륙을 예로 들었다. 애초 달 착륙 프로젝트는 완전 자율로 진행될 계획이었지만, 많은 피드백 후 핵심 기능은 우주 비행사들이 수동으로 조작하게 됐다는 것이다. 그는 자동화 수준이 높다고 하더라도 완전할 수는 없다고 지적했다. 또한, 컴퓨터와 소프트웨어의 정밀 기술은 사람을 배제하기 위해서가 아니라, 사람에게 기술에 대한 통제권을 부여하기 위한 목적으로 사용되어야 한다고 강조했다. 그는 "다만 자율 기능을 탑재한 자동차가 더 다양한 방식으로 운전자의 부담을 덜어줄 것으로 기대할 수는 있다"고 했다.

인간은 과연 기술의 한계를 극복하고 완전한 자율주행을 구현할 수 있을까. 당연히 일론 머스크는 인간 능력을 넘어서 기술의 발전을 극대화한 자율주행차를 모색하고 있다.

안전도 향상을 위해 일론 머스크는 독일의 안전 관련 부품 업체인 '보쉬 Bosch'와 협력하고 있다. 그러면서 사람이 운전했을 때보다 10배 더 안전한 자율주행 자동차를 생산하겠다고 약속했다. 머스크가 야심차게 추진 중인 프로젝트에는 이런 종류가 있다. 미래의 자율주행차는 자율수행 기능 중 일부가 고장 나도, 차량이 계속 안전하게 기능할 수 있도록 조종해 주는 '페일 세이프' Fail Safe 시스템을 장착한다는 것이다.

완전한 자율주행차가 달리는 데 몇 년이 더 걸릴지도 모를 일이다. 머스크는 60억 마일의 테스트가 필요하다고 강조했다. 현재 테슬라 차량은 반자동 기능인 오토파일럿을 이용해 주행하는데 아직 300만 마일 수준에 머물러 있다.

테슬라를 보면서 자동차의 내일을 예측한다

───

위에서 보았듯 그간 테슬라에 대한 갖가지 잡음도 소란도 간단치 않았다. 전기차 또는 자율주행차 등이 출현했지만 아직 설익은 단계에 있다. 하지만 테슬라는 최근 50년간을 되돌아보면 그간 출현한 자동차 메이커 중 가장 성공한 회사임에는 분명하다.

이를테면 판매 대수 기준으로 글로벌 톱10 완성차 메이커 가운데 최근 50년간 창업한 회사가 있는가? 없다. 톱10 가운데, 50년을 넘긴 메이커 중에서 현대기아차가 가장 젊다. 1925년에 설립된 크라이슬러가 미국 자동차 업계에서 가장 젊은 편에 속한다. 지난 30년간 만들어진 자동차 브랜드 중에서 비즈니스로 자리 잡은 브랜드가 몇 개나 있는가. 2003년 창업한 테슬라가 16년 만에 '거인' 도요타를 시총에서 눌렀다.

일론 머스크가 맨 처음 전기차 화두를 꺼냈을 무렵, 미국 디트로이트의 자동차 3사GM, 포드, 크라이슬러, 독일 3사폭스바겐그룹, BWM, 다임러, 일본 3사토요타, 혼다, 닛산, 프랑스 2사르노, PSA그룹, 이탈리아피아트 등은 코웃음을 쳤다. 종래 메이커들은 그럴 수도 있다고 생각했지만 애써 무시했다.

까마득한 후발 메이커, 속칭 듣보잡 메이커가 완성차와의 기술 격차를 따라잡긴 어렵다. 솔직히 자동차는 자본재로 보기 어렵다. 그저 만들면 팔리는 필수 소비재로 분류된다. 그래서 완성차 메이커들은 느긋했고 절실하지 않았다. 테슬라의 '작은 성공'을 깎아내리기에 바빴다.

하지만 이제는 완전히 판세가 뒤집어졌다. 테슬라는 전기차 시장에 뛰어들어 최고의 자리에 올랐다. 2019년 기준 테슬라는 전 세계에 36만 7,820대를 팔았다. 판매 대수로 따지면 무시할 만한 수준이다. 그러나 소비자들은 열광하고 있다. 뉴욕 증시에서 주가는 연일 고공행진하고 있다. 급기야 군림하고 있었던 기존 메이커들은 다급해졌다. 뒤늦게 전기차를 만들겠다고 너도 나도 서둘렀다. 전기차를 이미 출시한 업체는 가격을 대폭 낮추기로 했고, 전기차가 준비되지 않은 회사는 플러그인 하이브리드 자동차를 내놓았다.

그러나 이미 일론 머스크는 '게임 체인저'가 되기로 마음먹었다. 테슬라는 자주 '자동차 업계의 애플'에 비유된다. 애플은 휴대전화 분야에서 혁신의 아이콘이다. 이제 테슬라는 자동차 업계의 혁명가로 대접받는다. 기존 메이커들이 전기차와 하이브리드 자동차 만들기에 몰두하는 동안, 이미 테슬라는 몇십 년 앞을 내다보고 준비하고 있다.

미국 실리콘밸리에서도 테슬라는 애플 같은 존재로 대접받는다. 두 회사 모두 기존의 독점 시장에 뛰어들어 판을 뒤집어버린 유사점이 있다. 애플은 노키아, 삼성, LG 등이 주도하고 있는 휴대전화 시장에 아이폰을 출시해 최고의 자리에 올랐다. 급기야 LG는 휴대전화 사업을 포기했다. 테슬라가 오늘의 자리에 오른 배경에는 창업자 일론 머스크의 역할이 절대적이다. 스티브 잡스를 잇는 '혁신가'로 인정받을 만한 이유가 있다.

그렇다면 일론 머스크는 어떤 경험을 갖고 있었기에 혁신적인 발상을 할 수 있는가.

남아공 출신 이민 3세대인 일론 머스크는 외조부의 모험적인 성향을 그대로 닮았다고 한다. 그의 외조부는 1954년 최초로 단발

엔진 경비행기로 아프리카에서 오스트레일리아까지 비행한 모험가였다. 청소년 일론 머스크는 무조건 세계 기술의 중심 실리콘밸리가 있는 미국에 가야 한다고 생각했다. 일론 머스크는 운 좋게 캐나다 국적을 보유한 어머니 덕분에 캐나다 시민권을 받게 된다. 캐나다에 간 머스크는 펜실베이니아대학에 편입해 미국 땅을 밟았다. 그는 방학 때마다 실리콘밸리에서 인턴을 했다. 대학 졸업 직후 스탠퍼드대 물리학 박사과정으로 진학하느냐 아니면 창업하느냐를 두고 고민했다.

1995년 머스크는 결국 동생과 함께 집투Zip2라는 이름의 회사를 창업한다. 생활 정보를 검색하는 조그만 회사였다. 집투는 1999년 3억 700만 달러에 컴팩Compaq에 팔렸고, 이어 결제 업체 페이팔Paypal에 번 돈을 일부 투자하여 1억 8,000만 달러를 손에 쥘 수 있었다. 이 돈으로 캘리포니아 북부에 있는 전기차 제조 메이커 테슬라에 투자해 최대 주주가 된다. 테슬라에서 일론 머스크를 영입했다고 할 수 있다. 테슬라는 모델S, 모델X, 모델3, 모델Y를 차례로 내놓았다. 미국 자동차 업계에서 테슬라의 마케팅은 유명하다. 자동차를 판매할 때 미디어와 구전 마케팅이 주요 도구였다. 전통적인 TV 광고 없이 상대적으로 낮은 비용으로 차를 선전할 수 있는 방법이다. 판매 방법에 대해서는 더 상세히 후술할 것이다.

테슬라가 비교적 단시간 내 자동차 업계 글로벌 브랜드로 자리잡을 수 있었던 요인은 '오토파일럿'으로 대변되는 자율주행 기술이다. 한때 머스크는 완전 자동화를 목표로 로봇만으로 공장을 운영하려다 시행착오를 겪었다. 거래소 공시를 제때 하지 않아 증권거래위원회의 조사를 받고 제소되기도 했다.

그러나 지금 자동차 메이커 시총 면에서 테슬라는 단연 1위다. 판매 대수로 따지면 턱도 없는 숫자다. 하지만 2020년 8월 기준 테슬라의 기업가치는 3,517억 달러에 이르렀다. 앞에서 설명한 대로 세계적 완성차 메이커 토요타의 기업가치 2,212억 달러를 멀찌감치 따돌렸다.

머스크의 꿈 가운데 하나는 비싼 자동차가 아니라 합리적인 가격이다. 가격을 맞추기 위해서는 가장 비싼 부품인 배터리 값을 낮춰야 한다. 내연기관 자동차와 비교해 전기차는 여전히 비싸다. 테슬라는 최근 배터리 가격을 획기적으로 낮춰 판매가를 내리겠다고 밝혔다. 그래서 2020년 9월 22일 개최한 설명회, 이른바 '배터리 데이'에 전 세계 이목이 집중됐다. 희소 광물 코발트 함유를 낮추고 가격이 싼 닛켈인산 배터리를 채용해서, 수명이 160만km에 이르는 배터리를 내놓겠다고 했다. 그러나 호언장담과 달리 아직 기술력은 미치지 못하고 있다. 일론 머스크의 꿈은 여기에서 그치지 않을 것이다. 전기차가 아니다. 자동차에 스마트폰을 장착한 스마트 자동차를 출시하는 것이다. 앞으로 모빌리티의 혁명의 미래가 궁금하다면 테슬라를 주목할 필요가 있다.

혁신 개념의 자동차 '모델3'를 내놓다

———

테슬라 자동차는 무엇보다 친환경이라는 이미지가 강하다. 그럼에도 외양의 디자인도 고려되었다. BMW나 도요타, 메르세데스 같은 중후함보다는 산뜻하고 유니크한 젊음의 이미지를 강조한 외양을 자랑한다. 순간 가속 능력은 최고 수준에 있다. 고급 수입 자동차를 즐기는 젊은이들이 테슬라의 모델3로 바꿔 탄 이유가 바로 이런 것들이다. 할리우드의 유명인들이 테슬라로 차종을 바꾸면서 테슬라의 인기는 상종가를 치고 있다. 전통적인 TV 광고나 비싼 광고료를 쓰지 않고도 테슬라 자동차의 인기가 오르고 있다. 현재까지 주문량은 6개월 정도 밀려 있다고 한다. 주문 계약한 이후 6개월 후에나 자동차를 인도받을 수 있다. 친환경 차이니 만큼 테슬라 차의 내부는 쾌적하다. 전기자동차이니 기존 가솔린 자동차에 비해 쾌적함이 당연할 것이다. 또한, 캘리포니아주에서는 2035년부터 가솔린차의 신차 판매를 금지한다. 지금 팔리고 있는 테슬라의 반자동 기능은 가솔린차와 비교하면 차원이 다르다. 가솔린 승용차에도 반자동 기능이 있지만 테슬라 차의 반자동 기능이 더 낫다는 평가다.

테슬라 차 시승기를 보면, 테슬라의 반자동 운전은 마치 사람이 운전하는 것처럼 매끄럽다고 한다. 핸들 조작뿐만 아니라 엑셀이나 브레이크 조작도 부드럽다. 테슬라 차는 고속도로에 진입하여 반자동 운전을 설정한 후 운전자는 그저 운전석에 앉아 있기만 하면 반자동 운전 기능이 대행한다. 테슬라와 기존 자동차 메이커의 이 같은 차별성은 어디에서 기인하는가.

애초 제작 발상부터 다르다. 종래 완성차 메이커들은 통상 자동차에 컴퓨터를 탑재한다는 개념에서 출발했다. 자동차에 컴퓨터 자동화 등의 기능을 탑재했다. 그러나 테슬라는 정반대의 발상에서 시작했다. 컴퓨터에 차량을 탑재한다는 개념이다. 이는 차량용 소프트웨어의 처리를 매끄럽게 하도록 하는 데 있다. 이를테면 운전석 주변의 복잡한 계기판이 없다. 대신 터치 패널이 있다. 또 브레이크 작동에 필요한 유압 등의 기계적인 기구를 사용하지 않고 소프트웨어로 브레이크를 제어한다. 테슬라의 승차감이 매끄러운 이유이다. 차량에 부착된 쓸데없는 장비를 모두 없앴다. 휴대전화로 따지만 애플폰에 가깝다. 애플폰은 삼성폰에 비해 동작이 비교적 단순하다. 복잡한 기능보다 사용자가 필요로 하는 기능을 단순화시켜 탑재했다.

구글의 전 회장 엘릭 슈미트는 이런 말을 했다. "차와 컴퓨터는 나오는 순서가 잘못됐다. 어떻게 생각해도 컴퓨터에 차량을 붙이는 것이 낫다."

컴퓨터에 자동차를 탑재한다는 개념은 종래 자동차 메이커의 관점으로선 발상 자체가 쉽지 않다. 기존 것에 만족하면 발전이 없는 것과 같은 이치다.

흔히 알려진 일이지만, 하드웨어 비즈니스는 계획, 제조, 판매에 이어 현금 회전까지는 상당한 시간을 필요로 한다. 일론 머스크는 테슬라 인수 직후 자금 부족에 시달렸다. 공장 자동화를 목표로 했으나 제대로 진척되지 않았다. 더구나 1억 원짜리 전기차를 5,000만 원이나 싸게 시판하니 경영상 어려움이 가중될 수밖에 없었다. 머스크는 포기하지 않고 공장에서 먹고 자면서 기존 인력을 이용해 '모델3'를 만들어 냈으며, 이후 테슬라는 급성장 가도에 들어선다.

일론 머스크의 비즈니스 스타일에 대해 업계에서는 고객 지향이라기보다는, 자신의 비전이나 사상을 만들어 이를 실현시키는 강한 신념의 경영자라고 평가한다.

이를테면 스페이스엑스 경우가 이런 사례에 해당한다. 지구 인구가 너무 많아 화성에 이주할 필요가 있다. 그러기 위해서는 로켓이 필요하다. 이를 위해 스페이스엑스라는 우주 기업을 창업한다는 식이다.

다른 얘기 한 가지를 덧붙인다. 여러 가지 테슬라의 강점 가운데 으뜸은 경쟁사들과 비교해 우수한 인재들이 모여들고 있다는 것이다. 물론 CEO 일론 머스크는 과학도이기 때문에 해당 분야에 필요한 엔지니어를 채용하는 방법을 제대로 이해하고 있을 것이다. 예컨대 테슬라에는 미항공우주국NASA 출신의 과학도들이 다수 입사했다. 톱다운 방식의 일론 머스크의 경영 스타일도 소프트 뱅크의 손정의와 유사하다.

테슬라 인수의 뒷얘기도 업계에서 자주 회자된다. 애초 테슬라는 머스크가 설립한 회사가 아니다. 애초 테슬라 대주주였던 결제 서비스 업체 페이팔은 머스크를 테슬라 CEO로 영입했다. 물론 머스크도 테슬라 인수에 본인이 번 돈을 대부분 투자했지만, 테슬라의 경영 능력과 혁신성을 보고 경영을 맡겼다는 얘기가 들린다.

'하이퍼 루프' 구상과 로봇 택시

현재 지구상에서 가장 빠른 육상 교통수단은 일본의 신칸센이다. 신칸센은 현재 최고 시속 500km에 이른다. 조만간 도쿄-오사카 간을 시속 1,000km에 달하는 리니어모터카가 달릴 것이다. 일론 머스크가 미국에서 펼쳐 보일 꿈은 '하이퍼 루프' 구상이다. 캘리포니아에서 달리고 있는 속도가 느린 철도를 신칸센처럼 바꾸는 프로젝트다. 우선 도시철도를 리니어모터카로 대체하려는 게 그의 꿈이다. 머스크가 구상 중인 리니어모터카는 일본처럼 항공기와 속도가 비슷한 시속 1,000km에 도달하는 것이다. 리니어모터카 속도의 비밀은 터널에서 나온다. 종래의 터널과는 달리 리니어모터카는 진공 튜브 속을 달린다. 이를 '하이퍼 루프'라고 한다.

이 구상은 공기 저항을 줄이고 속도를 높이는 것이다. 만일 하이퍼 루프가 미국에서 실현된다면 기존 철도회사들은 큰 타격을 입게 될 것이다. 리니어모터카가 상용화되면 전 세계 철도 시스템을 뒤흔들 만큼 속도에서 파괴력이 클 것이다. 수십조 원을 들여 지하 터널을 굴착해 건설하는 도시 지하철보다 안전하고 보다 편리할 것이다.

일론 머스크는 자동차에 머물지 않는다고 여러 차례 밝힌 바 있다. 자동차는 어디까지나 수단이지 최종 목표가 아니라고 밝힌 바 있다. 머스크가 궁극적으로 내거는 미션은 에너지, 대기 오염, 지구 온난화의 방지 등 환경 문제의 해결이다. 비즈니스의 관점에서 자동차를 제조 판매하는 여타 자동차 메이커들과 발상이 근본적으로 달랐다. 태양열 발전으로 작동하는 전기차도 머스크는 내놓을 것이다. 이는 교통 체증 중에 발생하는 이산화탄소나 에너지 낭비에 대한 대처가 될 것이다. 미국 서부의 중심 로스앤젤레스는 특히 교통 체증이 심한 도시다. 머스크가 도시 교통 문제에 매진하는 이유도 아마도 이 때문일 것이다. 머스크는 이미 하이퍼 루프 실현을 위한 터널 건설에 들어갔다. 로스앤젤레스와 다른 도시를 잇는 터널을 건설하는 것이다. 시민들은 엘리베이터 같은 장치로 지상에서 지하로 내려가면, 대기한 자율주행차가 특별한 절차 없이 자동 운전으로 목적지까지 이동하는 것이다. 지금 1시간 걸리는 거리를 단 10분 만에 갈 수 있다는 것이 머스크의 구상이다.

구상이 실현되면 에너지 절약은 물론, 시간 절약과 물류비용 감축, 환경 개선 등 효과가 적지 않다. 머스크가 구상 중인 하이퍼 루프 구상은 이미 라스베이거스와 중동 등지에서 실천에 옮겨지고 있다.

하이퍼 루프 구상이 현실화된다면 미국 국내선 항공 업계는 철도보다 더 타격이 클 것이다. 국제선 항공편도 영향이 만만찮을 것이다. 머스크 우주의 꿈을 이뤄줄 스페이스엑스가 국제항공 노선에 적용된다면, 서울-뉴욕 노선은 단지 40~50분 거리에 불과할 것이다. 그러면 현재의 항공 업계의 파산은 순식간에 벌어질 수 있다. 머스크의 구상은 실로 미래의 업계를 파괴하는 거대한 움직임이다.

동시에 일론 머스크는 지금 캘리포니아 전철보다 2배 더 빠르게, 요금은 40% 정도 싼 로봇 택시를 내놓을 계획이다. 자율주행하는 로봇 택시의 상용화가 그것이다. 로봇 택시가 자율주행 전용 레인을 달리면 짜증나는 교통 체증도 없어진다. 전철역에 가는 수고도 없어지고 교통비도 싸질 것이다. 로봇 택시는 전철보다 몇 배의 비용 대비 효과가 좋은 것으로 알려지고 있다. 머스크가 구상 중인 로봇 택시가 상용화된다면 철도에 몰려 있는 운송의 상당 부분을 대체할 것이다. 이를테면 육상 교통에서 로봇 택시와 철도가 그 역할을 바꾼다면 철도의 운송 비중이 줄어들면서 생활 변화도 예상된다. 예컨대 철도를 사용하는 사람이 줄어들면서 종래 역시스템도 변화가 미칠 것이다. 역 주변 지역은 활기를 잃게 된다. 전철역 근처의 부동산은 절대 불변이라는 현재의 통념이 미래 사회에서는 통하지 않을 수도 있다. 운송 기술의 급속한 발달을 미뤄보면 그럴 가능성이 엿보인다. 전철역 주변의 도심이 아닌 원거리의 주거 지역도 자율주행 로봇 택시가 가는 곳이라면 부동산 가치가 올라갈 수 있다.

지금 자동차의 이용률을 개선한다면 보다 효과적인 사용이 가능하다. 통계적으로 전 세계 자동차 가운데 95%가 운행하지 않고 주차장이나 차고 등에 세워져 있다. 그냥 세워져 놀리고 있는 것이다. 이 같은 이용하지 않는 시간을 활용한다면 꿩 먹고 알 먹는 양상이 전개될 수 있다. 바로 놀고 있는 승용차를 자율주행 택시로 이용한다는 발상이다. 이것이 로봇 택시의 개념이다. 물론 타인이 내 차를 이용한다면 마냥 기분 좋을 일은 아니다. 차츰 사회 인식이 변화되면 그럴 개연성이 적지 않다는 점이다.

우선 비용 측면에서 보자. 보통 거리에서 승객을 목적지까지 데려다 주는 영업용 택시의 경우 운임의 70%가량이 인건비다. 로봇이 자율주행 택시를 운전하면 인건비를 우선 절약할 수 있다. 1,000원의 택시비라면 300원으로 택시를 이용할 수 있다는 말이 된다. 사용하지 시간을 이용한 로봇 택시는 앞으로 보급될 여지가 충분하다. 일론 머스크는 재빨리 움직이고 있다. 자동차 메이커로서 자사 자동차를 먼저 보급한다는 목적과 함께 새로운 시장을 개척하는 길을 로봇 택시에서 찾고 있는 것이다.

구글은 '웨이모'를 통해 로봇 택시의 가능성을 계속 시험 가동하고 있다. 지금 단계에서는 실리콘밸리에서 공항까지 가는 도상에서만 시험하고 있다.

아마존도 2020년 6월 20일 운수 업체 '죽스Zoox'를 사들여 로봇 택시 분야에 뛰어들었다. 죽스는 코로나19 영향으로 인해 매출이 급감해 3조 원이던 시총이 거의 1조 원으로 곤두박질한 회사다. 아마존은 아주 저렴한 가격에 이 회사를 인수하는 호기를 잡았다. 아마존은 익히 알려진 대로 트럭은 물론 드론 사업의 선도자로 인정받고 있다. 아마존의 가장 큰 관심은 자동화를 통해 비용을 낮추고 고객을 보다 많아 유치해 매출에 늘리는 데 있다.

아마존은 물류사업에도 자율주행 기술을 활용한다는 계획을 갖고 있다. 물류에서는 사람이 운행하기 때문에 어떻게든 사고가 나고, 그 비용은 고스란히 손실로 이어진다. 이 때문에 물류의 자율주행 무인화는 상당한 이점으로 이어질 것이다. 물류에서도 로봇 택시 같은 자율주행 트럭이 달린다면 물류비용을 획기적으로 낮출 수 있다.

애플도 뛰어들었다. 지난해 연말을 달궜던 애플카는 잠시 주춤한 상태이다. 대신 애플은 로봇 택시에 눈독 들이고 있는 것 같다. 아직 별다른 움직임은 없지만, 분명 자율주행차에 큰 관심을 쏟으면서 새 비즈니스 찬스로 인식하고 있다.

소니의 동향도 주목할 만하다. 소니의 주특기는 이미지 센서에 있다. 소니는 고난도의 하이퀄리티의 기술을 토대로 지난해 1월 'CES2020'에서 자율주행차 '비전-S' VISION-S를 발표했다. 이에 관해서는 소니 항목에서 자세히 설명할 것이다. 로봇 택시가 상용화된다면 기존 운수업계에 혁명적인 변화가 올 것이다. 현재 택시 업계는 물론이고 버스나 트럭 같은 업종에는 큰 타격이 예상된다. 특히 우버가 가장 타격받을 공산이 있다. 이 때문에 우버 스스로 로봇 택시의 개발을 서두르고 있다.

특히 코로나19 사태는 무인 자율주행이라는 운수 업계의 미래 트렌드를 가속시킬 것이다. 택시를 이 사람 저 사람이 이용하면 바이러스 감염 위험에 더욱 노출될 것이다. 지금도 운전기사는 기사대로, 승객은 승객대로 서로가 서로를 의심하고 있는 게 현실이다. 이로 인해 현재 우버의 운전자 셰어링 사업은 큰 타격을 받고 있다. 만일 사람을 대신해 운전하는 로봇 택시가 상용화되면 자동 소독 기능 같은 서비스가 등장해 더욱 쾌적한 탈것을 즐길 수 있다.

테슬라 로봇 택시, 동종 업계에 지각 변화

로봇 택시가 상용화되면 무엇보다 자동차의 수요가 상당량 줄어들 수 있다. 다시 말해 앞에서 기술한 대로 100대 자동차 가운데 5대만 현재 도로 위에서 굴러다닌다고 예상해 보자. 놀리고 있는 차량이 도로상에 쏟아진다면 아무래도 수요는 줄 것이기 때문이다. 로봇 택시가 일반화된 미래에서는 차량 대수가 지금보다도 극적으로 줄어들 것이다. 지금까지 연 100만 대 정도를 생산하고 있었던 자동차 메이커의 생산 대수는 5만 대로 격감할 수 있다. 극단적인 경우이지만 말이다. 수요 자체가 줄어든다는 것은 통계적으로도 입증된다. 이런 예상과 함께 자동차 메이커들이 로봇 택시 사업에 본격 진입할 움직임도 드러났다.

가장 눈에 띄는 게 GM의 동향이다. 완성차 업계에서는 넉넉히 잡아도 2030년쯤이면 자율주행 운전이 상용화될 것으로 본다. 이때 로봇 택시도 상용화될 것으로 예상하면서 GM이 이에 대비하고 있는 것이다. GM은 리먼쇼크로 피눈물 나는 파산을 경험한 바 있다. 아직 전통적인 대기업으로 인정받고 있지만 가장 먼저 행동에 나선 것이다. GM은 로봇 택시 전용 차량으로 개발하기 위해 '크루즈Cruise'라는 벤처회사를 1조 원 가까이 들여 매입했다. 당시 크루즈는 매출이 거의 없는 상태였다. 이런 기업에 거액을 투자한 것에 대해 '바보 같은 짓'이라는 비판도 무성하다. 그만큼 GM에게는 테슬라발 새 트렌드에 상당한 위기감을 느끼고 있다. 현재 GM은 로봇 택시 전용으로 '크루즈 오리진Cruise Origin'을 개발 중이다. 2020년 2월 시험 차량도 공개했다. 샌프란시스코 시내에서 로봇 택시의 시험 서비스를 시작했다. 아직은 대당 가격이 개발비를 포함시켜 4억 원가량으로 비현실적이다. 하지만 대량생산 체제에 들어서면 획기적으로 낮아질 것이다.

어쨌든 지금 자동차 산업에서 현실은 물론이고, 미래 주인공도 완성차 업계가 아니다. 바로 메가테크 기업이다. 자동차 산업이 자율주행이라는 새로운 기술을 무기로 한 거대 메가테크 기업에 의해 이끌려가고 있는 게 현실이다. 미국에서 일어나고 있는 자동차 업계의 대변혁이 조만간 현실화되지 않을까. 완성차 기업들이 메가테크 기업에 흡수되거나 도태될 것이란 우려가 현실로 나타날 가능성이 없지 않다.

테슬라 자동차는 2개월마다 새로운 기능이 추가될 것이다. 실제로 테슬라 차량은 클라우드와 연계되어 대략 2개월마다 새로운 소프트웨어가 업데이트된다. 이는 새 기능이 추가됨을 의미한다. 그때마다 차량 성능이 개선되고 있다. 배터리 충전량이 줄어들어도 속도가 느려지지 않도록 하는 기능, 브레이크의 성능을 업데이트하는 것 등 가솔린 차에서 경험할 수 없는 질적 향상을 맛볼 수 있다. 앞으로 미래 자동차는 모두 테슬라처럼 될 것이라고 생각할 수도 있다. 역으로 말하면, 인터넷을 통하지 않는 차량은 업데이트할 수 없으며 도태될 수 있다는 얘기다.

소프트웨어의 업데이트뿐만 아니다. 각종 하드웨어, 즉 하드웨어 성능을 개선하는 반도체의 교환도 주기적으로 이뤄지고 있다.

갈수록 차량용 반도체 교환을 통해 자동차 성능을 개선하는 관행이 일반화될 것이다. 다만 컴퓨터나 스마트폰과는 다르다. 자동차는 고가이고 덩치가 크기 때문에 하드웨어, 즉 차량 본체를 전부 바꾸는 것은 어렵다. 그래서 테슬라는 지금 자율주행에 관한 컴퓨터 부분만을 바꿔 준다. 실제 테슬라의 생산 양식을 보면, 자동차 메이커라는 이미지는 거의 없다. 마치 오락용 자동차를 만든다는 이미지다. 고객이 얼마나 기분 좋게 자동차를 이용할 수 있는지, 고객이 차량을 얼마나 편안하게 활용할 수 있는지에 초점을 맞춘다.

따라서 일반 자동차에서 볼 수 없는, 성능과 무관한 서비스도 테슬라 차에는 상당수 갖춰져 있다. 이런 동향은 테슬라뿐만이 아니다. 택배 피자 체인의 '피자헛'과 도요타자동차가 협력하여 주행 중에 피자를 자동으로 굽는 자동차의 구상을 발표한 바 있다. 이를 실용화하면 지금까지보다 더 짧은 배달 시간으로, 자동으로 굽기 때문에 더 맛좋은 피자를 서비스할 수 있고, 인건비 감축도 가능하다.

로봇 택시가 일반화된다면 탑승자는 운전에 신경 쓸 필요가 없어진다. 특히 장거리 이동하는 로봇 택시 등에서 차내 노래방 기능을 갖춰 서비스할 수도 있다. 종래 자동차 메이커들은 엔진 성능이나 쿠션, 핸들링 등 성능 향상에 주력했고, 전기자동차도 모터 성능 향상에 주력했다. 이에 비해 테슬라는 다른 메이커의 자동차들보다 승차감이 떨어진다는 지적을 받고 있다. 그러나 자동차, 특히 로봇 택시의 경우, 새로운 차원의 쓰임새가 다양하다는 점에서 테슬라가 지향하는 방향이 맞다고 필자는 생각한다.

테슬라, 향후 자동차 업계의 표준으로

———

메르세데스나 BMW는 테슬라를 벤치마킹하는데 주저함이 없다. 보다 개선된 소프트웨어를 내장한 반도체의 업데이트를 통해 차량 성능을 개선하는 테슬라의 방향에 공감하기 때문이다. 이는 앞으로 자동차 업계의 스탠다드로 자리 잡을 공산이 크다. 하드웨어에 집착하는 종래 자동차 메이커들은 테슬라의 움직임에 덜 민감한 편이다.

아직 전기자동차가 제대로 보급되지 않은 가장 큰 이유는 충전소가 충분히 갖춰져 있지 않다는 점이다. 충전소는 국가나 공공 전력회사가 설치해야 마땅하다는 인식이 많다. 그런데 테슬라는 자부담으로 충전소를 설치하고 있다. 대형 쇼핑몰 입구 부근이나 스타벅스, 고속도로 휴게소 근처 등 이용자 편의를 고려한 장소에 설치하고 있다. 테슬라는 나아가 초기 사용자에게는 충전 요금을 무료 서비스하도록 했다. 유료 시에도 가솔린차에 비해 충전료가 비싸기 때문에 고객 유치 차원에서 고려한 것이다. 앞에서도 설명했지만 테슬라는 별도의 딜러를 두지 않고 거액의 광고비도 쓰지 않는다. 대신 그 비용을 소비자들을 위해 쓴다. 소프트웨어의 업데이트 시에는 반드시 메시지를 보낸다. 전기차는 특히 추위에는 효율이 떨어진다. 테슬라는 이에 대비해 충전 효율이 떨어지지 않도록 소비자에게 발신하는 서비스도 시행하고 있다.

대형 자동차 메이커들이 소소한 서비스에 소홀한 틈새를 비집고 테슬라는 소비자 관리에 힘쓰고 있다. 차량 구매자가 편리한 날과 시간대를 연락하면, 그 일시에 테슬라의 서비스맨이 직접 본인이 있는 곳으로 방문한다. 그리고 그 자리에서 교환해 주거나 즉시 다른 조치를 해주기도 한다. 소프트웨어의 업데이트는 반드시 소비자에게 먼저 알린다. 테슬라는 2개월마다 메시지가 소비자에게 도달하도록 하고 있으며, 소비자들이 업데이트 상황을 알 수 있도록 한다. 이런 서비스는 일반 자동차 메이커에게는 자주 볼 수 없는 장면이다.

아울러 테슬라의 소프트웨어 서비스에 관해 스마트한 몇 가지를 소개한다.

먼저 스마트폰에 의한 자동차 원격 조종이다. 자동차에 탑승하지 않아도 스마트폰으로 차량을 조종할 수 있는 기능이다. 이를테면 창문의 여닫이나 에어컨 가동 등이 가능하다. 자동운전 기능도 갖춰져 있어 비 오는 날 주차장에서 현관 바로 앞에 차를 이동시키는 것도 가능하다. 이외에도 무인 조종 기능을 계속 업데이트해 선보일 계획이다. 젊은 층이 테슬라차를 선호하는 이유 중 하나가 이것이다.

둘째로, 차 내외 상황을 알려주는 모니터가 상황에 따라, 계절에 따라 바뀌도록 업데이트했다. 구글은 크리스마스나 설날, 이벤트 때에는 인터페이스 서비스를 시행한다. 테슬라도 마찬가지 서비스를 이행하고 있다.

셋째, 일종의 '도그모드Dog Mode'이다. 미국에서는 차 안에 애완동물을 두고 가는 사람이 많다. 차 내에 이 기능을 탑재하면 차 안의 애완견은 쾌적하게 머물 수 있다는 개념이다. 이럴 때 테슬라는 밖에서 보이는 스크린에 '도그 모드'라는 표시가 나타나도록 했다.

넷째, 오락 서비스의 충실함으로 고객 만족도를 높이는 것이다. 유튜브, 넷플릭스, 스포티파이 같은 동영상의 스트리밍 서비스 등이 그것이다. 이를테면 마리오 카트와 같은 게임을 차내 모니터로 즐길 수 있도록 했다. 테슬라의 경우 자동차의 핸들이나 엑셀, 브레이크 등을 게임 시에 이용할 수 있도록 했다. 물론 정차하고 있을 때만 가능하다. 종래 자동차 메이커 입장에서는 필요 없는 서비스일 수 있지만 테슬라 고객에게는 즐거움을 선사하는 것들이다.

자동차보험의 경우 짜증 나는 경우를 가끔 체험할 것이다. 보험에 가입한 고객들 가운데 보험료가 나날이 상승하는 것에 대해 우려하는 사람들이 많다. 이에 테슬라는 '테슬라 인슈어런스'라는 이름의 보험 상품을 취급한다. 종래 업계에 비해 최고 30%까지 저렴하면서도 혜택은 비슷하다. 고객들이 테슬라의 자동차 보험에 몰리는 이유다. 보험료 산정은 테슬라 고객 100만 명이 생산하는 소비자 데이터를 토대로 한다. 100만 대의 차량에 탑재된 카메라나 센서로부터 생성되는 각종 데이터를 취한다. 이렇게 획득한 리얼 데이터를 자사의 서버에 보존한 다음, 차량 성능 개선이나 고객 서비스의 개발에 활용하고 있다. 이는 종래 자동차 업계보다 더 현실에 부합한 데이터일 수 있다. 특히 보험의 경우 출고 이전 테스트 코스의 결과 아닌, 실제 도로상에서의 데이터가 필요하다. 100만 대에서 나오는 데이터는 이런 점에서 아주 유용하다 할 것이다.

테슬라는 처음부터 소비자 데이터를 획득하기 위한 플랫폼을 차량에 탑재했다. 테슬라는 방대한 데이터를 토대로 자동차보험을 산정해 보험료를 받고 있다. 보험료가 더 저렴하지만 같은 보상을 서비스할 수 있다. 고객들이 테슬라에 호감을 갖는 이유 가운데 하나다. 앞에서도 설명했지만, 도요타의 경우 미국 내에서만 점유율이 절반 이상이다. 테슬라는 불과 1% 미만에 그치고 있다. 하지만 주가는 고공 행진이다. 미래에 대한 비전을 본 소비자들은 테슬라에 열광하고 있다. 테슬라의 일론 머스크는 분명 종래 자동차 업계에서 혁신의 바람을 일으키고 있다. 이런 혁신의 바람이 우주 관련 산업으로 뻗치고 있다.

제프 베이조스 아마존 CEO를 제치고
세계 최고 부자에 오른 일론 머스크 (사진: 세계일보)

3

미래를 선도하는 혁신 기업

넷플릭스(Netflix)

거장 스티븐 스필버그가 두려워한 넷플릭스

넷플릭스Netflix 란 인터넷Net 과 영화Flicks 를 합성한 이름이다. 그야말로 미국의 다국적 엔터테인먼트 기업으로선 가장 빠른 시간 안에 세계 엔터테인먼트 업계를 평정한 스트리밍 미디어 기업이다. 불과 10여 년 전만 해도 제너럴모터스GE 를 경영의 롤모델로 칭송해 왔으나 지금 GE는 어떤가. 이처럼 몇 년 새 거대 기업의 운명이 뒤바뀌는 게 요즘 상황이다.

인터넷이란 말에 올라탄 넷플릭스는 무섭게 업계의 판도를 뒤집었다. 빅데이터를 토대로 철저한 분석과 알고리즘, 디지털 스트리밍 혁신을 이뤄냈다. 소비자가 영화와 음악, TV 콘텐츠를 선택해 즐기는 방식을 바꿔버린 거대 기술기업이다. 이 시대 영화 산업의 '게임 체인저'라고 해도 과언이 아니다.

넷플릭스는 아주 단순한 발상에서 창업했다. DVD를 우편으로 발송하고 연체료를 폐지하여 고객의 환심을 샀다. DVD라는 콘텐츠를 우편으로 발송하는 데서 시작한 넷플릭스는 영화와 음악, TV 콘텐츠를 디지털로 스트리밍하는 방식으로 전환했다. 종당에는 세계적인 다국적 비디오 기업 '블록버스터'의 아성을 무너뜨렸다. 또한, 넷플릭스는 가장 주목할 콘텐츠 제작자로 등극했다. 종래 콘텐츠로는 성에 차지 않아서일까. 넷플릭스는 매년 수백억 달러의 돈을 쏟아부어 콘텐츠 제작에 힘을 쏟고 있다.

마침내 전 세계 영화 업계 큰손 스티븐 스필버그는 비명을 질렀다. 2019년 그는 거장답지 않게 이런 말을 했다. 넷플릭스에서 개봉한 영화는 아카데미상에 올 수 없다며 이 동네에서 '나가라'고 했다. 당연히 젊은 세대에서는 스필버그를 비난했다. '한물 간 거장'이라는 비아냥을 치욕적으로 들었다. 세계 영화 업계를 좌지우지하는 스필버그. 자신을 떠받드는 영화 업계가 몰락할까 절박감에 가득 찬 나머지 비명을 질러버렸다. 당시 시장점유율 87%를 차지한 넷플릭스의 엄청난 힘을 반증하는 사례이다.

앞으로 영화 산업은 감독 중심이 아닌 관람객 중심으로 변모할 것이다. 미래 영화관은 VR을 통해 관람객 중심의 체험형으로 바뀔 것이다. 체험형 콘텐츠를 제작하고 유통할 것이다. 감히 기존 영화 제작사가 못하는 영역을 넷플릭스는 차례로 치고나갈 것이다. 영화 업계에서는 '넷플릭스를 보면 미래 경쟁 구도가 보인다'고 말한다.

실리콘밸리 한복판에 자리한 넷플릭스 본사. 창업자이자 CEO 리드 헤이스팅스Reed Hastings는 실리콘밸리 동네에서 저명인사로 대접받는다. 영화 콘텐츠하면 디즈니를 빼놓을 수 없다. 그런데도 겨우 창업 20년에 불과한 넷플릭스의 시가총액은 디즈니보다 많다. 시총은 대략 1,600~1,800억 달러를 오르내린다.

조금 오래된 얘기지만, 지난 2010년 말 기업 전문 잡지 '포천Fortune'은 '올해의 기업인'으로 리드 헤이스팅스를 선정했다. 독자들은 기억할 것이다. 그 무렵 자체 제작한 드라마 〈하우스 오브 카드〉가 대히트하면서 가입자를 전 세계에서 4,000만 명미국에서만 3,000만 명으로 끌어올렸다. 광풍을 일으켰다. 지금은 기존 지상파 방송은 물론이고 구글이 자랑하는 유튜브까지 압도하면서 인터넷 스트리밍 분야 1위에 올라섰다. 당시 포천은 스티브 잡스 애플 창업자를 3위에, 마크 주커버그 페이스북 창업자를 4위에 랭크했다. 《마스터리의 법칙》을 쓴 유명 작가 로버트 그린은 이 시대의 진정한 마스터Master로 헤이스팅스를 주목하고 있다고 말했다. 구글과 야후에 투자한 전설적 벤처캐피털리스트 마이클 모리즈도 "투자하지 않아 내 인생에서 가장 후회되는 기업이 둘 있다"면서 넷플릭스를 지목했다. 도대체 리드 헤이스팅스는 넷플릭스를 어떻게 창업하여 성장시켰길래 이토록 칭송이 자자한가?

리드는 명문 스탠퍼드대학에서 컴퓨터공학 석사를 마친 뒤, 소프트웨어 회사를 창업했고 1997년에 7억 5,000만 달러에 팔았다. 종잣돈을 마련한 것이다. 그해 어느 날 그는 비디오 대여 체인인 블록버스터에서 영화 비디오를 빌렸는데 늦게 반납하는 바람에 연체료 40달러를 내야 했다. 그는 화가 났다. 불쾌한 기억으로 생각에 잠겼을 때 퍼뜩 머리를 스친 아이디어가 지나갔다. '연체료 없는 비디오 렌탈 사업을 한다면 소비자들은 기분 좋아할 것이다. 게다가 비디오를 집으로 배달해 준다면 더욱 흡족해할 것 아닌가.' 넷플릭스 창업의 순간 그가 경험했던 것이다.

2010년 리드를 인터뷰한 포천지 기자가 그에게 붙여준 이름은 약간 괴기스럽다. '짐승animal'이라 붙였다. 물론 선의에서 그랬을 것이다. 차례대로 덩치 큰 '골리앗'들을 쓰러뜨리고 업계를 평정했기에 붙여졌다. 몇 년 가지 않아 비디오 대여 체인점 블록버스터가 파산했다. 한때 6,000여 매장을 운영하며 승승장구하던 블록버스터가 넷플릭스에 밀려 파산한 것이다. 유통 업계 세계 1위 월마트도 넷플릭스에게 당했다. 사주가 영화 콘텐츠에 매료된 월마트는 넷플릭스처럼 우편으로 비디오 배송을 시작했다가 2005년에 포기하고 말았다.

현재 미국 가정 3가구 중 1가구는 넷플릭스를 통해 영화나 드라마를 보고 있다. 스마트TV가 보급되면서 넷플릭스를 이용하는 가

구가 느는 추세에 있는 등 미국 가정에서 넷플릭스는 일상이 되었다.

넷플릭스가 이처럼 폭발적으로 성장하는 동안에도 경쟁자들은 저평가했다. 시기와 질투였다. 짐 키스 블록버스터 전 사장은 2008년 넷플릭스는 환상에 불과하다고 했다. 넷플릭스에 당한 사람이 토해내는 당연한 반응이다.

이에 리드 헤이스팅스는 반박한다. "창업자는 반드시 역발상 contrarian view 을 가져야 한다. 모두가 바보라고 할 때, 바보 같은 그것을 밀어붙여야 한다. 그것이 결국 성공하리라는 확신을 가져야 한다."

창업 직후 비디오 우편 배송으로 재미를 본 헤이스팅스는 창업 10년 뒤인 2007년 새로운 비즈니스를 창조해 냈다. 인터넷으로 영화를 다운받아 보는 인터넷 스트리밍 사업이다. 영화를 인터넷에 태운다는 발상은 그가 처음이었다. 이미 창업 당시부터 영화, 음악, 드라마 등 콘텐츠의 스트리밍 사업이 미래의 대세임을 간파하고 있었다. 넷플릭스란 이름 자체도 '영화를 인터넷으로 서비스한다'라는 의미를 담고 있다. 그런데 왜 기업들은 진작 시작하지 않았을까?

불과 7~8년 전만 해도 인터넷이 느렸다. 그러기에 고용량의 고속이 필수인 스트리밍에 부적합한 환경이었다. 스트리밍은 실시간으로 서비스해야 하며, 용량도 대형이어야 한다. 당시로선 스트리밍 사업을 할 수 있는 인프라 환경이 아니었다. 그래서 리드 헤이스팅스는 영화를 담은 DVD를 우편으로 발송하는 서비스부터 시작했고 대성공을 거뒀다.

2007년 착수 이후 4년여가 지난 2011년 9월 무렵 월 7.99달러를 내고 서비스를 받는 회원 수가 4,000만 명을 넘어섰다. 지금은 광케이블로 연결된 초고속 인터넷 시대에 와 있다. 지구 끝에서 반대편까지 빛의 속도로 전달되는 시대이니 넷플릭스는 그야말로 날개를 단 꼴이다. 당연히 영화, 음악, 드라마 등 콘텐츠의 스트리밍 비즈니스는 전 세계적으로 확산하는 추세에 있다. 넷플릭스의 주가는 하늘 높은 줄 모르고 뜀박질했다.

넷플릭스가 디즈니와 다른 점

디즈니가 넷플릭스에 역전당했다는 점은 앞에서 설명했다. 콘텐츠를 인터넷으로 내려받는 스트리밍 사업에서 디즈니가 넷플릭스에 뒤졌다는 것은 이미 옛말이 되었다. 하지만 디즈니도 뒤질 수 없다. 두 회사는 유선 TV가 끝난 시대에 황금알을 낳는 '거위' 같은 인터넷 스트리밍 시장을 놓고 경쟁하고 있다. 전통적인 미디어와 새로운 강자가 충돌하는 전형적인 사례가 이 두 회사이다.

디즈니는 2020년 초엽 미국 소비자들에게 폭탄적 서비스를 결단했다. 모든 스트리밍 서비스를 월 13달러에 제공하는 패키지 요금제를 발표했다. 이 묶음에는 디즈니+디즈니플러스, 훌루, ESPN+가 포함된다. 디즈니+는 월 6달러이며, 훌루+와 ESPN+는 별도 구매 시 각각 월 6달러와 월 5달러에 서비스한다는 것이다. 시장에서는 이런 반응이 나왔다. 디즈니+ 요금제가 넷플릭스에 대한 공격이라고 풀이했다. 사실 두 회사는 시장에 대해 정반대 접근법을 취하고 있다. 패키지부터 광고, 콘텐츠 제작에 이르기까지 거의 모든 측면에서 상반되는 비즈니스 유형을 취하고 있다.

우선 목표 지향점이 다르다. 디즈니+는 가족 단위 시청에 어울리는 프랜차이즈에 초점을 맞춘다. 예컨대 스타워즈나 마블프랜차이즈가 그런 것이다. 훌루의 〈시녀 이야기 The Handmaid's Tale〉는 장년층 이상 연령대의 소비자를 겨냥한다. ESPN+는 고정적인 스포츠 팬을 위한 것이다. 모든 것을 함께 묶어 할인 판매한다. 일종의 단품 음식 서비스와 유사하다.

반면에 넷플릭스는 뷔페에 가깝다. 백화점식이다. 백화점이나 뷔페의 장점은 모든 것을 원하는 만큼 먹을 수 있다. 예를 들어 넷플릭스는 스포츠 콘텐츠를 서비스하지 않는다. 하지만 최근에는 어린이 쇼와 가족 친화적인 작품들과 성인용 프로그램을 묶어서 결합 상품으로 내놓았다.

디즈니+의 강점은 이미 검증된 브랜드라는 점이다. 잘 알다시피 스타워즈와 마블 우주, 디즈니와 픽사의 영화, 심슨의 모든 에피

소드, 그리고 내셔널지오그래픽디토 등은 익히 알려져 있다. 디즈니+는 〈나홀로 집에〉를 리메이크해 출시하여 상당한 재미를 보기도 했다.

디즈니의 브랜드를 앞세운 전략에 맞서 넷플릭스는 저명한 크리에이터와 접촉해 판을 뒤집는 전략을 구사한다. 디즈니+처럼 전통적인 프랜차이즈를 안정적으로 운영할 수 없는 단점을 커버하는 전략이다. 넷플릭스는 3년 전 만화책 출판사인 밀라월드 Millarworld를 사들였다. 창업자 마크 밀러는 마블을 만들었던 스탠리에 빗대 '현대판 스탠 리'로 불릴 만큼 창작 능력을 인정받는다. 익스트림 유니버스Extreme Universe 만화에 대한 판권도 매입했다.

실력 있고 검증받은 TV 크리에이터도 영입했다. 심지어 버락 오바마와 미셸 오바마와도 다년간 협약을 맺기도 했다. 당연히 디즈니+, 훌루 등과는 다른 콘텐츠가 생산되는 것이다.

디즈니+와 넷플릭스는 광고에서도 상반되는 유형이다. 중간 광고로 인해 시청자를 짜증 나게 하지 않는 것이 넷플릭스 판매 전략이다. 그러나 디즈니는 광고 없는 상품에는 관심이 거의 없다.

비즈니스 모델에서도 디즈니+와 넷플릭스는 다르다. 넷플릭스는 구독자가 더 많아질수록 돈을 더 많이 벌어들이는 구조이다. 그 돈으로 우수한 콘텐츠에 재투자하여 더 많은 가입자를 끌어모으는 전략이다. 디즈니 또한 단지 구독료로 수입을 창출하는 것만이 아니다. 인기 있는 브랜드를 상품화하고, 테마파크, 리조트 및 크루즈 비즈니스로 돈을 번다. 다시 말해 디즈니는 자신만의 생태계를 만들어 내고 소비자들이 생태계 안에서 돈을 쓰도록 한다.

종합하면 넷플릭스는 혁신적인 아이디어에 초점을 맞추고 광고 없는 콘텐츠 서비스를 선호한다. 디즈니는 프랜차이즈와 서비스를 함께 묶어 브랜드 가치를 올리는 전략을 취한다. 소비자들은 그들의 필요와 콘텐츠의 진화에 따라 서비스를 옮겨 다닐 것이다.

20년 만에 150년 디즈니를 넘어선 비결

넷플릭스를 들여다보면 흥미로운 현상을 볼 수 있다. 기업들이 어떻게 하면 경쟁자를 넘어 미래로 비약할 수 있는지 나름의 힌트를 얻을 수 있다.

매년 미국 기업들은 엄격한 평가를 받는다. 전경련과 유사한 기업인 단체인 미국기업협회가 주관하는 평가다. 평가위원에 위촉된 언론사 기자들의 2019년 투표 결과는 이랬다. 기술직 근로자들이 뽑은 '가장 일하고 싶은 회사' 1위, '직원이 가장 행복한 기업' 2위, 2019년 미국에서 '가장 높이 평가받는 기업' 1위에 오른 기업이 바로 넷플릭스였다. 최근 코로나 팬데믹 덕분에 언택트비접촉, 비대면 사회에 적합한 기업으로 꼽히고 있다. 하지만 이미 오래전부터 넷플릭스는 전통과 관행을 파괴한 혁신 기업으로 불렸다. DVD

대여업에서 탈피해 인터넷 스트리밍 서비스를 시작한 넷플릭스는 다양한 TV 프로그램 및 영화 판권을 사들여 전 세계 소비자에게 제공했다. 직접 수준 높은 영상 콘텐츠를 생산하는 대형 제작자로도 발돋움했다.

넷플릭스는 시장이 변할 때마다 가볍게, 그것도 굉장히 빠른 속도로 변신한다. 그 비결은 무엇일까? CEO인 리드 헤이스팅스는 규칙이 필요 없는 '자유와 책임Freedom and Responsibility, F&R'이라는 기업문화를 내세운다. 말 그대로 규칙이 없다. 좀 이상한 기업문화일 수 있다. 까다로운 절차나 규정이 없다는 말이다. 절차나 규칙은 일의 추진력과 효율성을 떨어뜨리기 때문이다. 기업이나 팀에 필요한 건, 오류 예방이나 정확한 복제가 아니다. 창의성과 혁신의 속도 그리고 민첩성이 정보화 시대에 요구된다고 리드는 강조한다. 기업의 생존과 성장에 가장 중요한 것은 무엇일까? 리드는 단언한다. 최고의 인재를 끌어들이고, 새로운 제품을 내놓으며, 환경이 바뀔 때 신속하게 바꾸는 것이다. CEO 리드 헤이스팅스는 동종 업계 최고 대우로 베스트 플레이어를 모집한다. 이어 시장 가치에 맞게 연봉을 인상해 고밀도 인재 집단을 구성한다. 그러면서 솔직한 피드백 문화를 도입한다. 이는 구성원들이 상급자 누구의 눈치도 보지 않고 최고의 의사결정을 할 수 있도록 하는 것이다. 최고의 인재들이니 의사결정 또한 최고일 것이다. 넷플릭스가 어떤 기업보다 가장 빨리 혁신을 이뤄낼 수 있는 원

동력이다.

세계 최고 비즈니스 스쿨로 인정받는 인시아드INSEAD의 교수 에린 마이어 Erin Meyer는 넷플릭스 성공의 실체를 '규칙 없는 독특한 생태계'로 결론짓는다. 독수리를 새장에 가두지 않는 스타일과 놀랍도록 유연한 기업 문화라는 것이다. 기업들은 창의성과 혁신을 내세운다. 그러나 말처럼 시행하거나 이루어 내기가 쉽지 않다. 문제는 남다른 우수 인재들로 회사를 꾸려 놓고도 통제와 규정을 마련해 직원들의 장점을 상쇄하기 일쑤다.

이를테면 이런 것들이다. 넷플릭스에는 회사 규정에 정해진 휴가 기간이 없다. 임직원들에게 휴가를 가고 싶은 대로 가라고 한다. 보통 회사는 휴가 기간 동안 스톱된다고 생각할 것이다. 하지만 넷플릭스는 그게 아니다. 달라진 것은 없었다. 다만 예외가 있다면 구성원들의 업무 만족도가 조금 올라간 것뿐이다. 3주 연속 80시간 일한 뒤 자신이 원하는 대로 여행을 갔다가 시커멓게 되어 돌아오는, 조금 별나게 휴가를 즐기는 구성원들이 적지 않다는 정도이다. 넷플릭스 구성원들은 스스로 회사 생활을 통제할 수 있게 하는 방법을 터득했다. 스스로 만든 통제가 오히려 모두를 더 자유롭게 해준다는 사실도 확인했다. 누군가가 제도를 역이용하거나 주어진 자유를 남용하기라도 하면 주변에서 가만 놔두질 않는다는 사실도 알았다.

기획한 프로젝트 진행이나 계약 여부 시점에서 상사의 승인을 기다릴 필요도 없다. 출장 시 어느 정도 돈을 쓸 수 있는지, 얼마까지 결재 없이 공금을 쓸 수 있는지에 관한 규정 역시 없다. 직급에 따른 연봉 조정도 없지만 확실한 건 업계 최고 수준이라는 소문뿐이다. 보너스도 없다. 보너스를 뛰어넘는 수준의 연봉을 수령하고 있기 때문이다. 구성원들은 확실한 보상을 보장받을 때 최고의 아이디어와 창의성이 발현된다. 돈을 버는 기업의 성장은 역시 사람이 중요하다는 것은 두말할 나위 없다. 돈을 벌려고 돈에 매달리면 돈이 벌려지지 않는다. 같은 이치다. 사람에게 투자하는 것은 동서고금을 막론하고 절대적이다. 물론 방만하게 운영하거나 악용하면 문제될 수도 있다. 그래도 경비가 10%가량 늘어난 것에 불과하다. 이 정도의 비용 증가는 자유롭고 창의적인 생산성 향상에 비교해 볼 때 거의 문제되지 않는 수준이다.

넷플릭스는 베스트 플레이어 채용을 목표로 한다. 채용 이후에는 자기 분야에서 베스트 플레이어가 되도록 이끄는 게 목표다. 적당한 보수로 보통 수준의 능력을 갖춘 엔지니어를 10~25명 고용했다면 어땠을까? 넷플릭스는 그렇게 하지 않았다. 거액의 연봉을 주고 1명의 '록스타'를 스카웃하는 방식을 택했다. 과연 넷플릭스의 멤버들이 다른 회사의 플레이어들과 비교해 월등한 성과를 냈을까?

실리콘밸리의 경영자들이 만나면 늘 서로 묻는 질문이다. 넷플릭스의 베스트 프로그래머가 다른 회사에 있는 보통 수준들보다 어느 정도 더 높은 가치가 있는가. 넷플릭스 경영자들은 자부한다. 그들의 일급 프로그래머의 진가는 보통 수준의 능력을 갖춘 프로그래머의 10배 정도라고 자랑한다. 넷플릭스의 경영 방식은 이렇듯 혁신적이다. 보통 기업인들이 보기에 좀 이상한 스카웃 방식이다. 기업 이윤에 초점을 두지 않고 인재 자체에 방점을 찍는 경영 스타일을 넷플릭스는 구사한다. 빌 게이츠는 자주 이런 말을 되뇌곤 했다. 마이크로소프트가 한창 잘 나갈 때였다.

"위대한 선반공은 평범한 선반공보다 임금을 몇 배 더 받는다. 그러나 위대한 소프트웨어 프로그래머는 평범한 프로그래머보다 1만 배 이상의 값어치를 한다."

빌게이츠의 이 말은 물론, IT 기술 시대에 들어맞는 말이다. 하지만 '록스타' 한 사람이 평범한 1만 명을 먹여 살린다는 말은 점점 현실화되어 가고 있다. 확실히 메가테크 IT 기술기업이 시대를 이끌어 가고 있다.

10년 후 비즈니스에 몰두하다
——

빌 게이츠는 미국 잡지 기자와의 인터뷰에서 이렇게 말했다.

"파괴적 비즈니스의 예술은 10년 후를 상상한다. 10년 후에 대비하는 비즈니스를 미리 만들어 간다. 폭발할 시점을 기다리면 이미 늦었다. 앞으로 10~20년 뒤에 사람들은 '리니어 채널linear channel, 방송 스케줄이 정해진 보통의 TV 방송'이 있었다는 사실에 매우 놀랄 것이다." 이런 유형은 곧 사라질 것이란 뜻이다. 리드 헤이스팅스는 지금 시점의 영화나 음악, 드라마가 같은 엔터테인먼트 미디어 시스템은 곧 사라질 것이라고 예측한다.

그는 틈나는 대로 인터넷 스트리밍 이후 무엇이 대세가 될지 예측하는 데 많은 시간을 쏟는다. 그는 미국 언론 인터뷰에서 이같이 말했다.

"지난 5000년 동안 말은 인간의 유용한 이동 수단이었다. 지난 200여 년 전 갑자기 자동차가 생겼다. 그때 말 비즈니스를 하던 사람은 이런 말을 했다고 한다. '말은 인간의 운송 수단의 전부이다. 따라서 앞으로도 바뀔 것이 없다'고 했다. 그러나 그로부터 불과 60여 년 만에 모든 운반 수단은 자동차로 바뀌어 버렸다. 앞으로도 이런 사태 변화는 언제든지 일어날 수 있다. 언제라도 그런 때가 올 수 있다는 것을 예측하면서 준비해야 할 것이다."

삼성전자나 파나소닉 등 미국에서 판매하는 스마트TV 리모컨에는 모두 넷플릭스 전용 빨간색 버튼이 있다. 애초부터 TV에 넷플릭스 프로그램을 내장시켜 놓은 것이다.

그는 미래 비즈니스를 이처럼 예측한다. "이를테면 책을 조금씩 나눠서 출간할 것이 아니라, 완성된 책 한 권을 출간하는 것처럼 TV 시리즈도 그렇게 하는 시대가 올 것이다. 미래엔 모든 것을 한

번에 보여 주는 방식이 될 것이다."

앞으로 콘텐츠 제작에도 변화할 것이다. 즉 소비자가 주문 제작하는 시대가 열릴 것이라고 헤이스팅스는 예측한다. 그는 영화나 드라마를 두 편 볼지, 한 편만 볼지 소비자에게 결정하도록 하는, 즉 소비자가 콘텐츠를 결정하도록 하는 방식을 연구하고 있다.

리드는 지상파 또는 케이블 방송과의 다가올 결전을 대비하고 있다. 현재 넷플릭스의 강점은 영화 추천 시스템에 있다. 미국에서 넷플릭스 서비스를 이용하는 고객의 75%는 추천받는 영화를 본다. 왜 그럴까? 그는 영화 추천에서 소비자의 성향을 중시한다. 소비자가 과거에 어떤 영화를 보았는지, 배경이나 나이보다는 지난날 어떤 영화를 보았는지를 중요하게 여긴다. 그 힌트를 바탕으로 소비자가 어떤 영화를 좋아할 것인지 예측하고 먼저 추천한다.

그는 개인 맞춤형 서비스도 제공할 계획이다. 이를 통해 영화나 음악 드라마 같은 콘텐츠의 추천을 소비자가 원하는 대로 훨씬 정교하게 서비스할 수 있다. 어떻게 이것이 가능한가. 넷플릭스는 소비자 취향에 대한 방대한 데이터를 갖고 있었다. 이런 데이터는 창업 초기 DVD 우편 배송 당시부터 축적해 놓은 것이다. 그 당시만 해도 소비자 취향에 대한 데이터는 별로 중시하지 않던 시대였,

넷플릭스는 미국내 1억 2,500만 가입자의 시청 습관과 관련한 대량의 데이터를 보유하고 있다. 이를 통해 고객의 시청 방식뿐만 아니라 시청 품목을 정해 주는 플랫폼을 구축해 놓았다. 가입자가

어떤 영화와 TV 프로그램을 좋아하고 싫어하는지, 각각의 콘텐츠를 얼마 동안 시청했는지, 새로운 시리즈를 얼마나 탐닉했는지 등에 관한 빅데이터를 갖고 있다. 이런 강력한 데이터 시스템은 긴밀하고 정교한 사회과학적 지식을 토대로 만들어진다. 넷플릭스는 소비자 스스로 엔터테인먼트 경향을 찾을 수 있도록 도와준다. 예컨대 소비자 스스로 취향을 넓힐 수 있는 플랫폼을 제공한다. 넷플릭스는 처음부터 이런 개념으로 비즈니스 에 접근했다.

그것만이 아니다. 창의적 비즈니스에는 혁신적인 변화variation가 내재되어 있다. 넷플릭스는 빅데이터를 중시한다. 그러면서도 창의적이고 혁신적 아이디어를 요구한다. 종래 콘텐츠 배송이나 콘텐츠 제작 관행으로는 안 된다는 것이다. 여기서 한가지 짚고 넘어갈 게 있다. 넷플릭스는 이른바 VR에는 투자하지 않고 있다는 사실이다. 넷플릭스가 VR로 가지 않는 이유가 무엇일까. 훌루Hulu나 유튜브는 물론 애플, 구글, 아마존, 텐센트 같은 세계적 첨단 기술기업들이 앞다퉈 투자하는 가상현실virtual reality, VR 에 투자하는 시점인데도 말이다.

그 이유는 두 가지로 분류된다. 먼저 넷플릭스의 콘텐츠 최고책임자인 테드 사란도스는 아직 "시장이 충분히 커지지 않았다"는 견해를 보였다. 190개국에 퍼져있는 넷플릭스의 8,000만 명 이상의 고객들은 기본적으로 같은 형식의 동영상을 시청한다. 구글의 저렴한 카드보드 헤드셋이 500만 대가 거의 무료로 출하되었지만, 소비자는 과연 얼마나 VR을 즐기고 있는지 분명치 않다. 넷플릭스에 의존하는 사용자를 생각하면 모수가 아주 적다. 아직 VR 시대가 본격적으로 열리지 않았다는 점이다.

둘째, VR의 장점에 대해 소비자들이 아직 이해하지 못한다는 점이다. 콘텐츠에 있는 모든 장면에 더 몰입하기 위한 VR 경험이 없다. 리드는 한 전문 잡지 인터뷰에서 VR에 대한 견해를 기자가 묻자 "20분 만에 지칠 것이다. 우리는 좀 더 편안한 시청 경험을 중시한다"고 했다. 그는 넷플릭스가 VR을 테스트하고 있긴 하지만 구체적인 계획은 없다고 말했다.

반면, 여타 스트리밍 서비스 업체들은 공격적으로 VR 투자에 집중하고 있다. 예컨대 훌루의 VR 앱에는 여러 360도 동영상이 포함되어 있다. 유튜브도 360도 동영상 라이브 스트리밍을 계획 중이다. 아마존 역시 VR 콘텐츠 개발을 위한 엔지니어를 확보하면서 미래 시장에 대비하고 있다.

빅데이터를 이용해 최적의 동영상 제공

———

넷플릭스는 빅데이터가 비즈니스에 활용되는 시대에 가장 혜택받은 기업으로 기록될 것이다. 우리는 매일 먹고 일하고 놀면서 생활 데이터를 만들어 낸다. IBM에 따르면 인류가 하루에 생산하는 데이터의 양은 무려 250경 바이트에 이른다. 이 데이터를 DVD 로 쌓는다면 달까지 왕복할 만큼의 데이터다. 데이터에는 우리가 전송하는 텍스트와 업로드하는 사진부터 산업용 센서 데이터와 머신 간 통신 등 온갖 것이 포함된다. 빅데이터란 데이터의 많은 부분을 가져다가 이를 분석해서 비즈니스에 유용하게 사용할 때 가치를 창출한다. 넷플릭스는 250경 바이트에 이르는 데이터를 유용하게 만들어 비즈니스에 적절히 사용했다.

넷플릭스가 갖고 있는 갖가지 소스에서 방대한 양의 데이터를 수집한 후, 분석해서 신속하게 실시간으로 비즈니스에 적용한다. 볼륨Volume, 방대한 양, 다양성Variety, 다양한 종류의 데이터와 시간 경과에 따라 데 이터가 바뀐다는 사실, 속도Velocity, 그리고 비파괴적 분석에 따라 빅데 이터는 다양한 정보를 쏟아낸다. 빅데이터에 대한 비파괴적 분석 은 원본 데이터가 저장된 데이터 풀을 다양한 용도로 사용하고, 서로 다른 목적으로 데이터를 분석할 수 있음을 의미한다.

이와 다른 개념이 '데이터 웨어하우스'이다. 이는 특정 목적을 위해 특정 데이터를 분석하도록 만들어져 개개 목적에 맞는 특정 형식으로 변환된다. 추출, 변형, 로드ETL로 불리는 이 과정에서 원 본 데이터는 파괴된다. 데이터 웨어하우스는 데이터를 목적에 맞 도록 사용하기 위한 소규모 데이터풀과 유사하다.

빅데이터에 필요한 네 가지 측면볼륨, 다양성, 비파괴적 사용, 속도을 달 성하기 위해서는 여러 가지 기술 혁신이 필요했다. 대략 10여 년 전까지만 해도 비교적 작은 규모의 데이터 외에는 분석할 기법이 없었다. 그런 와중에서 2003년 무렵 구글의 연구원들은 맵리듀스를 개발했다. 이 덕분에 구글은 최고의 검색 결과를 신속하게 생성할 수 있었다. 이어 2009년 버클리 캘리포니아대학 연구진은 맵리듀스의 대안으로 아파치스파크를 개발했다. 맵리듀스보다 최대 100배 더 빠르다. 빅데이터 분석 기술의 발전 속도에 맞춰 효과적으로 베스트 플레이어급 인재를 확보해 비즈니스에 적용한 기업은 넷플릭스였다. 고객 성향에 맞춰 각종 콘텐츠를 생산하는 능력은 이 같은 빅데이터의 분석력에 따른 것이다.

전 세계적으로 데이터양은 매년 40%씩 증가하고 있다. 2초당 2테라바이트씩 데이터가 늘어나는 꼴이다. 이런 속도와 규모의 데이터를 관리하고 분석해 가치를 창출하는 데 미래 기업의 명운이 걸려 있다. 이런 점에서 넷플릭스는 최고의 인재를 갖고 발 빠르게 대응하고 있다. 향후 빅데이터가 얼마나 많은 유용한 정보를 쏟아낼지 주목될 수밖에 없다.

2억 명 이상의 기호에 맞춘 영상을 서비스한다

———

넷플릭스 경영진은 빅데이터를 개인별로 분석해 최소한 전 세계 2억 명 이상에게 기호에 맞는 동영상을 서비스할 생각이다. 개인별 속성이나 기호는 최고의 두뇌들이 분석한 빅데이터 자료를 토대로 한다. 넷플릭스가 유튜브 등 여타 동영상 서비스보다 인기를 얻고 있는 데에는 이유가 있다. 풍부한 영상 콘텐츠를 보유할 뿐만 아니라, 원본을 매우 섬세하게 서비스하고 있기 때문이다. 이를테면 최적화된 알고리즘을 토대로 고객보다 더 고객의 성향을 찾아내 추천하는 식이다. 나이, 취향, 지금까지의 시청 이력 등을 바탕으로 지금 보고 싶은 프로그램을 소믈리에처럼 개개인에게 선택하도록 제시한다. 아마존 '프라임 비디오'도 추천 기능이 있지만, 넷플릭스와 비교할 수 없을 정도로 서비스 품질이 낮다. 인공지능이 일반화되는 2025년 무렵 넷플릭스는 색다른 서비스를 시도할 계획이다. 동영상 시청 중에 시청자의 표정이나 반응 등을 카메라나 음성 등의 센서로 모아 해석해 시청자가 가장 감동하는 시나리오를 구성해 제공하는 형식이다. 시청자가 어디서 울었는지, 어느 장면에서 웃었는지, 반대로 시큰둥한 표정을 짓고 있던 장면은 어디인지 등 사람의 희로애락을 인공지능이 분석해내 서비스하는 기능을 추가한다는 계획이다. 일단 유저 2억 명에 대한 분석을 해서 서비스한다는 계획이다.

넷플릭스는 향후 5G의 일상화로 한층 더 존재감을 보일 것이다. 동영상 시청은 이미 TV에서 스마트폰으로 옮겨지고 있다. 스마트폰 동영상은 넷플릭스의 강점이 제대로 드러나는 분야다.

4

세계를 리드하는
아시아의 용(龍)

삼성전자(SAMSUNG)
소니(SONY)
알리바바(Alibaba)
텐센트(Tencent)

세계를 리드하는 아시아의 용(龍)

삼성전자(SAMSUNG)

반도체는 이병철 창업주의 선견지명과 혜안의 결과

반도체 분야는 애초 삼성전자의 본업이 아니었다. 삼성은 일본산 가전제품 따라 하기를 반복하면서 기술력을 축적했고 몸집을 키워나갔다. 삼성전자는 휴대전화 '애니콜'의 기적이 일어나기 전까지는 늘 LG전자에 1등을 내주고 만년 가전 2등으로 자족하던 때가 있었다. 삼성 가전은 LG전자와 경쟁하면서 저품질로 인해 시장에서 비판받았다. 당시 가전 메이커라면 소비자들은 금성의 후신 LG 제품을 선호했고, 실제로 삼성 가전제품의 질은 LG를 압도하지 못했다.

삼성이 반도체 산업에 손을 댄 계기는 순전히 고 이병철 창업주의 선견지명과 혜안의 결실이었음은 누구도 부인할 수 없다. LG 전자와 벌인 가전 경쟁은 '우물 안 개구리 내지 도토리 키재기'라는 사실을 이병철은 벌써 깨닫고 있었다.

결국 금성사와의 경쟁은 '제로섬 게임'이라는 사실을 절감한 그는 일취월장의 모멘텀 찾기에 고심했다. 그 모멘텀이 바로 반도체 사업이었다.

본격적으로 삼성이 반도체에 관심을 기울인 것은 일본으로부터 당도한 반도체 열풍이었다. 당시 일본은 미국산 반도체가 유입되어 선풍적 인기를 끌었던 시기였다. 일본 전자 업계는 전후 1950년대 후반 무렵 반도체 산업이 세계를 석권할 것으로 예견, 전폭적인 투자를 한 데 이어 전 국가적인 노력이 더해졌다. 일본이 80~90년대 최대 호황기를 구가하면서 독일을 제치고 세계 2위의 경제 강국으로 도약한 밑거름은 사실상 반도체 산업이었다.

그 무렵 이병철 회장은 3남 건희를 데리고 도쿄에 갔다. 호텔에서 트랜지스터 라디오를 처음 이건희에게 건넸다. 이건희는 조그만 '소리상자'에서 온갖 노래가 흘러나오는 라디오를 보면서 미래의 반도체 강국의 꿈을 키웠을 것이다. 1982년 3월 무렵 이 회장은 반도체 산업의 메카 실리콘밸리를 방문할 기회를 잡았다. 사실상 미국 방문의 목적은 반도체 산업의 실상을 확인하려는 데 있었다. 이 회장은 세계에서 가장 앞선다는 나라, 미국에서 직접 반도체 비즈니스를 확인하고 나서 정신이 확 들었다고 고백했다. 아들 건희가 반도체 사업을 하고 싶다는 이야기를 한 적이 있었지만, 시기상조라며 보류시켰던 이 회장이었다. 미국 방문 당시 세계 첨단 컴퓨터 기업인 IBM과 실리콘밸리의 주요 기업들을 둘러보면서 반도체가 미래 먹거리라는 사실을 거듭 확신했다. 손톱만한 반도체로 모든 업무를 처리하는 현장을 지켜본 그는 예상보다 훨씬 이른 시기에 반도체 부문이 미래 먹거리 산업으로 부상하리라 예감했다. 손재주가 좋고 세계 어느 나라보다도 '카피'에 능한 일본 엔지니어들은 이미 메모리 반도체 기술에서 미국을 앞서고 있었다. 당시 이병철 회장은 "일본이 할 수 있다면 우리도 할 수 있다"며 성공을 자신했다고 한다.

그러나 으레 그렇듯 임원들은 대부분 만류했다. 반도체 분야에서는 초기 투자 액이 엄청난 데 비해 상품의 수명이 짧다. 통상 길어봐야 2년 남짓 속속 새로운 반도체가 출시된다. 투자 대비 자금 회수율이 다른 산업과 비교해 떨어진다. 경쟁 기업의 제품과 반걸음만 늦어도 그 제품은 시장에서 곧바로 도태된다는 것은 반도체 산업계의 상식이다. 이 회장은 고민에 고민을 거듭했다. 당시만해도 반도체 1개 라인 건설에 1조 원이 소요되었던 시기였다. 아직 글로벌 기업으로 도약하지 못한 삼성으로선 '사운'을 걸어야 하는 위험한 도박이었던 셈이다. 그럼에도 이 회장은 시기적으로 반도체 사업을 선택하는 것이 적절하다고 확신했다. 반도체 사업은 우선 국가적으로 볼 때 전략 산업인 데다 부가가치가 높다. 게다가 향후 미래 발전 상황에 미뤄볼 때 성장 가능성이 무궁무진하고, 미래, 먹거리 업종으로 적합하다고 이 회장은 판단했다. 당시 미국 일본 이외에는 아직 생산한 나라가 없고, 설혹 당시 해외에 그런 기업이 존재했더라도 명함을 내밀 정도는 아니었다.

그로부터 1년 후 이병철 회장은 일본 도쿄에서 반도체의 사업 착수를 선언하기에 이른다. 잿더미에서 경제 기적을 이룬 일본의 '부흥'은 반도체 덕분이었다는 사실을 실감한 현장에서 선언한 것이다. 1983년 3월 15일자 석간 중앙일보에는 삼성의 '도쿄 선언'이 실렸다. 그러나 삼성의 움직임에 세상의 반응은 냉담했다. 당장 미국의 '인텔'은 이병철 회장을 후진국형 과대망상증이라고 비꼬았고, 일본 신문들은 "한국이 그럴 능력이 있는가"라며 단칼에 잘랐다.

그러나 결단을 내린 이병철 회장은 반도체 사업을 전강석화처럼 추진해 나갔다. 1년 안에 공장을 짓고 반도체를 생산해 내라고 임직원들을 몰아쳤다. 당시 미국 유학파들 가운데, 우수한 반도체 전문가들이 들어왔는데, 진대제, 권오현, 황창규 등이 그때 합류했던 멤버들이다.

반도체 첫 생산 품목은 '64KD램'이었다. 64KD램은 미국에서만 생산하고 일본에서는 아직 생산하지 못하는 품목이었다. 일본 업계에서는 삼성이 64KD램을 개발하려면 적어도 20년은 걸릴 것이라고 비웃었다. 64KD램은 새끼손가락 손톱 1/4 크기에 15만 개의 트랜지스터를 심어 8만 개의 선으로 연결하는, 당시로선 초정밀 기술품이었다. 공장 터는 경기도 용인 기흥이었고, 1년 안에 모든 것을 끝내겠다는 목표로 공장 건설은 밤낮없이 이어졌다.

마침내 반도체 사업에 뛰어든 바로 그해 64KD램 개발 성공을 세상에 알렸다. 미국과 일본에 이어 세계에서 세 번째로 만들어 냈다. 이병철의 나이 74세였다. 노년기에 접어든 나이에 재산과 기업의 운명을 걸고 새로운 사업에 뛰어든다는 것은 '자살행위'나 다름없었다고 당시 업계는 평했다. 그럼에도 삼성은 해냈다. 이처럼 이병철 회장은 선견지명을 가진 인물이었고, 반도체는 삼성을 초글로벌 기업으로 만드는 노둣돌이 되었다.

현재 전 세계 반도체 상장 기업들의 시가총액은 4조 달러가 넘는다. 금융 위기이후 활황기인 2015년 무렵 반도체 제조 기업들의 주가는 폭등했다. 코로나19 팬데믹 동안에 반도체 주가는 더욱 치솟았다. 재택근무자가 늘고 소비자들이 인터넷 스트리밍 동영상과 비디오 게임을 위안거리로 삼으면서 첨단 기술 제품들이 막 쏟아지고 있다.

바야흐로 지금 시스템 반도체는 '귀하신 몸'이다. 미래 펼쳐질 자율주행차에 이어 IoT 시대, 우주 시대에 핵심 요소는 인공지능 AI에 들어갈 반도체다. 삼성 반도체에 대한 전 세계적인 '도전'이 거세게 일고 있는 현상과 맥을 같이 한다. 잘 알려져 있는 것처럼 대만의 TSMC는 비메모리 부문에서 저만치 앞서가고 있다. 미국의 인텔과 독일, 유럽이 자국산 반도체 산업 육성에 천문학적인 투자비를 쏟아붓고 있다. 미국은 상원에서 자국산 반도체 육성법을 만들고 있다. 반도체가 국가적인 전략 산업인 데다 10년마다 돌아오는 반도체 활황기에 접어들고 있는 와중이다. 그야말로 삼성은 거센 추격을 받고 있는 형국이다.

이런 상황에서 지난 2018년부터 미국은 반도체 관련 부품과 기술을 중국에 수출하지 못하도록 빗장을 걸었다. 한참 성장기에 있는 중국의 첨단 산업은 지금 한해 3,000억 달러 이상의 첨단 성능의 반도체를 수입해야 한다. 하지만 중국으로 들어가는 반도체는 미국의 제재로 인해 72%나 줄어들었다. 삼성전자를 따돌린 TSMC는 미국의 압박으로 대중 반도체 수출을 중단했다. 중국은 자체 반도체 제조 기술이 뒤떨어져 있어 반도체를 100% 수입해야 한다.

반도체가 전 산업에 들어가는 산업의 '쌀'로 인식되면서 지금 각국마다 반도체 확보전이 치열하게 벌어지고 있다.

이를테면 반도체가 부족해 자동차 라인이 멈춰선 독일의 경우, 담당 장관이 TSMC에 직접 편지를 보내 반도체를 공급해 달라고 애원한 사례가 있다. 지난 1월 13일 일본 자동차 메이커 혼다는 영국 스윈던 공장 가동을 일시 멈추기도 했다. 브렉시트나 코로나19 감염 확산 때문이 아니었다. 반도체가 부족해 생산 라인이 멈춘 것이다. 독일 폭스바겐도 올해 1분기 생산량을 당초 계획보다 10

만 대 줄일 것이라고 발표했다.

　반도체 메이커들의 대결은 이제 유럽이 아닌 아시아에서 벌어지고 있다. 영국의 경제 전문지 '이코노미스트'는 최신호에서 "20세기 전 세계 가장 중요한 경제적 요충지가 전 세계 석유를 실어나르는 중동 호르무즈해협이었다면, 앞으로의 경제 요충지는 전 세계 반도체를 실리콘 박막에 식각하는 한국과 대만의 산업단지가 될 것"이라고 분석했다.

　반도체 분야의 대형 인수합병도 잇따랐다. 작년 9월 게임과 AI에 들어가는 반도체 칩을 설계하는 '엔비디아'가 반도체 밑그림을 전문으로 설계하는 영국 'ARM'을 400억 달러에 사들였다. 게임과 AI에 쓰이는 칩을 만드는 엔비디아는 현재 미국에서 가장 가치를 인정받는 반도체 기업이다. 뉴욕 증시에서 시총이 3,200억 달러를 넘나든다. 영국 주간지 '이코노미스트'는 최신호에서 "이런 상황은 반도체 산업을 재편성하는 거대한 흐름의 와중에 벌어지고 있다"며 "반도체 설계 분야는 경쟁과 혁신의 도가니인 반면, 반도체 제조 분야는 삼두마차TSMC, 삼성, 인텔에서 양강 구도로 전환되고 있다"고 전했다.

반도체 전쟁의 막이 올랐다

1958년 마이크로칩이 개발되었을 당시 주요 시장은 무기 부문, 특히 핵미사일 제조 분야였다. 오늘날 매년 전 세계에서 1조 개의 반도체 칩이 생산된다. 전 세계 인구 1명당 128개씩 돌아가는 엄청난 분량이다. 인공지능과 데이터 고속처리 등 새로운 타입의 연산 능력이 필요한 시대에 도달했다. 최첨단 고성능 반도체의 수요는 치솟을 수밖에 없다. 반도체는 자율주행 자동차와 IoT를 비롯한 전 산업 분야에 소요될 것이다. 자율주행차에 들어갈 필수 부품은 AI 반도체이다. 전기로 운행하는 자율주행차에는 3,000개 이상의 차량용 반도체가 소요될 것이다. 여기에 사물인터넷IoT이 더해지면서 수요는 전 세계에서 폭발적으로 증가할 것이다.

과거 자동차 산업은 연관 부품만 2만 5,000여 개로 연관 산업 파급 효과가 큰 종합 제조업이었다. 이와 비교해 오늘날 반도체 산업은 제조업에다 지정학적 요소까지 가미되는 전략 산업으로 분류된다. 지정학적 요소가 가미됐다는 것은 국가의 핵심 산업이라는 것을 의미한다. 이제 와서 보면 반도체 산업만큼 자연과학과 막대한 자본, 복잡성을 두루 갖춘 산업도 없다. 산업계 전반에 미치는 반도체의 영향력 역시 지대하다. 당장 둘러봐도 공급망이 어그러지면 경제 활동은 멈춰 선다. 올해 초부터 반도체 칩의 일시적인 공급 부족으로 전 세계 자동차 업계가 조업을 멈춘 것은 반도체 산업의 파장이 막대함을 실증하고 있다. 심지어 지난 1월 하순 미국에선 자국 자동차 산업이 멈춰 설 위기에 놓이자 미 정부 차원에서 TSMC에 반도체의 원활한 공급을 요청하기에 이르렀다. 자동차용 반도체 공급이 부족해지면서 미국산 자동차 생산이 중단될 위기에 놓여 있기 때문이다. 코로나 사태로 경제난이 닥칠 위기에 놓이면서 자동차 산업이 멈춰 설 상황에 부닥친 것이다.

앞으로 열이 덜 나고 속도가 더 빠르며 전력도 더 적게 쓰는 고성능 반도체가 속속 나올 것이다. 지금까지 반도체 개발에 소홀했던 메가테크 기업들이 속속 뛰어들고 있다. 애플은 지난해 11월 맥컴퓨터에 자체 칩을 탑재하겠다고 밝혔다. 아마존은 데이터센터에 들어갈 자체 칩을 개발 중인 가운데 수많은 스타트업도 속속 참여하고 있다.

그런데 지난 30년간 반도체로 세계를 호령했던 인텔은 최근 급격히 흔들리고 있다. 작년 하반기 인텔은 소요되는 반도체 일부를 삼성전자와 TSMC에 외주 조달할 것이라고 밝혔다. 인텔은 가장 큰 고객사인 애플에 대해 데스크톱과 노트북에 들어가는 마이크로프로세서를 공급해 왔다. MOS 테크놀로지나 모토롤라, IBM에도 조달하고 있으나, 애플 물량에 비해 그리 많지 않다. 그러나 애플은 2007년 아이폰 시리즈를 출시한 이후 독자적인 칩을 설계, 조달했다. 애플로서는 핵심 반도체 등 부품을 외주에 매달릴 수 없기 때문이다. 애플이 설계한 아이폰 칩은 처음엔 삼성전자, 이후엔 TSMC가 제조하고 있다. 애플은 2020년 말 맥컴퓨터 역시 인텔 칩 대신 자체 설계 맞춤형 칩으로 대체할 계획이다. 당연히 독점 공급 중이었던 인텔은 곧바로 경영에 영향을 문제를 일으켰다. 첨단 반도체 생산 라인에도 악영향을 미쳤다. 노트북과 데스크톱 컴퓨터의 길을 개척했던 절대 강자 '공룡기업' 인텔이 반도체 부분에서 밀려나고 있는 게 작금의 현상이다. 설상가상으로 아마존의 클라우드 컴퓨팅 부문인 AWS는 2년 전 데이터센터에 들어가는 인텔 칩 일부를 자체 개발 프로세서인 '그래비톤Graviton'으로 대체하기 시작했다. 구글도 클라우드 고객 기업들에게 맞춤 제작한 '텐서 프로세싱 유닛'TPU 칩을 제공하기 시작했다. 중국의 최대 검색기업 바이두 역시 자체 설계한 AI칩 '쿤룬Kunlun'을 채용하고 있다. 클라우드 컴퓨팅 3대 기업인 마이크로소프트MS 역시 자체 설계 칩으로 서비스를 구현할 것이라고 한다. 예전엔 모두 인텔에서 반도체를 구매, 조달해 왔다.

절대 무너지지 않는 절대 강자로 군림했던 인텔이 어려움을 겪는 것은 반도체 산업의 특성 때문이다. 삼성전자나 TSMC는 극복해냈지만, 그간 인텔은 이런저런 헛발질로 허우적거리다 흐름을 타지 못한 탓이다. 역시 문제는 천문학적인 자본이었다. 21세기 시작 즈음 첨단 칩 제조공장 건설비용은 10억 달러 정도였다. 그러나 지금은 당시의 4배 이상이 들어간다. 지난해 완공된 TSMC의

3나노미터nm 칩 공정에는 195억 달러가 들었다. 3나노미터 칩 생산은 삼성전자도 어려워한다. TSMC는 이미 2나노미터 칩 공장을 구상 중이라는 언론보도가 있었다. 분명한 것은 3나노미터 공장보다 훨씬 많은 비용이 들어간다는 사실이다. 문제는 경제성인데, 이 부분에 대해선 이 챕터 뒷부분에서 다시 부연할 것이다.

미국 인텔의 기술 수준은 현재 10나노미터 공정에 머물러 있다. 뒤처진 기술력 때문인지, 투자비용 때문인지 분명치 않지만 인텔의 CEO 밥 스완은 지난 2월 물러났다. 경영 실패를 자인한 셈이다. 인텔은 새로운 단계를 도약하는 시점마다 제조 역량을 계속 유지해야 할지를 놓고 양자택일해야 할 것이다.

모든 것이 묶이는 초연결 시대에 가장 절실한 것은 반도체다. 석유의 시대는 저물고 있다. 개인 용품에서부터 가전, 농업 트랙터까지 각종 기기와 장비에 이르기까지 사물인터넷IoT으로 연결된다. 자동차는 곧 전기로 움직이는 '자율주행 이동체'가 된다. '애플카'를 달리는 휴대전화처럼 제조할 것이다. 선도자 테슬라의 구상이다. 자동차가 휴대전화 같은 복잡한 기기처럼 만들어질 것이다. 휴대전화가 그런 것처럼 자동차 한 대면 거의 모든 인간 생활이 해결되는 시대가 올 것이다. 현재 휴대전화에 들어가는 반도체 칩이 첨단인 것처럼 자동차에 들어가는 칩 역시 최첨단 반도체가 소요될 것이다. 향후 반도체 산업의 향방은 이와 같은 메가테크 기업들이 결정할 것이다.

21세기 초반 반도체는 TSMC가 우세하다

———

현재 세계 첨단 반도체 시장을 좌지우지하는 기업은 삼성전자와 TSMC 두 회사이다. 반도체 공장의 신설은 기업 사활을 걸어야 할 만큼 엄청난 비용의 상승을 수반한다. 영국의 경제 전문 주간지 '이코노미스트'는 향후 어느 시점에 가면 결국 단 하나의 회사만 마지막 최첨단 공장을 유지할 가능성이 있다고 단언한다. 그러면서 "십중팔구 TSMC일 것"이라고 전망하고 있다. 이런 전망은 결국 최첨단을 향하는 반도체 업계의 독점 현상은 더욱 심해진다는 것을 의미한다.

지난 1월 25일 TSMC는 반도체 대형 프로젝트를 발표했다. TSMC가 세계 최초로 2024년까지 2나노 공정의 반도체 칩을 양산하겠다고 선언한 것이다. 공장은 TSMC 본사가 있는 대만 신주에 건설 중이며, 20조 원을 투자해 2024년부터 2나노 반도체를 생산한다는 계획이다. 아울러 지난 1월 14일 2021년 반도체 관련 투자액을 172억 달러에서 280억 달러로 늘리겠다고 발표했다. 미국의 거대 모 메가테크 기업이 2나노 반도체를 공급받기 위해 TSMC와 사전 계약했다는 보도가 나왔다. 앞서 지난해 말 삼성전자는 향후 10년간 반도체 기술 개발에 1,100억 달러 이상을 투자한다고 발표했었다. 최첨단을 향하는 두 회사가 벌이는 기술 대결의 한 단면이다. 21세기 초엽 대결에서는 TSMC가 일단 우세를 점한 것으로 보인다. 이는 반도체 업계가 절대 1강의 구도로 이행할 것이란 이코노미스트지의 전망을 뒷받침하고 있다. TSMC의 공격적인 전략은 파운드리 업계의 리더가 누구인지 분명히 보여 준다.

과연 삼성전자는 TSMC 파운드리에 뒤질 수밖에 없는 구조인가. 이를 분석하기 위해선 두 회사의 비즈니스 양상을 살펴볼 필요가 있다.

반도체 산업은 크게 둘로 나뉜다. 메모리와 시스템 반도체이다. 뇌에 빗대 말하면 메모리 반도체는 '기억하는 능력'을, 시스템은 '머리를 운행하는 능력'을 맡는 양상이다. 메모리 반도체 분야에선 삼성이 압도적인 1위에 있다. 메모리 반도체는 공장 건설비용이 워낙 많이 들어 쉽사리 손대기 어려운 측면이 있다. 대규모 현금을 동원할 수 있는 삼성전자가 지금까지 메모리 분야에서 따라올 경쟁자가 없었던 배경은 이것이었다.

파운드리는 시스템 반도체를 설계대로 위탁 생산하는 것을 가리킨다.

TSMC는 시스템 반도체를 생산하는 파운드리 업계에서는 1등이지만 메모리 반도체나 설계 능력은 0이다. TSMC가 능력이 없어서 그런 게 아니다. 메모리, 팹리스, 파운드리 분야의 특성을 고려한 회사 철학에 근거한다. 그러나 지금 상황에서 세계 반도체 비즈니스의 70%는 시스템 반도체 비메모리 반도체 에서 나온다. 삼성전자, SK

하이닉스가 우위에 있는 메모리 반도체 분야의 비즈니스 캐파는 30%에 그친다. 시스템 반도체 분야는 다시 팹리스fab-less라 불리는 설계 전문 기업과 그것을 위탁 생산하는 파운드리foundry로 분류된다. 펩리스는 공장이 없다 해서 줄여 팹리스라고 한다. 이와는 달리 삼성은 반도체의 설계, 제조, 판매를 모두 커버할 수 있는 종합 반도체를 지향해 왔다. 현 단계 파운드리 분야의 인력 양성 부분, 투자 규모로 볼 때 TSMC가 삼성전자에 앞선다는 말이 그래서 나온다. 파운드리 시장 점유율만 봐도 3배 가까이 높다. 아울러 TSMC는 상생하고 협업하는 생태계 조성을 꾸준히 추진하고 유지해왔다. 파운드리 분야에서 50% 이상의 시장점유율과 팹리스-파운드리 생태계를 굳건하게 장악하고 있다.

그러나 기술적 측면에서는 차원이 다른 현실에 부닥친다. 삼성전자는 올 가을부터 5나노 반도체를 생산해 공급할 계획이다. 5나노 공정의 반도체 칩 생산도 대단한 기술이며, 전 세계에서 삼성전자만이 설계, 제조를 일관되게 진행할 수 있다. 여기에 2나노 공정은 5나노 공정보다 차원이 다른 기술 세계에 이른다. 나노 경쟁은 조만간 한계 기술에 다다를 수밖에 없다는 게 업계의 분석이다. 2나노 공정 기술은 상당한 리스크와 엄청난 자본력이 뒷받침되어야 가능하다. 2나노 공정이 반도체 기술력 경쟁의 마지막 단계라고 본다.

후발주자 삼성전자가 파운드리 사업에 손을 댄 시기는 2010년

경이다. 당시에는 대부분 삼성폰 갤럭시 시리즈에 들어가는 모바일 AP칩 엑시노스 생산에 들어가는 주문형 반도체를 공급했다. 삼성전자는 2017년 시스템 반도체 부문을 독립시켜 세계 파운드리 시장에 본격적으로 뛰어들었다. 2018년 2월 경기도 화성에 종합 캠퍼스를 지었다. 여기에는 7조 원가량이 들었다. 삼성이 엄청난 자금을 들여 EUV 전용 파운드리 라인 건설에 착수한 것은 기술적 한계를 극복하기 위한 맥락이다. 시스템 반도체 제조가 주류인 파운드리 사업은 삼성에게는 경험 부족이 가장 큰 약점이다. 지금까지 메모리 사업 분야에서 큰 효과를 본 것은 선행 기술 개발 및 막대한 자금력 덕분이었다. 그러나 파운드리 부문은 이런 치킨게임이 잘 통하지 않는 영역이란 점이다.

파운드리는 철저하게 주문 생산, 즉 B2B 사업이다. 팹리스 고객사들과 긴밀하고 오랜 협력 관계를 이어나가야 한다. 이런 점에서 TSMC는 성실한 기업이다. 애플 같은 거대한 회사 외에도 AMD와 퀄컴의 최신 주문형 반도체 칩의 위탁 생산을 선점하고 있다. 고객사들과 기술 로드맵을 공유하며 경쟁 관계가 아닌 공생 관계를 분명히 하고 있다. 경쟁이 아닌 공생의 생태계를 조성하고 있는 것이 TSMC 핵심 경쟁력의 토대이다. 애플이나 인텔 등 글로벌 기업과 경쟁 관계에 있는 삼성이 이런 점에서는 불리하다.

다만 삼성의 기술력이 TSMC와 별 차이가 없다는 점이다. 10나노10억분의 1m 이하의 공정부터 삼성과 TSMC는 비슷한 기술력을 유지하고 있다. 최근 인텔은 종합 반도체로서 위상을 사실상 포기하고 TSMC에 6나노 공정 기반 CPU를 위탁 생산하기로 했다. 삼성이 아닌 TSMC를 선택한 것은 경쟁자인 삼성으로의 기술 유출을 우려했기 때문이라는 관측이 나왔다. 한편으로 인텔이 삼성 파운드리와 일정 분야에서 협력할 것이란 얘기도 나오고 있다. TSMC가 만들지 못하는 반도체나 가격 경쟁력에서 우위에 있는 삼성전자에 일정량을 주문한다는 얘기다. 따라서 삼성전자는 경쟁 분야보다는 우세한 부분을 특화시켜야 한다는 지적이 그래서 나온다.

비주얼 컴퓨팅 기술 분야의 선도 기업 엔비디아는 최신 GPU인 RTX 30 시리즈에서 삼성전자의 8나노 공정을 선택했다. 애초 알려지기로는 TSMC의 7나노 공정을 선택한다는 소문이 있었으나, 가격 경쟁력에서 삼성이 낫다는 점이 고려되었다고 한다. 12인치 웨이퍼 기준으로 삼성은 TSMC보다 최소 30% 이상 저렴하다. 엔비디아의 첫 주문 물량은 최소 10억 달러 이상으로 알려졌다. 구글도 삼성 파운드리에 스마트폰 센서용 복합 반도체 칩의 시험 생산을 맡겼다. 삼성은 시간이 지날수록 TSMC의 점유율을 파고들 것이다. 그렇지만 삼성은 제로섬 게임, 즉 TSMC와의 경쟁은 지양해야 한다는 지적이 많다. 다시 말해 TSMC 고객사의 물량을 빼앗는 식이 아니라 TSMC가 하지 않는 영역을 새로 개척해야 한다는 뜻이다. 신규 시장 개척 및 신규 제품, 고품질, 원가 경쟁력 확보라는 방식을 취해야 한다는 점이다. 이는 미래 지향적인 성장 전략으로 유용하다. 일각에서는 삼성전자가 파운드리 분야의 분사가 필요하다는 지적이 나온다. 파운드리 분야가 삼성전자의 그늘 아래 계속 머물러 있다면 성장에 한계를 보일 수밖에 없다는 점이다.

앞으로 특화된 프로세서 제작의 수요가 급증할 것이다. 과거 인텔이 고객 니즈에 부응하는 주문형 반도체 칩의 생산을 독점해 왔듯이 말이다. AI, 클라우드 컴퓨팅, 대용량 데이터 서버, 자율주행차용 마이크로 콘트롤러 등 고객사의 수요는 무궁무진할 것이다. 앞으로 삼성이 파운드리 부문에서 성장하려면 이를 고려해야 할 것이다. 고품질 다품종 소량 생산을 해줄 수 있는 믿을 만한 기업이라는 인식을 글로벌 고객사에 각인시켜야 한다. 대만의 TSMC는 1만 5,000여 종의 반도체를 만들고 있다. 이에 비해 삼성전자는 아직 소품종 다량 생산 체제에 있다. 아마존이나 테슬라 구글 등 메가테크 공룡기업들은 그들의 니즈에 맞는 프로세서를 자체 생산하려고 할 것이다. 신규 시장, 신규 고객을 확보해야 하는 삼성전자로서는 지금 큰 기회가 열려 있다. 삼성은 풍부한 자금력과 기술력을 갖고 있다. 따라서 신규 시장에 대한 진입 그리고 능력 확충이 생각보다 오랜 시간이 걸리지 않을 것이다. 한 가지 덧붙이면, 대형 고객사들의 갖가지 주문형 반도체 수요에 대응하기 위해서는 파운드리 분야의 분사가 필요하다고 지적이 나오고 있다.

삼성전자는 기본적으로 TSMC와는 달리, 반도체 제조와 설계를 모두 하는 종합 반도체 기업IDM이다. 즉 삼성은 미국의 AMD, 인텔, 퀄컴, 애플 등과 첨단 제품에서 경쟁해 왔다. 다른 한편으로는 상호 협력사가 되기도 한다. 그래서 삼성전자의 파운드리 부문을 분리시켜 고객사와의 파트너십을 강화해야 한다는 지적이다. 삼성전자 생산 목록의 상당 부분은 글로벌 공룡기업들과 경쟁해야 하기 때문이다. 참고로 SK하이닉스는 100% 자회사 형태로 파운드리 사업부를 분리 독립시켜 독자적인 노선을 걷고 있다.

반도체 경쟁은 인공지능 AI 반도체에 달려 있다

―――

미국 반도체 업체인 텍사스 인스트루먼트Texas Instruments, TI의 기술개발 부서에서 1958년부터 25년간 근무하다 1987년 대만에 돌아와 TMSC를 설립해 세계 최대 파운드리 업체로 키워낸 모리스 창은 대만 업계에서 전설적인 인물로 통한다. 창은 "삼성전자가 TSMC의 파운드리 아성을 넘기는 어려울 것"이라고 잘라 말했다. TSMC는 2018년 대만 남부 타이난시 사이언스파크에 약 400억 달러 규모의 신규 생산 라인 건설에 착수해 2021년 초엽부터 애플의 신형 아이폰에 장착될 AP칩용 5나노 공정의 반도체를 독점 양산하고 있다.

현재 5나노급 반도체 칩 생산이 최신 공정 기술이다. 하지만 3나노급, 2나노급에 대해서도 TSMC는 2~3년 안에 양산한다는 목표를 잡고 있다. 반도체 기술 경쟁에서 정점에 이를 것이다. 앞에서 설명했듯이 삼성전자는 향후 10년간 매년 100억 달러, 총 1160억 달러약 129조 원 규모의 투자를 계획하고 있다. 이 가운데 800억 달러를 선도 공정 기술 개발에 투자할 계획이다. 총 1만 5,000명 이상의 반도체 설계 · 제조 분야 신규 엔지니어도 고용할 것이며, 거래 기업도 다변화할 것이다. 선도 공정 기술 개발과 관련해서는 극자외선 EUV 리소그래피 공정 개발에 투자를 집중할 것으로 알려졌다.

향후 첨단 주문형 AI 프로세서에 대한 수요가 폭증할 것이다. 전문가들은 반도체 기술 전쟁의 결말을 인공지능 반도체에서 찾고 있다. 미래 고부가 가치 반도체로 꼽히는 인공지능 반도체를 누가 얼마나 고성능으로 제조하느냐는 점이다. 삼성이 메모리 1등, 파운드리 2등에 안주하느냐 아니면 이 둘을 결합해 독보적인 세계 최고 반도체 회사로 도약하느냐의 승패는 AI 반도체에서 갈릴 전망이다. 시장조사 업체 가트너는 올해 121억 달러 규모인 AI 반도체 시장이 2023년 343억 달러로 3배 가까이 성장할 것으로 전망한다. 2030년 무렵에는 AI 반도체 시장은 예상할 수 없을 만큼 수요가 폭증할 것이다. 인공지능이 움직이는 회사, 자동차, 대중교통, 편의시설 등은 인공지능 반도체를 필요로 한다. 규모도 엄청날 것이다. 지난 19~20세기 인간 삶의 모든 분야에 석유가 소요되었듯이 AI 반도체 역시 그러할 것이다.

전문가들은 무엇보다 반도체 분야를 선도하기 위해서는 기술 인력 확보와 더불어 생태계 조성을 촉구하고 있다. 앞에서 설명했지만, 삼성전자는 엔지니어 확보에서 TSMC에 크게 뒤져 있다. TSMC는 파운드리 시장의 지배력을 강화하기 위해 인력을 크게 늘려 잡고 있다. TSMC의 임직원 규모는 현재 5만 1,000명인데 향후 6만 명을 넘을 것이다. 다만 TSMC 측에서는 새로운 고민이 생겼는데, 핵심 공정 인력이 꾸준히 중국 파운드리 업체로 유출되고 있다는 점이다. 현재 삼성전자 파운드리 사업부의 인력 규모는 1만 4,000명 수준이다. 엔지니어 규모에서 삼성전자와 TSMC의 격차는 계속 확대될 것이다. 이 때문에 삼성전자는 파운드리 사업의 경쟁력 확보를 위해 향후 1만 명 이상의 엔지니어를 채용해야 할 것이다.

향후 삼성의 파운드리 생산 라인은 7개 라인으로 구성될 전망이다. 기흥2개, 화성3개, 오스틴1개 등 6개이며, 2021년부터 평택 라인이 추가되어 7개의 라인을 보유하게 된다. 여기에 소요될 첨단 엔지니어 인력이 대규모로 필요하다. 동시에 삼성은 7나노, 5나노, 3나노 공정을 위해서는 EUV 장비부터 확보해야 한다. 첨단 반도체 제조에는 극자외선 EUV 기반의 제조 기술을 확보해야 한다. 첨단 반도체를 생산하는 EUV 장비 역시 TSMC가 훨씬 많다.

TSMC는 현재 30~35대 규모의 EUV 장비를 갖고 있는데, 이는 전 세계 EUV 장비의 60%를 넘는 보유 규모다. 향후 40대 이상을 확보해서 세계 시장을 석권한다는 목표를 잡고 있다. 네델란드 기업 ASML이 EUV 장비를 제작해 독점 공급하고 있다. 그러나 생산 대수가 한정되어 반도체 메이커들은 이 장비를 공급받는데 목매달고 있는 상황이다.

삼성이 보유한 EUV 장비는 15대 안팎이다. 그나마 2021년에 발주할 물량도 10대 안팎이다. 결국 2021년 이후 5나노급 공정에서 파운드리 점유율은 두 회사가 ASML로부터 얼마나 더 많은 EUV 장비를 공급받느냐에 따라 결정될 것이다.

전 세계 반도체 업계에서는 2020년 이후 글로벌 파운드리 시장에서 TSMC의 경쟁력과 지배력은 더욱 확고해질 것으로 전망한다. TSMC의 강점은 오로지 파운드리에 특화되어 있다는 점이다. 고객사의 니즈를 만족시키는 능력이 탁월한 것으로 인정받고 있다. 그러면서도 남의 기술을 훔치지 않는 회사로도 유명하다. 파운드리 업계에서는 기술력 못지않게 기술 유출을 걱정하지 않도록 신뢰감을 생명으로 여기고 있다. 팹리스 파트너가 자사의 신제품을 생산 위탁할 경우, 설계의 대부분을 파운드리 업체와 수개월 이상 공유해야 한다. 충분히 기술 유출이 가능한 환경과 시간이다. 하지만 TSMC는 설계 기술을 유출해 독자적으로 생산하려는 시도를 한 적이 거의 없다.

이에 반해 삼성전자는 파운드리 업계의 후발주자로서 10여 년이란 짧은 시간에 세계 2위로 올라섰다. 잘 알려져 있는 것처럼 삼성전자는 파운드리에 국한되어 있지 않다. 미세 공정의 원가 절감과 성능 개선에서 노하우를 쌓아온 강점이 있기에 단숨에 2위 파운드리 업체로 올라섰다. 삼성전자 매출에서 메모리 반도체 비중은 여전히 막중하다. 동시에 점차 적용 분야가 무궁무진 확장될 시스템 반도체 시장에 미뤄볼 때, 삼성전자의 파운드리 사업은 지속 확장될 것이다.

하지만 종합 반도체 메이커라는 장점은 곧 단점이 된다. 무엇보다 삼성전자와 경쟁 관계에 있는 다른 팹리스 업체들의 신뢰를 더욱 굳건하게 만들기는 어렵다. 경쟁 관계이기 때문이다. 예컨대 삼성전자는 스마트폰 갤럭시 시리즈에 탑재되는 AP인 엑시노스를 생산한다. 이는 애플의 AP인 'A시리즈', 퀄컴의 모바일 AP인 '스냅드래곤 시리즈'와 정확히 겹친다. 애플 입장에서 보면, 초미세 공정 부분에서 특허로는 공개되지 않는 첨단 AP칩 노하우가 고스란히 넘어갈 수 있음을 우려할 것이다. 글로벌 메가테크 기업들이 삼성에 주문형 반도체의 발주를 꺼리는 주요인이 이것이다. 삼성은 이런 측면을 고려해 비즈니스와 생산 전략을 수립해야 할 것이다. 이런 점에서 공생 관계를 유지하고 있는 TSMC와 삼성전자는 비즈니스 양태에서 다르다.

삼성전자, 새로운 기술로 승부할 것

———

삼성전자와 TSMC 양사의 기술 경쟁은 향후 7나노, 5나노, 3나노, 그리고 2나노 이하급으로 계속 확대될 것이다. 삼성전자는 분명히 후발주자의 핸디캡을 안고 있다. 2020년 2분기 기준, 파운드리 시장점유율은 TSMC가 51.5%, 삼성전자가 18.8%, 미국의 글로벌 파운드리Global Foundry가 7.4%, 대만의 UMC가 7.3%를 차지하고 있다. 3분기에는 TSMC 53.9%, 삼성전자 17.3%로 차이가 더 벌어졌다. 두 회사가 대략 70% 이상의 점유율을 차지해 글로벌 시장을 과점하고 있는 상황이다. 특히 첨단 모바일 AP칩, 시스템 로직 반도체 등에 필요한 10나노 이하급 초미세 공정을 실행할 수 있는 기업은 TSMC와 삼성전자뿐이다. 즉 두 회사는 차세대 반도체 칩 분야에서 숙명의 라이벌이 될 수밖에 없다.

여기서 잠깐 삼성전자의 반도체 기술 개발 순서를 짚어본다.

우선 5나노 공정 부분이다. 지난 2019년 4월 5나노 공정 개발에 착수하고, 7나노 공정 반도체를 출하한다고 발표했다. 이어 올해 1분기부터 퀄컴이 위탁한 EUV 기반 5나노 반도체 칩의 양산에 들어갔다. 예컨대 5나노 공정으로 제곱밀리미터당 탑재할 수 있는 트랜지스터 밀도는 TSMC가 1억 8,500만 개. 삼성전자는 그보다 뒤떨어진 1억 3,300만 개 수준이지만 실제 활용에서는 별 차이가 없다.

이어 3나노 부분이다. 지난 2020년 1월 삼성은 3나노 공정 기술 개발에 들어간다고 선언했다. 3나노 공정 반도체는 5나노 공정보다 칩 면적이 35%가량 줄이고, 소비전력도 50% 절감되며, 처리 속도는 30% 향상되는 장점을 갖고 있다. 늦어도 2022년 상반기까지 삼성은 3나노 공정 제품의 양산에 들어간다는 계획이다.

삼성전자는 기술력에서 TSMC를 따라잡는다는 계획에 따라 선도적 공정 개발에 집중하고 있다. 반도체 메이커들은 2030년대에 가까워질수록 GAA FET를 비롯한 신개념 아키텍처와 극초미세 공정 기술 개발에 나설 것이다.

GAA FET 공정은 삼성전자가 특화한 기술이다. 이 기술을 앞세워 삼성전자는 파운드리 시장의 판도를 뒤흔들 것으로 업계는 내다보고 있다. GAA FET 공정은 gate all around GAA FET 개념이다. GAA FET 개념은 2021년 3나노 공정부터 삼성전자가 파운드리 프로젝트에 적용하는 기술이다. GAA는 전자가 흐를 공간을 3차원 정도가 아니라 360도로 만들어 더 작은 공간에서도 전자가 지날 공간을 확보하는 기술이다. 당연히 GAA FET에서는 전류 흐름을 종래 재품에 비해 더 세밀하게 제어할 수 있다. 동시에 훨씬 적은 전력을 사용해 소비 전력 효율을 높일 수 있다.

다만 GAA FET는 10나노급과 7나노급 이하 공정에서는 경제성이 없다. 그러나 GAA FET 기술이 5나노 이하 EUV 리소그래피 기술이 안정화되는 단계에서는 경제성이 있다는 것이다. 5나노 공정 기술은 7나노 공정과 비교해 물리적 공간을 45% 이상 절감하고, 소비전력도 50% 절감되며, 성능은 35% 개선되는 효과가 있다고 한다. 바로 앞에서 5나노 공정 반도체와 3나노 공정 반도체를 비교해 보았다. 삼성은 3나노 이하급의 차세대 공정이라는 최첨단 기술을 토대로 AI, 자율주행, IoT 분야로의 고객사 확대에 집중할 것이다. 소형화를 지향해야 하는 생활 밀착형 로봇에는 안성맞춤인 반도체다. 앞으로 인간 삶의 상당 부분을 생활 밀착형 로봇이 대체하게 될 것이다.

반면 TSMC는 기존 방식으로 3나노 공정에 집중한다는 계획이다. EUV 리소그래피 기술이 점차 안정화됨에 따라, GAA FET 기술과 비교해도 경제성이 있다는 것이다. 그러나 업계에서는 이 같은 TSMC의 전략이 성공할지 확신하지 못하고 있다. TSMC도 2나노 공정 이후부터는 삼성의 GAA FET 기술을 채용한다고 밝혔는데, 과연 얼마나 비용 절감과 성능 개선을 이뤄내 삼성전자와 대결할지 주목된다.

시스템 반도체 업계에서는 2021부터는 팹리스-파운드리 분업 구조가 굳어질 것으로 전망한다. 설계 회사와 제조 회사로 특화된다는 의미다.

특히 10나노미터 이하의 초미세 공정을 필요로 하는 시스템 반도체 칩의 수요는 급증할 것이다. 맞춤형-지능형 반도체, 인공지능 스마트 칩 생산, SoC 칩 등 첨단 반도체에 시장의 요구가 다양할 것이다. 삼성전자는 SK하이닉스, UMC, SMIC, 글로벌 파운드리, 인텔의 거센 추격을 받을 것이다. 하지만 기술력에서 1~2세대 이상 앞서 있어서 상대적으로 앞선 기술력을 유지할 것으로 업계에서는 전망하고 있다.

또한, 삼성전자 파운드리는 TSMC의 생태계에 도전하기보다는 새로운 제품을 원하는 고객 니즈에 맞춤형 제작으로 부응할 필요가 있다. TSMC와 기존 고객사들이 조성한 생태계와 경쟁하기 보다는 다른 차원의 발상이 필요하다는 점이다. 여기에는 새로운 개념의 파운드리 공정 기술 개발, 오픈소스와 다양한 설계 아키텍처를 지원하는 초미세 파운드리 공정 개발이 포함된다. 자율주행차나 IoT, 클라우드 서버 혹은 컴퓨팅 등 특화된, 정교하면서도 원가 경쟁력이 있는 파운드리 기술 쪽으로 추진해야 한다. 전문가들은 LG화학이 자율주행차에 장착될 배터리 제조사를 분할해 별도 법인화로 성공한 사례에 주목할 필요가 있다고 지적한다.

2025년에 대비한 삼성 스마트폰의 전략

삼성전자 스마트폰 사업은 아직 애플에 크게 뒤져 있다 해도 과언이 아니다. 기능이나 품질면에서 애플폰보다는 글로벌 고객들에게 덜 호감을 주고 있는 게 사실이다. 따라서 코로나19 여파로 스마트폰 시장이 침체에 빠지면서 '혁신'은 그 어느 때보다 중요해졌다.

앞으로 폴더블폰이 유행을 탈 것으로 시장에서는 분석하고 있다. 삼성은 최근 2세대 '갤럭시 Z 폴드2 5G'를 선보였다. 마이크로소프트는 폴더블 스마트폰 '서피스 듀오'를 내놓았다. 물론 화웨이, 모토로라 등도 폴더블에 도전장을 내밀었지만 반응은 미적지근하다. 그렇다면 삼성과 마이크로소프트는 왜 폴더블폰을 출시하는가. 스마트폰 시장의 열기는 한풀 꺾였고, 전체 판매량은 전반적으로 감소하는 추세에 있다. 이는 단순히 코로나19 사태 때문만은 아니다. 뚜렷한 매력과 혁신적 제품이 없기 때문이다. 고객들은 기기를 바꿀 동기가 없어지고, 스마트폰의 가격 상승이 겹치면서 스마트폰 교체 주기가 갈수록 길어지고 있다.

이는 안드로이드와 iOS 스마트폰에 모두 해당된다. 평균 12~18개월이던 스마트폰 교체 주기는 점점 늘어나 PC와 비슷한 24~36개월로 길어졌다.

이렇게 성숙 단계로 접어든 시장에서 폴더블과 같은 신제품이 고객 관심을 불러모으고 있다. 판매를 증가시킬 동인이라는 점이다.

폴더블 스마트폰은 프리미엄 제품이기에 마진도 괜찮다. 상대적으로 판매량이 적어도 수익성은 상당하다. 삼성전자는 폴더블 기기를 전 세계에 판매할 수 있는 거대한 이동통신사 및 유통 채널을 확보하고 있다. 앞으로 몇 년간 더 높은 실적과 수익을 보장해줄 수 있다. 그리고 여러 폴더블 주변 제품이 따라붙는다. 가격은 대당 1,300달러로 저렴하며 주로 소셜미디어를 즐기는 밀레니엄 세대를 겨냥하고 있다. 현재 미국에서 갤럭시 Z 플립을 내놓으면서 시장점유율을 확보하고 있는 상황이다.

삼성전자를 세계 초일류 반도체 기업으로 이끈
고 이건희 전 회장과 아들 이재용 회장 (사진: 세계일보)

소니(SONY)

완벽하게 부활한 소니 – '현대 산업사의 산증인'

———

2021년 새해 벽두 신선한 충격을 몰고 온 소식은 소니의 순이익 1조 엔10조 원 이상을 넘어섰다는 뉴스였다. 2014년, 그러니까 불과 6년 전만 해도 '끝없이 추락하는 소니'라는 제목의 분석이 주류였다. 소니는 부활을 넘어 글로벌 기업 혁신의 대명사를 알리는 신호탄이었다. 한국 언론에서는 소니의 부활이 코로나19 사태로 인한 '집콕족'이 늘어났고, 이는 소니 엔터테인먼트 분야 매출 급증으로 이어졌다고 풀이했다. 일부 언론 기사가 늘 그렇듯 이런 시각은 표피적 분석에 불과하다 할 것이다. 도쿄 증시에서는 소니의 주가가 저평가되어 있다고 풀이

한다. 아직도 소니의 미래 비즈니스는 즐비하다는 의미다.

소니의 부활에는 어떤 동력과 CEO의 혜안이 작용했는가. 그룹 해체 위기에 몰린 나머지 몰락 직전 단계까지 갔다가 글로벌 혁신 기업으로 화려하게 재등장한 소니의 역사는 현대 산업사의 산증인 이라 해도 과언이 아니다. 세계를 놀라게 한 또 다른 사례도 있다.

2020년 10월 14일자 미국 유력 경제지 '월스트리트저널wsj'은 소니를 100년 이상 지속 가능성 기업 1위로 선정한 사실을 알렸 다. WSJ는 전 세계 5,500개 상장 기업의 사업 모델, 혁신성, 사회 공헌과 노동, 환경, 경영 방식 등을 감안해 선정했다고 밝혔다. 1 등은 미국 기업 혁신의 아이콘인 애플이나 '미래 산업의 쌀' 반도 체 절대 강자 삼성전자가 아닐까 흔히 상상할 수 있다. 하지만 소 니가 1위를 차지해 세상을 놀라게 했다. 물론 선정 기준에 따라 순 위는 왔다 갔다 하겠지만, 그렇다고 WSJ가 허투루 선정한 것은 아 닐 것이다. 일부에서는 비즈니스 모델의 적중과 시대 흐름에 맞추 는 유연함이라고 풀이한다. 절반만 보면 그렇게 볼 수도 있다. 이 에 대해선 뒤에 자세히 부연 설명을 하겠다.

사실상 '소니의 시대'가 다시 열리고 있다고 해도 과언이 아니 다. 분명 WSJ는 단기적 기업 이익에 연연하지 않는, 중장기적 씨 앗을 심어 가는 소니를 1등으로 지목했다. 2017년부터 소니 CEO 를 맡고 있는 요시다 켄이치로는 "나는 더 나은 소니를 다음 세대 에게 물려주겠다"고 했다. 소니의 경영 철학은 '다음 세대'에 방점이 찍혀 있다. 차세대를 위한 기업이라면 단기적 성과에 연연하지 않고 중장기적 씨앗을 심는 행보일 것이다.

한때 소니는 모든 전자회사의 롤모델이었다. 원래 트랜지스터 라디오, 워크맨, 비디오, CD, 디지털카메라 등 시대를 이끌어간 전자산업으로 세계적인 명성을 누렸다. 41년 전 탄생한 휴대용 카세트 플레이어 '워크맨'은 사람들의 생활 방식을 바꾸는 혁신의 아이콘이었다. 1970~1990년대 청소년기를 보낸 사람들에게 워크맨은 추억을 선사한다. 당시 젊음의 상징이 워크맨이었다. 소니는 1970~1990년대를 거치면서 소니 천하를 열었고 빠른 속도를 성장하면서 전 세계에 소니 스타일이 무엇인지 보여 주었다. 일본 국민의 1인당 소득이 2만 달러, 3만 달러를 넘어가는 와중에는 소니가 중심에 자리 잡고 있었다. 매출로만 따지면 2007년까지 소니의 성장은 계속됐다.

소니의 부활 과정을 살펴보기 이전에 우선 어떻게 몰락의 길을 갔는지부터 간략히 되짚어 본다.

전자산업의 총아라는 명성은 곧 사라졌다. 소니는 2000년을 정점으로 급속히 확산하고 있던 디지털 시대에 뒤처지고 있었다. 특히 2008년 글로벌 금융위기 이후 장기 불황에 빠지면서 몰락의 길을 더욱 재촉했다. 세계 최고 품질을 자랑하던 TV는 천덕꾸러기로 전락했고, 급기야 후발주자 삼성전자와 LG전자에 TV 분야의 선두 자리를 넘겨줬다. 2007년은 스마트폰이 세상에 나온 해였다.

스마트폰에서도 소니는 뒤처졌다. 한때 소니를 성장 모델로 삼았던 애플이 새로운 혁신의 아이콘으로 떠올랐다. 그런 사이 소니의 스마트폰 사업은 '만년 적자'에 허덕였다. 이 때문에 2010년 이후 '소니의 몰락'을 연구 주제로 삼은 보고서나 논문들이 세계 기업 전문가들 분석에 의해 양산되었다.

2009년 1월 14일 소니 실적이 적자로 예상된다는 AP통신의 보도는 일본 증권가를 강타했다. 소니가 '14년 만에 영업 적자'라는 보도에 이어 소니 주가는 불과 한 달 새 88%나 폭락했다. 이럴 때를 패닉 상태라고 하는가. 소니의 적자는 심화되면서 도저히 회생 불가한 것이 아니냐는 평가가 나왔다. 그룹 해체 내지 상장 폐지까지 거론하는 당시 일본 언론의 보도가 나왔다. 삼성전자가 일본의 자존심 소니를 제쳤다고 한국 언론이 대서 특필했다.

가장 비교되는 분야는 전자산업 분야였다. 전자산업에서 "소니는 망하고 삼성은 흥해서 세계를 장악하고 있다"는 부류의 기사들이 넘쳤다. '신판 국뽕' 같은 이런 일부 언론의 호들갑은 절대 믿을 게 아니지만 말이다. 지금에 와서 되짚어 보면 삼성은 성장했고 소니는 망했다고 당시엔 그렇게 생각했다.

현대 산업사에서 소니는 기업의 흥망사를 그대로 보여 준다. 그런 점에서 소니 몰락의 원인을 되짚어 보는 것은 미래 기업의 향방을 예측하는 유익한 방법이다.

소니 몰락의 원인에 대해 일본 전문가들이 내놓은 분석을 정리해 본다.

첫째, 소프트웨어 시장에 대한 늦장 대응이었다. 1979년 시판한 소니 워크맨이나, 20년 후인 1998년 시판한 소니 사이버샷 같은 전자제품은 엄청난 이익으로 소니 신화를 써 내려갔다. 서이버샷은 2007년도 세계 출하 1억 대를 돌파하는 최초의 전자제품이 되었다. 30년가량 이런 안정적인 판매와 높은 이익률은 현실에 안주하게 만들었다. 기업 리스크를 수반할 수밖에 없는 벤처 투자를 최소화하도록 만들었다. 벤처 투자를 거부한 세상의 변화에 늦장 대응하는 단초가 되었다. 애플은 휴대전화을 혁신하는 아이폰을 준비하고 있었고, 세상은 하드웨어에서 소프트웨어 중심으로 급변하고 있었다. 소니는 오히려 리스크를 줄인다면서 당시 대세였던 안드로이드 OS의 도입을 거부했다. 소니가 본격적으로 스마트폰, 소프트웨어 전쟁에 뛰어든 것은 2008년이었다.

애플은 아이폰을 들고 시장에 화려하게 진입하던 시점에 소니는 이제 시작 단계에 들어왔다. 이미 애플이 시장을 장악해 가고 있는 시대였으니 결과는 보나마나였다. 애플이 소니의 몰락의 직접적 원인 제공자라는 해석도 있지만, 그게 아니었다. 세상은 하드웨어에서 소프트웨어, 즉 새 시대로 접어드는 시기였다.

둘째, 무분별한 사업 확장이다. 소니는 1989년 미국 컬럼비아픽처스엔터테인먼트를 사들이며 영화 사업에 뛰어들었고, 유니버설 스튜디오도 사들였다. 엔터테인먼트 사업을 장차 회사의 중추 사업으로 키우겠다는 의지였다. 음악, 영화와 같은 엔터테인먼트 콘텐츠를 대거 확보하는 전략이었다. 나아가 게임 사업에 진출하고 금융업에도 손을 대면서 사업 분야를 방만하게 키웠다. 이렇게 많은 부분에 진출했지만 돈을 벌지 못했다. 소니를 대표할 만한 사업이나 상품, 다시 말해 돈 되는 것을 만들지 못했다. 주력이던 전자 부문에서도 53종이나 판매했지만 뚜렷한 히트 상품이 없었다. 무분별한 사업 확장은 필연적으로 소니 정체성의 훼손을 가져왔고 소니 브랜드의 약화로 귀결되었다.

셋째, '소니 프리미엄'은 가격 거품을 초래했고, 소니 브랜드의 약화를 가속시켰으며 매출 급감을 초래했다. 소니 프리미엄은 소니만의 디자인이나 소니 품질의 우수성으로 인해서 타사 제품에 비해 10~20% 비싸도 판매가 이루어지는 것을 말한다. '소니 프리미엄'은 신기루처럼 사라져 갔다.

넷째, 간단한 애플과 복잡한 소니로 요약할 수 있다. 애플은 iPod, iPad, Macintosh, iPhone이 'iTunes'라는 하나의 플랫폼에서 공유가 가능한 네트워크 서비스를 구축하여 제품 간 융합을 통해 제품 만족도를 높여 주었다. 반면 소니는 네트워크 서비스를 텔레비전, 컴퓨터, 스마트폰, 태블릿 4가지로 나눠서 각자 독자적으로 네트워크 서비스를 구축, 시너지 효과를 볼 수 없었다. 그러다 보니 제품 간 연동이 되지 않아 소비자들은 불편함을 호소할 지경에 이르렀다. 이렇게 융합 서비스에 실패한 이유로 몇 가지가 있다.

우선 전문가들은 1994년부터 시작된 소니의 독립채산제를 지목했다. 독립채산제는 각자 독립 회사처럼 운영해 사업부 간 경쟁의식을 높이고 유연성도 강화하겠다는 취지였다. 하지만 실적은 정반대였다. 각 사업부별 각자도생의 이익 추구로 변질되고, 시너지를 낼 수 있는 기술 공유도 이뤄지지 않았다. 스티브 잡스도 소니의 독립채산제에 대해 '소니는 독립채산제 때문에 애플이 되지 못했다'고 지적할 정도였다.

10년의 구조조정, 기업 혁신의 대명사

———

흔히 소니를 전자회사로 본다. 이는 큰 착각이다. 지금의 소니는 전자회사가 아니다. 지금의 소니는 플레이스테이션, 소니픽쳐스와 소니뮤직을 중심으로 한 게임, 미디어엔터테인먼트 업종이 핵심이며, 글로벌 금융 분야도 강자로 군림하는 첨단 기술기업이다. 현재 소니는 주력 업종을 성공적으로 전환했거나 전환하고 있는 중이다. 전자 부문도 있지만 계열사 수급에 중점을 두는 회사다. 소니의 사업 부분은 G&N game &network, 금융, 영화&음악콘텐츠, 전자기기로 분류된다. 각기 고르게 순이익을 내고 있다. 소니는 분명 과거와 전혀 다른 길을 가고 있다. 솔직히 삼성전자도 소니의 미국에서의 성공을 보고 영상사업부를 만들어 소니의 길을 따라

하려 했다. 하지만 삼성은 별 재미를 못 보고 한계를 느끼자 여지없이 치우고, 반도체, 휴대전화 등 기술기업으로 전환했다.

과연 추락하던 소니는 어떻게 회생의 실마리를 잡았는가. 여기에는 2008년부터 1) 비효율의 제거, 2) 선택과 집중을 위한 비주력 사업의 매각, 3) 주력 사업에의 집중 투자로 요약된다. 소니 회생은 크게 3단계로 나눠진다.

첫 단계는 2008~2011년까지 주로 고비용 구조의 개선이었다. 일반적인 구조 조정기에 해당한다. 두 번째는 2012년 평사원 출신으로 CEO에 오른 히라이 가즈오에 의한 소니 혁신이었다. 세 번째는 2015년부터 이익 극대화를 통한 주력 사업 투자 시기이다.

2012~2014년에 마무리된 1차 경영 전략의 핵심은 구조조정이었다. 히라이 가즈오는 조직 개편과 조직 슬림화를 단행했다. 먼저 '바이오VAIO' 브랜드로 알려진 PC 사업을 매각했다. 저렴한 중국산 노트북과 경쟁할 수 없다고 판단했다. 당시 일본 기업들의 공통적인 문제점 가운데 하나는 고비용 구조였다. 방만한 생산 설비와 고액의 인건비가 대표적이었다. 소니도 마찬가지였다. 소니는 고비용 구조를 바꾸기 위해 생산설비의 축소를 단행했다. 대표적인 생산 거점인 아이치현 이치노미야시 공장, 미국의 피츠버그 테크놀로지 센터 등 5~6개의 공장을 폐쇄했다. 이어 인건비를 줄이기 위해 정규직과 비정규직 등 총 1만 6,000명을 감원했다.

두 번째 단계는 혁신이었다. 2012년 히라이 가즈오는 사업 구조의 재편과 수익 및 성장 동력 기반 마련 등을 시행했다. 소니 신화를 이뤘던 워크맨의 오디오 사업부를 분사하고, 스마트폰 사업부도 축소했다. 2014년 소니 TV 사업부도 별도 회사로 분사하고 5,000여 명에 달하는 인력을 감축했다.

세 번째는 성장 동력 사업에 집중 투자했다. 여기에는 디바이스, 게임, 네트워크 서비스, 픽쳐&뮤직이었다. 디바이스는 고속 성장하고 있는 이미지 센서 사업이 주력으로 선정됐다. 게임과 네트워크 서비스 분야는 플랫폼과 네트워크 유저를 확충하는 플레이스테이션으로 모아졌다. 픽처는 TV 콘텐츠 능력 확충, 뮤직은 스트리밍 사업의 확장에 주안점을 두었다. 2017년 5월 소니의 구조조정은 끝났다. 2017년부터 영업 이익이 나기 시작했다.

지난 2020년 1월 6일 미국 라스베이거스에서 열린 '세계 가전 전시회 CES 2020'에서 소니는 전기·자율주행차 '비전-S'를 선보였다. 소니는 이 자동차에 첨단을 달리는 자사의 이미지 센서 기술과 엔터테인먼트 콘텐츠를 집약했다. 카메라 등 자동차 부품을 생산하던 소니가 자체 자동차를 선보인 것은 이번이 처음이다. 2017년부터 평사원에서 사장에 오른 요시다 겐이치로 CEO는 향후 10년 트렌드는 모바일에서 모빌리티라고 전망했다. 모바일에서 모빌리티는 이후 세계 재계의 화두가 되었다.

소니, 이미지 센서 기술의 선구자

———

 이미지 센서 기술은 구글, 페이스북, 아마존, 애플 등 메가테크 기업들이 매우 탐내는 첨단 기술이다. 빛을 디지털 신호로 바꾸는 반도체인 이미지 센서의 지금 단계의 기술은 0.7마이크로미터 ㎛ 상용화 수준에 있다. 사용자의 얼굴을 인식하는 기계 능력의 가치는 측정이 불가능할 정도로 넓고 깊다. 사람에게 가장 중요한 부위가 눈인 것처럼 이미지 센서는 자율주행차를 비롯한 모든 디지털 기기에서 눈의 역할을 하게 된다.

 사람을 인식하는 기초는 얼굴에 있다. 얼굴 인식의 기본은 사진이다. 사진은 놀랍도록 풍부한 데이터 자원이며 머신러닝 및 AI와 결합한다면 그야말로 가치는 무한하다 할 것이다. 예컨대 셀카는 연령, 성별, 성적 지향, 관계, 취미, 위치, 기타 개인화된 서비스를 제공한다. 기업들은 비즈니스에 유용한 요소를 파악하여 효과적인 표적 광고를 재현할 수 있다. 바야흐로 셀카 촬영과 소셜 공유는 대세로 자리 잡았다. 셀카와 이미지 콘텐츠의 상호 공유는 비즈니스, 마케팅, 인공지능 시대의 핵심 요소로 자리 잡고 있다. 최근 메가테크 기업 소속의 임원들 사이에는 '감시 자본주의 Surveillance Capitalism'란 말이 회자된다. 사용자 데이터를 통해 형성되는 비즈니스를 의미하는 말이다. '감시'란 나쁜 이미지를 연상할 수 있지만, 그보다는 카메라 사용과 데이터 수집 툴을 통한 긍정적인 이미지를 연상할 필요가 있다. 감시 자본주의라는 말 대신, '셀카 비즈니스'란 말이 적절할 것이다. 하지만 셀카로 이뤄지는 비즈니스는 아직 초입 단계에 있다.

최근 구글 소속의 자회사 네스트Nest는 '네스트캠 IQNest Cam IQ'라는 새로운 '셀카 자본주의' 제품을 299달러에 선보였다. 이 제품의 하드웨어는 훌륭하다. 일반 및 고화질 줌 모드로 1080p 동영상을 촬영하는 4K 센서, 고화질 야시경을 위한 적외선 LED 방사체 등을 갖췄다. 더 중요한 것은 소프트웨어다. 네스트캠 IQ는 구글 포토와 동일한 안면인식 기술을 사용한다. 이를테면 카메라의 인식 범위 안에서 걸어 다니는 사람들의 얼굴을 확대하여 촬영할 수 있다. 게다가 사람의 신원도 파악할 수 있다. 외부인이 집에 들어온 경우에는 얼굴인식을 통해 경보를 받을 수 있다.

페이스북의 딥페이스DeepFace 기술은 더 발전한 모델이다. 안면인식 기능이 FBI의 기술보다 뛰어나다는 평이다. 사람이 얼굴을 인식하는 능력보다 페이스북 딥페이스 기술이 더 나은 성능을 보인다고 한다. 예를 들면 페이스북은 사람 얼굴이 보이지 않아도 사람을 인식할 수 있다. 아마존의 에코룩Echo Look도 같은 유형이다. 아마존은 일관된 조명, 음성 제어, AI를 제공하여 고객들이 상품을 쉽게 선택하는 데 도움을 준다.

이 같은 구글, 페이스북, 아마존의 사례는 소비자 대상의 수많은 데이터 생산을 토대로 한다. 소비자들이 스스로 촬영한 사진에서 소비자의 데이터가 생산된다. 소셜 네트워크에 공유되어 유포되는 셀카는 이 모든 정보를 공짜로 제공하고 있다. 사용자의 얼굴, 동행, 활동, 옷차림, 관심 사항, 위치 등 사용자의 경험은 데이터로 축적된다. 사용자 데이터를 토대로 수익을 얻으려는 메가테크 기업들에게 SNS 셀카는 데이터의 금광인 셈이다.

앨빈 토플러Alvin Toffler는 1971년 저서 《미래 충격, Future Shock》에서 사람들은 미래에 수입의 많은 부분을 경험에서 지출할 것이라고 했다. 토플러의 예측이 현실이 되고 있는 것이다. 극장, 호텔, 소매점, 음료 기업, 패션 브랜드 등의 전통적인 기업들도 '경험화experiencification'라는 과정으로 제품과 서비스를 재창조하고 있다. 경험은 사진 촬영에 의해 데이터로 축적되며 비즈니스 기회를 창출한다. 셀카를 위한 무대를 만드는 것이다. 이 경험 경제는 수조 달러 또는 수백조 달러의 가치를 갖게 될 것이다.

카메라와 VTR 등 정밀기기 기술의 첨단을 선도했던 소니는 일찍부터 이미지 센서의 가치를 간파하고 있었다. 빛을 디지털 이미지로 전화하는 반도체, 즉 상보형금속산화반도체CMOS를 이용한 이미지 센서의 원리가 고안된 것은 1960년대 후반이었다. 하지만 실용화된 것은 미세 가공 기술이 첨단화된 1990년대 이후이다. 이제 소니는 CMOS 이미지 센서를 범용 반도체로 제조해 공급하고 가격도 저렴하다. 소니는 2015년 가전 위주의 기존 주력 사업을 정리하고, 4,000억 엔4조 4,000억 원을 투자해 CMOS 이미지 센서 사업에 집중했다. 거대 기업들 중 누구도 이 분야에서는 생소했다. 소니는 초창기에 주로 소니 그룹의 제품인 카메라사이버샷, 알파, 캠코더핸디캠, 시네알타, VAIO 노트북의 Motion EYE 웹캠, 소니에릭슨의 피처폰, 스마트폰엑스페리아 에 이미지 센서를 탑재해 왔다. 최근에는 수많은 카메라, 스마트폰 제조사에 CMOS 이미지 센서를 공급하고 있다. 지금 웹 카메라 대부분에 CMOS 이미지 센서가 탑재되어 있다. 2019년 1분기 기준, 전 세계 CMOS 이미지 센서 시장 점유율을 약 51.07%를 기록하며 글로벌 1위를 기록했다.

이제 소니의 대표적인 성장 사업으로 이미지 센서가 자리 잡았다. 이미지 센서는 스마트폰의 멀티 카메라 채용 흐름에 따라 수요가 무궁무진하다 할 것이다. 특히 이제 막 불붙기 시작한 자율주행차 시장에서 눈 역할을 하는 이미지 센서는 필수품이다. 소니는 애플 등에 CMOS 이미지 센서를 공급하며 확장 일로에 있다.

소니는 '제조 강점'에 집중하고 '기술 혁신'을 이뤄내면서 이미지 센서 시장의 절대 강자가 됐다. 소니를 절대 강자로 올린 이미지 센서 사업은 원래 전자결합소자CCD: Charge Coupled Device 에서 출발했다. 1985년 CCD를 탑재한 카메라 일체형 8mm VTR, 즉 가정용 비디오 카메라는 대히트를 쳤다. 하지만 2015년 이후 CMOS 이미지 센서에 집중하는 전환을 꾀했다. CMOS는 CCD에 비해 화질이 떨어졌지만 CMOS의 성능을 대폭 향상해 이미지 센서 시장을 재패해 나갔다. 이처럼 혁신을 위해서는 그 기초가 되는 제조업에 강점이 있어야 한다. 소니는 이를 기반으로 기술 혁신을 통한 차별화 노력에 심혈을 기울였다. CMOS는 등장한 이래 10~15년간은 대부분 휴대전화 카메라 기술로 활용됐다. 그러나 모바일 시장이 포화되기 시작하면서 성장 속도가 둔화되다가 자율주행, 자동화, 인공지능AI, 머신 비전, 의료 애플리케이션 등에 이미지 센서 활용이 급증하면서 다시 빠른 성장 궤도를 유지하고 있다. 대부분 사용자의 얼굴 인식용으로 사용되며, 웨어러블 기기용 카메라, 3D 비디오, 가상현실VR, 증강현실AR 등에 이용되고 있다.

특히 자율주행, 스마트폰, 사물인터넷IoT 등 첨단 기술 제품에 필수적으로 채용되어 시장 규모는 가파르게 증가할 것이다. 3D 이미지 센서 시장은 2019년 75억 5,000만 달러, 2020년 112억 달러를 기록, 매년 50% 이상 급증할 것으로 예상된다.

소니 경영자 요시다 겐이치로는 "수익성을 유지하면서도 사회적 가치 창출에 두 배 이상 투자한다는 생각"이라면서 "지구와 사회가 건강하지 않다면 기업 역시 존재할 수 없다"고 말했다. 소니의 경영 철학을 읽을 수 있다.

현재 이미지 센서는 소니가 45%, 삼성이 20% 등 두 회사가 65% 이상 장악한 가운데 SK하이닉스가 뛰어들었다. SK하이닉스는 픽셀 크기 가로·세로 0.7㎛의 6400만 화소 제품을 연내 출시할 계획이다. 픽셀은 빛을 받아들여 이미지를 구성하는 최소 단위다. 픽셀 크기가 작을수록 이미지 센서 크기가 줄고, 고화소를 구현하는 게 쉬워진다. 업계에선 픽셀 크기를 최소화하면서 화질 손상이 없는 이미지 센서 개발 경쟁이 치열하다. 삼성전자는 2019년 9월 0.7㎛ 픽셀 이미지 센서를 출시했다. 현재 0.6㎛ 제품을 개발 중이다.

앞서 SK는 2019년 하반기 1.0㎛ 픽셀 기반 2000만 화소 제품을 내놓으며 '프리미엄 시장'에 진입했다. 작년엔 0.8㎛ 픽셀의 4,800만 화소 제품을 개발해 글로벌 스마트폰 업체에 납품하기 시작했다. 시스템 반도체 사업 중 이미지 센서에 공을 들이는 이유는 성장성 때문이다. 자율주행차, 로봇, 스마트 가전, 증강현실AR, 가상현실VR 기기의 핵심 부품으로 자리 잡고 있다.

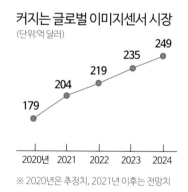

커지는 글로벌 이미지센서 시장
(단위:억 달러)

2020년	179
2021	204
2022	219
2023	235
2024	249

※ 2020년은 추정치, 2021년 이후는 전망치

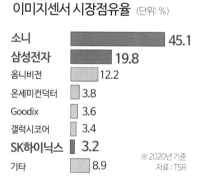

이미지센서 시장점유율 (단위: %)

업체	점유율
소니	45.1
삼성전자	19.8
옴니비전	12.2
온세미컨덕터	3.8
Goodix	3.6
갤럭시코어	3.4
SK하이닉스	3.2
기타	8.9

※ 2020년 기준
자료 : TSR

융합 시너지 효과에 집중하는 소니

———

글로벌 메가테크 기업인 애플, 구글, 아마존, 페이스북의 공통점은 융합을 통해 새로운 가치를 창출한다는 점이다. 이들 기업은 공급자 중심의 기존 산업과 제품군에서 소비자 중심의 복합 산업으로 새로운 시장을 창출했다는 점이 또다른 공통점이다. 이를테면 이런 부류이다.

애플은 아이팟, 아이폰, 아이패드 등의 디바이스를 제조하고 판매하는 데 그치지 않았다. ITunes라는 음원 시장과 애플스토어라는 애플리케이션 시장을 열어 놓고 콘텐츠를 이들 디바이스에 접목시켜 거대한 시장을 만들어 냈다. 온라인 쇼핑몰의 강자 아마존 또한 인공지능 스피커 알렉사와, 상품 자동 주문 IoT 버튼 '대시' 등의 디바이스를 접목해 시장 지배력을 강화했다. 검색 서비스로 시작한 구글 역시 '안드로이드마켓'을 통해 콘텐츠 플랫폼으로 진화했으며, 노키아를 인수해 애플처럼 디바이스의 제조 판매와 콘텐츠의 융합을 꾀하고 있다.

이보다 앞서 소니는 제조업과 소프트웨어 등 다양한 사업부를 거느렸지만, 각 사업부 간의 독립성을 지나치게 강조하고, 그룹사끼리 경쟁하다 뒤처진 기업의 한 유형이다. 소니는 '플레이스테이션'과 PSP용 영화 서비스 사업을 갖고 있었지만, 융합의 시너지 효과를 내는 데 실패했다. 융합Convergence이란 기존의 가치를 파괴하지 않은 토대 위에서 새로운 가치를 창출하고, 영역 확대와 기능 통합을 꾀하는 쪽으로 가야 한다. 그런데 소니는 종래 사업부의 가치에서 새로운 가치 창출에 실패했다.

앞에서 설명했듯이 이제 소니는 전 세계 전자산업을 호령하던 당시 확보한 콘텐츠로 사업 확장에 나서 결실을 보기 시작했다. 이를테면 'EMI 뮤직퍼블리싱'이라는 음원 회사를 인수하며 세계 최대의 뮤직퍼블리싱 회사로 자리매김했다. 소니는 또한 세계 최대의 독립 스튜디오이기도 하다. 영화 〈쥬만지〉와 같은 리메이크 가능한 수많은 콘텐츠 라이브러리를 보유하고 있다. 그야말로 앞으로 콘텐츠의 강자로 군림할 것이다. 예를 들면 소니 픽처스는 마이클 잭슨, 브리트니 스피어스, 저스틴 팀버레이크, 휘트니 휴스턴 등의 콘텐츠 라이브러리를 거느리고 있다.

이러한 콘텐츠 확보는 콘텐츠가 절실히 필요한 시대에 이르러 빛을 보기 시작했다. 소니는 2015 회계연도부터 흑자로 돌아선 이후 서서히 상승세를 타기 시작했다. 2002년 이후 17년 만에 최고치를 기록한 이후, 마이너스 80%까지 추락했던 소니의 주가는 2012년 11월 이후 올 2월까지 9.6배나 상승했다. 하드웨어와 소프트웨어의 융합으로 인해 각 분야 사업이 연계되는 '원 소니One Sony'의 확립으로 시총 10조 엔약 110조 7,000억 원을 넘길 기세다.

소니 이미지 센서를 추격하는 삼성전자

―――

이미지 센서 반도체 분야에서 양대 산맥을 이루는 소니와 삼성
전자의 경쟁이 점입가경이다. 선도자는 소니이지만 후발주자 삼
성전자의 맹추격이 벌어지고 있는 게 지금의 추세이다.

2020년 5월 소니가 인공지능을 탑재한 이미지 센서 IMX500을
먼저 공개했다. 이에 삼성전자는 화소 수, 자동 초점 모두 현존 최
고 수준인 이미지 센서 아이소셀 GN1 출시로 맞섰다. 이미지 센
서 분야의 신제품 경쟁은 소니의 넓이와 삼성의 깊이로 요약할 수
있다. 소니는 스마트폰을 벗어나 '이미지 센서의 적용 영역'을 넓
히려고 시도하고 있다. 반면 삼성은 이미지 센서 본연의 성능인
화질과 자동 초점 기능을 강화해 '최고의 사진 촬영 기능'을 구현
하고자 한다.

소니는 '이면 조사' 기술을 선도하는 기술을 보유하고 있다. 이
미지 센서 화소부와 회로부의 배열을 바꿔 보다 성능을 높이는 기
술이다. 이 기술을 토대로 소니는 다양한 기능을 추가할 수 있다.
IMX500부터 적용한 기술이다. 이 기술로 인해 IMX500 이미지 센
서는 빛을 받아 전기 신호로 바꾸고, 이 전기 신호를 전송하는 동
시에 다양한 AI 기능을 수행할 수 있다.

지금까지 이미지 센서는 피사체를 보고 정보로 바꾸는 '눈' 역할

을 했다면, AI 칩은 이미지 센서가 만든 정보를 판단하고 분석하는 '두뇌' 역할을 맡게 된다. 이미지 센서는 주로 디지털카메라, 스마트폰 등 광학 기기에 쓰였다. 앞으로 적용될 새로운 응용 분야로는 보안 시스템, 산업용 로봇과 자율주행차 등이 꼽힌다. 소니의 이미지 센서는 향후 자율주행차에서 절대적 강점을 보일 것이 분명하다. 피사체를 보고 저장하는 이미지 센서에서 나아가 피사체를 보고 분석하고 알맞은 작업까지 서비스할 것이다. 이미지 센서가 훨씬 더 많은 일을 수행할 것임을 예상할 수 있다.

이에 질세라 삼성전자는 자동 초점 기능을 탑재한 이미지 센서를 냈다. 삼성전자의 아이소셀 GN1에 채용된 기술이다. 사람의 눈이 두 개인 것은 원근고저를 구분하기 위한 것이다. 삼성은 이같은 원근고저를 자유롭게 구분하는 사람의 눈과 같은 기능을 재현한 것이다. 사람의 눈 두 개의 역할이 그러하듯이 눈이 판별하는 위상차를 빠르고 정확하게 계산해 선명한 상을 만드는 기능이다. 이 기술을 쓰면 모든 화소가 자동 초점 센서가 된다. 일반 카메라의 위상차 자동 초점 개수는 50~100개쯤인데, 삼성전자 아이소셀 GN1의 자동 초점 개수는 1억 개에 달하니 그 정확도나 선명도는 타의 추종을 불허한다. 그야말로 아이소셀 GN1은 눈 역할에 충실한 이미지 센서인 셈이다.

이미지 센서가 아무리 다양한 역할을 한다 해도 피사체를 정확히 보지 못하면 무용지물이다. 정확한 데이터 사진가 있어야 AI도 정확히 동작할 수 있다. 삼성전자는 이미지 센서가 사람처럼 피사체를 정확하고 선명하게 볼 수 있도록 개량하는 전략의 결과 아이소셀 GN1를 개발해 냈다.

소니 IMX500과 삼성전자 아이소셀 GN1의 특징 및 장점은 앞에서 설명한 것처럼 다르다. 따라서 추구하는 가치도 다르다. 삼성의 '고화질 이미지 센서'와 소니의 '다기능 이미지 센서'는 산업용 로봇, 자율주행차 등에 적용되는 필수 조건이다. 삼성은 고화질을, 소니는 다기능을 먼저 선택한 것은 두 회사의 지향점이 다르기 때문이다.

최신 스마트폰에는 뒷면에 카메라 3개가 탑재되어 있다. 선두 스마트폰 업체인 삼성전자, 화웨이는 40메가픽셀 이상의 고해상도 광각 카메라를 탑재하여 화질을 보다 고급화했다. 애플도 지난해 출시한 아이폰11에 카메라 3개를 장착했다. 소니가 공장을 풀가동하는 데도 주문 수량을 못 맞추고 있는 것은 애플의 주문량이 워낙 많기 때문이다. 소니는 일본 나가사키에 2021년 상반기 완공 목표로 이미지 센서 생산 라인을 증설하고 있다. 증설이 끝나면 소니의 CMOS 이미지 센서 반도체 생산량은 현재 월 10만 9,000개 수준에서 13만 8,000개로 늘어난다. 소니는 현재 51% 수준인 CMOS 이미지 센서 시장 점유율을 2025년까지 60% 이상으로 끌어올릴 계획이다. 삼성전자 또한 2030년까지 소니를 따라잡고 이미지 센서 시장 1위에 오르겠다는 포부를 밝혔다. 삼성전자의 12

인치 파운드리 라인 중 20% 이상을 이미지 센서 생산에 배정한 것으로 알려졌다. 디스플레이의 극대화, 테두리 최소화라는 트렌드에 맞춰 카메라 역시 슬림화하고 있다. 이미지 센서도 이에 맞춰 작으면서도 고화질을 구현할 수 있는 방식으로 기술 진화를 거듭하고 있다.

소니는 기술기업이 아니라 콘텐츠 집약 기업이다

———

"소니의 기술력을 토대로 한 창의성에는 한계는 없다."

2021년 1월 11일부터 1주일간 미국 라스베이거스에서 진행된 'CES 2021'의 프레스컨퍼런스에서 요시다 켄이치로 CEO는 이렇게 말했다. 그러면서 자율주행 전기차 '비전-S VISION-S'와 인공지능 드론인 '에어피크 Airpeak', '플레이스테이션5 PlayStation5'를 소개했다. 앞에서 설명했듯이 미래의 비즈니스는 모바일이 아니라 모빌리티에서 창출된다는 것을 제품을 통해 제시하고 있다.

가장 먼저 눈길을 끈 건 자율주행 전기차 '비전-에스 VISION-S'다. 지난해 CES에 이어 다시 등장한 소니의 야심작이다. 현재 자율 운행을 위한 테스트가 계속 진행되고 있다. 지난달부터 기술 평가를 위해 오스트리아의 공공도로에서 시험 주행을 시작했다. 자율주행차에는 물론, 주력 상품 중 하나인 성능 개선이 한창인

CMOS 이미지 센서가 탑재되어 최상의 자율주행 환경을 구현할 것이다.

이어 신형 드론 '에어피크Airpeak가 처음 선보였다. 에어피크는 최신형 알파 카메라를 탑재한 가장 작은 드론이다. 비디오 콘텐츠 촬영과 항공사진 촬영이 주목적이다. 소니 측은 에어피크가 드론 시장의 게임 체인저로 만들 생각이다. 드론에서 가장 중요한 부품은 카메라에 있다. 얼마나 정밀하고 해상도 높은 동영상 및 사진을 구현하느냐가 있는데, 이 분야에서 이미 잘 알려진 대로 소니의 기술력은 독보적이다. 소니의 전문 분야인 카메라이미지 촬영과 드론, 이를 분석해 내는 인공지능의 능력까지 가미한다면 대단한 시너지 효과가 창출될 것이다. 사실상 에어피크는 비디오 크리에이터의 시각적 표현을 돕고 멋진 이미지를 촬영할 수 있는 무한한 잠재력을 갖고 있다.

CES 2021에서 소니는 지난해 12월 출시된 플레이스테이션5이하 PS5도 들고 나왔다. 소니는 프레스컨퍼런스에서 엔터테인먼트 사업을 소개하는 데 시간의 70%를 할애했다. 빌 베글라 소니 픽처스 엔터테인머트 총괄부사장은 "소니 기술 세계의 핵심은 놀라운 디테일로 현실 세계를 포착하고 실시간으로 게임 엔진으로 가져오는 것"이라고 밝혔다. 이를테면 인지 프로세서 XR에 의해 구동되는 브라비아 TV는 혁신적이다. 사용자가 보고 듣는 방식을 복제하도록 설계했다. 사용자의 경험이 TV에 재현되도록 하는 방식인

데 아직 초기 단계에 있다. 이 역시 사람 경험에 기초한 콘텐츠에 중점을 두고 있다.

소니는 과거 기술기업에서 콘텐츠 기업으로 변신을 거듭하고 있다. 왜 소니는 콘텐츠를 중시하는가. 소니는 기술기업이 아닌 콘텐츠 기업이다. 2019년 소니 매출 구조를 보면 가전은 18.32% 비중을 차지하지만, 게임과 음악, 사진, 이미지 프로덕션 및 솔루션을 합친 비율은 45.17%에 달한다. 여기서 게임의 비중만 18.19%에 달했다. 소니는 모든 부분에서 콘텐츠를 제작하고 가전, 모바일, 콘솔 등을 통해 제공하는 자체 생태 구조를 형성해 나가고 있다. 이미 철 지난 얘기지만, 〈스파이더맨〉 판권을 소니가 갖고 있다는 건 콘텐츠 업계에서는 이미 널리 알려진 사실이다. 자율주행차 비전-S는 자동차를 기반으로 새로운 시장을 개척하

요시다 켄이치로 CEO가 에어피크를 소개하고 있다.

려는 목적에 있다. 차량용 인포테인먼트 시장 진출을 위한 발판에 가깝다. 가전 시장에서는 LG전자나 삼성전자가 일본 가전 기업과 비교해 가전 시장에서의 우위를 점하고 있다. 하지만 콘텐츠를 제공하고 수익을 창출하는 고부가가치 산업에 있어서는 소니가 한참 앞서 있다.

알리바바(Alibaba)

알리바바 위기인가 아니면 새로운 기회인가

———

중국 젊은이들의 절반 이상은 알리바바가 구축한 플랫폼에서 하루를 보낸다. 전자상거래에서 물건을 구매하고 음식을 주문하며, 연인에게 꽃다발을 보내고 부모에게 송금하고, 직장의 급여를 받을 수 있다. '중국의 새로운 사회 인프라 기업'을 모토로 한 기업 알리바바가 만든 풍속도이다.

알리바바는 단순한 이커머스e-commerce, 즉 전자상거래 회사가 아니다. 모바일 결제 '알리페이' 회사만도 아니다. 미국 거대 인터넷 기업 아마존을 복사한 듯한 기업이라고 할 수도 있지만, 역할은 아마존이라는 상거래에 그치지 않는다. 대표적으로는 전자상거래 사이트 '타오바오'와 'T몰'을 들 수 있다. 2003년에 만든 거대 e커머스 타오바오는 최적화된 쇼핑 체험을 즐기도록 만들었다. 알리바바의 핀테크 분야 자회사인 앤트그룹이 만든 '알리페이'는 '위챗페이텐센트'와 함께 중국에서 가장 많이 사용되는 국민 결제 솔루션이다. 알리페이는 텐센트와 함께 전자결제 시장을 넘어 예금과 대출 등 중국 국영은행이 주관하던 영역까지 확장하는 기세에 올라 있었다.

또한, 알리바바는 금융의 역할도 한다. 알리페이 결제 후 잔액을 은행 계좌로 반환하지 않고 알리바바 계열사 머니마켓펀드MMF인 웨바오에 투자하도록 유도한다. 웨바오 펀드의 규모는 지난해 6월 기준 2조 5,400억 위안약 424조 원으로 중국 국영은행들이 보유한 일반 예금 규모를 넘어섰다.

알리바바는 중국인 5명 중 3명이 이용하는 '국민 이커머스'일 뿐만 아니라, 10억 명 이용자를 보유한 알리페이의 모기업이다. 또한, 초대형 e커머스 마켓, 핀테크 역량, 글로벌 톱 블록체인 특허 역량을 모두 갖췄다.

이런 앤트그룹이 최근 중국 당국의 눈 밖에 났다. 알리바바의 엄청난 영향력을 전 세계로 확장하면 국력 강화에 도움이 될 텐데 중국 당국은 알리바바를 내리누르고 있다. 왜 그러는지 언뜻 이해할 수 없다.

중국을 마뜩잖게 보는 미국 일본 등 반중 블록의 전문가들은 마원이 실종되었느니 정치적 탄압을 받고 있느니 등등 추측성 기사를 쏟아내고 있다. 정말 중국이 낳은 세계적 경영인 마윈은 탄압받고 있을까. 그 내막을 필자의 지식을 토대로 짚어 보기로 한다.

당국이 마윈을 내리누르는 속사정을 자세히 들여다보면, 알리바바와 중국 당국이 공방을 벌이게 된 배경에 '디지털 화폐'가 있다. 현재 글로벌 기축통화는 미국 달러다. 미국은 돈이 필요하면 마구 찍어내어 전 세계에 유통시킬 수 있다. 1944년 2차 세계대전 종전 직전 플라자협정으로 달러는 서방 세계의 기축통화로 자리 잡게 되었다. 이후 전 세계 금융 패권은 미국이 가지고 있으며 쉽사리 바꿀 수 없는 금융 및 화폐 플랫폼이다. 하지만 시대가 바뀌어서 비트코인의 등장했다. 암호화폐 혹은 가상화폐로 불리는 신세계가 열리고 있는 것이다. 만일 디지털 화폐가 실물 경제로 들어와 기존 화폐를 대체하는 날이 오면 판이 뒤집어질 수 있다. 다시 말해 미국 주도의 금융 패권의 판이 뒤바뀌는 때가 온다는 의미다. 호시탐탐 미국이 만든 플랫폼에서 벗어나고 싶은 중국으로선 천재일우의 기회를 놓칠 수 없다.

우선 1차 목표로서 중국은 2022년 동계올림픽 개최 전까지 디지털 위안화를 발행한다는 목표를 가지고 있다. 2차 목표는 중국 내뿐만 아니라 국가 간 결제도 가능하도록 플랫폼을 구축하는 것이다. 애초 중국은 지난 2011년 이후 국력이 일취월장하던 당시 위안화를 달러와 함께 기축통화로 뿌리내릴 꿈에 부풀었다. 그러나 달러 플랫폼에 밀려 아직 시기상조임을 곱씹고 있었다. 그런 터에 블록체인 기술을 기반으로 하는 디지털 위안화는 중국에 새로운 기회의 토대가 될 수 있다.

현재 중국 중앙은행은 직접 디지털 화폐를 직접 만들어 유통하기 위해 박차를 가하고 있다. 마침 지금 세계 각국은 디지털 화폐가 기존 화폐를 대체하는 작업에 몰두하고 있다. 당연히 종래 화폐 기반 플랫폼들의 훼방이 갈수록 심해지는 형국이다. 그러나 디지털 시대로 넘어가는 와중에 화폐만 뒤처질 수 없다는 다급함이 깔려 있다. 궁극적으로 중국 당국의 목표는 기축통화인 달러의 자리를 '디지털 위안'으로 대체하겠다는 복안이다.

중국 당국이 보급하는 디지털 위안화는 알리페이·위챗페이 등 민간 전자결제 시스템의 힘을 뺄 수 있는 수단도 된다. 전자결제는 소비자가 가진 은행의 예금을 중개해 판매자에게 전달해 주는 게 핵심이지만 그 자체가 '현금'인 디지털 화폐는 중개가 필요 없다. 스마트폰을 이용해 온라인은 물론이고, 오프라인에서도 주위 사람에게 전송할 수 있다. 은행이라는 중간 매개체가 필요 없어지는 날이 곧 올 것임은 분명하다. 중국은 사전 실험도 실시해 보았다. 금융 당국은 지난해 12월 11~27일 총 2,000만 위안약 33억 원의 디지털 위안화를 장쑤성 쑤저우 시민 10만 명에게 200위안3만 3,000원씩 주고 소비 행태를 살펴보는 실험을 했다.

이런 중국의 위안화 기축통화라는 원대한 청사진에 걸림돌이 생겼다. 중국의 야망에 걸림돌이 될 수 있는 잠재적 경쟁자가 바로 알리바바 그룹이다. 알리바바는 기존 플랫폼뿐만 아니라, 블록체인 관련 특허 수가 2020년 4월 기준 2,300개로 세계 1위로 기술력 또한 세계가 인정하고 있다.

사실상 지금은 알리바바나 텐센트와 같은 정보기술IT 기업이 당국의 통제를 벗어날 정도로 덩치가 커졌다. 통제에서 벗어나는 영역으로 간다면 중국공산당은 용납할 수 없을 것이다. 중국 관영 경제연구소들도 민간 금융이 커지면 당국의 금융 정책은 효과를 잃고 기존 은행 및 증권도 위험에 빠질 것이란 분석을 내놨다. 당연히 중국 정부로선 호랑이 새끼를 키웠다고 생각할 수 있다.

지금 상황만 놓고 보면 마윈의 앞날에 먹구름이 잔뜩 끼어 있는 형국이다. 얼마 전까지만 해도 중국 당국과 우호적 관계를 가지고 젊은이들의 우상이었다.

중국 금융 당국과 알리바바의 첫 번째 파열음은 마윈의 비판 발언이었다. 마윈 전 알리바바 회장은 작년 10월 '상하이 와이탄 금융서밋' 기조연설에서 당국의 간섭과 규제로 의한 중국 금융 시스템은 발전할 수 없다는 취지로 발언했다. e커머스에서 시작해 핀테크와 블록체인의 거물이 된 알리바바를 보면 중국 당국이 두려움을 느낄 만도 하다. 마윈의 10월 와이탄 연설은 이런 우려에 기름을 부은 꼴이 되었다. 화폐와 금융에 관한 주도권은 국가 권력의 핵심이다. 그런데 지금까지 중국의 상황을 보면 디지털 금융은 민간 기업들을 중심으로 급속도로 성장해 왔다. 앞으로 어디까지 성장할지 엄청난 인구를 감안할 때 가늠하기도 쉽지 않다.

곧바로 중국 당국은 규제의 칼날을 들이대기 시작했다. 지난해 11월부터 알리바바의 주가는 급락했다. 창업자 마윈馬雲의 순자산은 지난 연말까지 뉴욕 증시에서만 110억 달러약 12조 원 가까이 폭락했다.

사람들은 서서히 알아차리기 시작했다. 중국 당국의 알리바바 때리기는 디지털 위안화를 키우기 위한 사전 작업이라는 것을 사람들은 간파한 것이다. 민간 기업이 장악한 전자결제 시장을 정부 중심의 '디지털 위안화'로 재편하려는 의도가 숨어 있다는 것도 확실해졌다.

지금 중국에서도 전 세계와 동조화되어 비트코인 열풍이 거세게 불고 있는 상황에 있다. 디지털 금융 기술인 '핀테크'가 위협적으로 보이는 이유이다. 그렇지 않아도 민간 기업의 기술과 인프라는 이미 정부와 제도권 금융기업들을 중심으로 판이 짜인 기존의 화폐와 금융 시스템을 넘보고 있는 것이다.

이는 전 세계 정부들도 같은 고민에 빠져 있다. 중국뿐 아니라 미국, 한국 등도 긴장하면서 추이를 주시하고 있는 형국이다. 아울러 각국 중앙은행은 디지털 화폐CBDC 발행과 관련해 주도적으로 연구에 나서고 있다. 미국을 포함한 전 세계가 최소한 물밑에서라도 국가 주도의 디지털 화폐 시대를 맞이할 준비를 하고 있다. 이제 이 '화폐 전쟁'은 국가 간 싸움일 뿐 아니라 정부와 기업 간의 금융 플랫폼 빼앗기 싸움이기도 하다.

앞으로 중국 당국의 강력한 견제 속에서도 막강한 잠재력을 가진 알리바바가 어떤 복안을 갖고 대응할지 흥미롭다.

각국은 핀테크 기술력과 암호화폐 관련 블록체인 산업을 육성하고 경쟁력 확보를 위해 민간 분야 지원에 나서고 있지만, 자칫 금융과 화폐의 패권을 민간에게 빼앗길 수도 있다는 딜레마에 처해 있다. 중국 정부가 디지털 위안의 잠재적 경쟁자인 비트코인을 적극 배척하는 배경이 여기에 있는 것이다.

여러 정황상 결국 빅테크 기업 알리바바와 중국 당국이 외나무다리에서 만날 수밖에 없었다. 정보력과 기술력에서 훨씬 앞서고 있는 빅테크 기업이 주도권을 갖게 될 것인지, 아니면 힘과 권력을 가진 정부가 갖게 될 것인지 불명확하다. 그러나 미래 엄청난 이익이 되는 먹거리를 놓고 대결은 필요 불가결하다. 중국 정부의 공격을 받고 젊은 세대들도 외면하고 있는 알리바바의 운명은 과연 어떻게 될까.

이런 상황을 이해한다는 것은 향후 세계 화폐 시장, 나아가 금융 패권의 향방을 예측해 볼 수 있다는 점에서 중요한 포인트이다.

우선 알리바바가 처한 환경을 짚어 본다. 현재 알리바바 경영진은 미래 잠재 고객인 중국 10대들까지 당국의 홍보로 인해 더 이상 자신들의 편이 아니라고 보고 있다. 그런 측면에서 알리바바는 전 세계로 시장 확대를 모색하고 있다. 하지만 아직 알리바바의 글로벌 시장 공략이 순조롭지 않다. 중국 전체에 밉보인 알리바바는 이 난국을 고통스럽게 헤쳐나가야 할 상황이다. 만약 알리바바가 중국 정부와 정면으로 대결하겠다면 판을 크게 키워야 할 것이다. 민간 디지털 화폐의 패권 장악, 다시 말해 알리바바가 핀테크와 블록체인 역량을 준비해 온 것을 기반으로 글로벌 암호화폐 주도권을 장악하는 시나리오를 그려볼 수 있다.

알리바바에 닥친 이번 위기는 오히려 알리바바에 내재된 리스크가 전면에 드러나 불확실성이 걷혀졌다는 분석이 더 많이 나오고 있다.

지난해 말, 중국 금융 당국이 알리바바에 대해 반독점 조사에 착수한다고 밝힌 이후 마윈은 일부 국유화 발언을 했다. 이를 뒤집어 보면 중국 금융 당국이 알리바바에 대해 통제권을 갖게 되는 것이다. 상호 타협 내지 협의가 가능하다는 역설이 성립할 수 있다. 과연 중국 당국이 알리바바를 그대로 무너뜨릴까. 대부분의 관계자들은 오히려 알리바바에 위기는 곧 기회라는 조언을 하고 있다.

왜 그럴까. 우선 중국 핀테크 기술은 알리바바와 텐센트로 양분되어 있다. 알리바바를 압박하다는 것은 텐센트에 독점권을 주게 된다. 그렇다면 중국 당국은 또 다른 리스크를 안게 될 것이며, 이는 중국 국민들이 바라는 바가 아닐 것이다. 특히 경쟁 체제가 아니라면 중국 정부는 물론, 선택권이 없는 일반적 국민은 특히 바라는 바가 아니다.

또한, 알리바바는 미국에 상장되어 있어 외화 조달의 주요 창구이다. 중국 경제가 걸음마 단계이던 위안화 약세 시절, 그리고 중국 기업들이 홍콩 증시에 상장할 당시 알리바바의 역할은 요긴했다. 달러가 필요하면 즉시 알리바바는 달러를 들여오는 창구 역할을 했고, 중국의 대외 신용도를 높여 주는 역할을 했다. 특히 앤트 파이낸셜의 IPO를 계속 무산시킨다면 중국 국민들은 정부 주도의 자본시장에 대한 신뢰를 접을 것이다.

또한, 알리바바는 해외에 많은 기반을 갖고 있다. 알리페이는 세계 어디에서든 결제할 수 있는 시스템을 갖추고 있다. 미국의 대중국 포위망이 좁혀져 오는 상황에서 알리바바 만큼 해외 기반이 탄탄한 중국 기업도 찾아보기 어렵다. 알리바바를 통해 얻는 해외 기업들의 정보력 또한 무시할 수 없다.

정리하면 중국 당국은 알리바바 문을 닫거나 몰아낼 필요도 그럴 의지도 없다. 내수 시장 진작을 위해 안간힘을 쏟고 있는 중국 정부 입장에서 중국 소비의 절반을 점유하고 있는 e커머스 플랫폼을 없앨 이유가 없다. e커머스 규모는 더욱 커지고 있으며 클라우드나 다른 연관 산업 분야의 볼륨도 점점 커지고 있다. 알리바바가 앞으로 무궁무진한 사업 아이디어를 가지고 있다는 측면에서 볼 때, 중국 정부가 알리바바에 일정 수준 개입한다면 앞으로 알리바바의 권력 리스크는 크게 해소될 가능성이 높다.

여러모로 중국 당국에서 볼 때 알리바바는 디지털 위안의 e커머스 파트너로 최적이다. 따라서 알리바바의 전망은 어둡다고 볼 수 없다. 적절한 수준에 타협안을 찾을 것이며, 알리바바는 세계 최대의 탄탄한 소비 기반과 권력의 지지 아래 날아갈 것이라고 기대하는 전문가들이 더 많다.

알리바바는 중국의 새로운 사회 인프라 기업의 모델

———

드넓은 땅덩어리의 중국에서 물류 네트워크의 구축은 필수적이다. 국민들은 500달러 미만의 소득에서 이제 3,000~4,000달러 전후로 소득을 구가하고 있다. 부자들이 엄청나게 늘었다. 그러나 아직도 전근대적인 환경에서 살고 있는 농민들은 질 좋은 제품이나 서비스를 얻기 위해 대도시로 나가야 한다.

이런 문제를 해결하는 수단이 바로 알리바바의 '농촌 타오바오'이다. 농촌 타오바오란, 네트워크 보급률이 낮은 농촌 지역에서 구매자와 판매자의 양측을 대상으로 하는 일종의 서비스 거점이다. 2016년 당시 자료에 따르면 1만 6,500개 마을27개 성. 333개 군 에 농촌 타오바오 거점이 마련되어 있다.

소비자가 휴대전화 등으로 상품을 주문하면 소비자는 물과 30

분 내지 길어야 1시간 이내에 인근 타오바오 거점에서 구매할 수 있도록 네트워크를 구축하고 있다. 또한, 지역 농민이 판매자가 되기도 한다. 농촌 타오바오를 거점으로 해서 농작물 등 현지의 특산품을 인터넷망을 통해 전국으로 판매할 수 있다. 농촌 타오바오는 일종의 e커머스 배송 거점이며, 지방의 편의점 역할을 하기도 한다. 농촌 타오바오에 의해 한 해 동안에만 100만 명의 고용이 창출되었다는 보고가 있다. 중국의 지방 활성화에 필수적이 인프라로 인식되고 있다.

알리바바가 사회 인프라형 기업으로 하는 다른 것은 물류 서비스는 '차이냐오 네트워크Cainiao Network'이다. 1일 평균으로 300억 위안연간 10조 위안=약 2,000조 원의 전자상거래를 지원하는 시스템이다. 이를 토대로 24시간 배달 가능한 전국망의 물류 네트워크를 구축했다. 해외로의 물류망도 구축했다. 이를 위해 차이냐오는 일본통운, 미국 우정공사와 각각 협약을 맺고 해외 물류망을 갖추고 있다.

알리바바 클라우드는 AWS와 동등한 수준의 인프라를 가지고 있다. 세계를 19개 리전으로 나눴다. 리전은 지리적으로 독립된 지역과 56개의 독립된 데이터 수집 거점으로 구성되어 소비자 정보를 수집해 분석해 내는 시스템을 갖추고 있다.

자동차와 도시를 연결하는 '알리OS'도 일종의 인프라 시스템이다. 기술적인 콘셉트는 아마존의 알렉사나 구글의 어시스턴트와 유사하다. 알리OS는 오픈 플랫폼이라는 특징을 갖고 있다. 예를 들면 중국의 자동차 메이커인 상하이자동차가 개발 중인 자율주행 전기자동차에 탑재되도록 준비하고 있다. 그 외에 미국의 포드와도 협력하고 있다. 중국 시장을 겨냥한 포드의 전기자동차에 알리OS가 사용될 것이며, 프랑스의 푸조도 중국 현지 법인이 전기자동차를 개발하는데 알리OS를 채용하고 있다.

알리바바의 궁극적 목표는 중국이 모든 도시를 알리OS로 묶는 것이다. 자율주행뿐만 아니라 교통·수도·에너지 같은 인프라 등 도시에 관한 정보를 수치화하여 빅데이터로 만들어 낸다. 이 정보들은 교통 체증의 해소, 경찰 출동이나 구급 대응, 도시계획 등 국민과 사회에 최적의 솔루션을 제공하는 데 사용될 것이다. 중국 정부의 2050년 목표인 전 중국 도시의 스마트시티 프로젝트에 알리OS가 필수 채택될 것이다.

알리바바 본사가 있는 항저우의 알리바바파크 주변에서는 이미 스마트시티가 구축되어 있다. 주거지의 옥상에는 전기를 생산하는 태양광 패널 등 청정 에너지 생산 시설이 있다. 향후 중국의 미래 도시의 모델로 채택될 것으로 보이는 시스템을 알리바바가 미리 구축해 놓은 것이다.

유니콘 기업을 성장시키는 유니콘 인큐베이터의 실천

———

지금까지 알리바바의 주요 사업 분야에 대해 큰 덩치의 프로젝트만 개략적으로 살펴보았다. 알리바바가 아마존 따라 하기 기업이란 이미지가 있었지만, 중국의 사회 인프라 기업이란 콘셉트는 주목할 만하다. 몇 가지 점에서 오히려 아마존이 따라 해야 할 것들이 알리바바에서 개발되고 있다.

그것들 중 하나는 유니콘 기업을 인큐베이팅한다는 점이다.

미국의 기업 조사 업체인 CB Insights의 2017년 말 조사에 의하면, 창업 10년 안에 시총 10억 달러를 돌파한 유니콘 기업이 중국에만 47개 기업이 있다. 이 가운데 알리바바그룹이 7개나 갖고 있다. 이는 알리바바의 기업 경영 마인드를 알 수 있는 대목이다. 알리바바는 어떤 기업보다도 '중국 기업'이라는 명분을 실천하면서 거인 중국을 상징하는 기업으로 통한다. 그런 측면에서 알리바바를 창업한 마윈은 비록 개인이 주인인 사기업으로 출발했지만, 중국 사회에 인프라를 구축해 주는 훌륭한 기업인으로 평가할 것이다.

마윈이 지난날 발표한 프로젝트를 보면, 알리바바는 향후 이런 이념을 실천하는 기업으로 거듭날 것이다.

지난 2016년 말 마윈은 알리바바는 '뉴리테일' 개념을 발표했다. 그러면서 향후 10~20년 안에 종래 온라인 비즈니스가 사라지고, 대신 AI가 유도하는 온라인과 오프라인을 융합OMO한 뉴리테일이 지배할 것이라고 예측했다. 뉴리테일 전략은 '실물 세계×사이버 세계'라는 개념이다. 이는 아마존보다도 더 앞서 있는 콘셉트이다. 거대 인구를 기반으로 하는 '뉴매뉴팩처링'도 같은 개념이다. 뉴매뉴팩처링에 대해 마윈의 설명이다.

마윈은 "예를 들면 5분간 같은 종류의 의복을 만드는 것이 이제까지의 개념이었다면, 앞으로는 5분간 2,000종류의 옷을 만드는 것이 중요하게 여기는 시대가 온다"고 예견한다. 지금까지의 전통 제조업은 대량 생산과 규모의 장점을 통해 회사 이익을 취했다. 이런 유형의 제조업은 향후 15~20년 내에 곤경에 처할 것이다. 대신 소비자의 개성에 대응하는 새로운 제조업으로 뉴매뉴팩처링이 탄생할 것이라고 예측한 것이다. 개인의 니즈에 대응하여 1개나 2개 만이라도 제품을 만들어 공급하는 것인데 이는 제조업이라기보다도 오히려 서비스업에 가깝다.

알리바바가 보유 중인 방대한 소비자 빅데이터와 이를 해석하는 AI가 접목되어, 소비자의 니즈를 높은 정밀도로 파악하여 공급한다면, 전혀 새로운 소비 형태가 펼쳐질 것이다.

아마존이 빅데이터와 AI를 접목한 미래 테크놀로지를 추구한다면, 알리바바 역시 빅데이터와 AI를 접목한 토대 위에 제조업의 서비스업화를 지향할 것이다. 알리바바와 마윈의 유니콘 기업 육성의 저변에는 이런 개념이 깔려 있다. 속칭 일본이나 한국 등 민주정치 국가에서 유행하는 기업 상생의 개념이 마윈은 이미 수년 전부터 실천하고 있는 셈이다.

최근 중국 정부 당국과 마찰을 일으킨 알리바바 CEO 마윈

마윈, 역발상의 천재

마윈이 펼쳐온 비즈니스는 혁신에 혁신을 거듭해 왔지만, 그 저력은 역발상에 있다.

알리바바 그룹의 비즈니스를 지탱하고 있는 분야는 가장 밑바닥에 있는 클라우드 컴퓨팅, 즉 '알리바바 클라우드'이다. 알리바바 그룹의 비즈니스는 알리바바 클라우드에 의해 작동하고 있다. 전자상거래 플랫폼 타오바오나 T몰 이외에 물류 분야의 자회사인 '차이냐오 네트워크'는 '중국 국내에서 24시간 이내 반드시 배달'하고 '전 세계 어디서나 사흘 이내에 반드시 배달한다'는 미션을 내걸었다. 종합 수퍼마켓 개념의 '허마盒马'는 생산지, 수확일, 가공일, 점포까지 배달 이력을 한눈에 볼 수 있도록 서비스할 것이다. 이 정도의 추적 시스템의 실현은 세계에서도 쉽사리 볼 수 없는 서비스 개념이다. 그 지급 방법은 모두 알리페이로 할 수 있다. 이는 종래 중국 내 물류 개념이나 상거래 개념을 뒤집어 생각해 낸 역발상의 결과이다. 원활한 물류란 도로나 배송 시스템이 있어야 가능하다는 게 종래 생각이다. 마윈은 그렇게 하지 않았다. 사람이 생각할 수 없는 기상천외한 비즈니스를 생각해 낸다.

알리바바는 처음부터 판매자들에게 판매 수수료를 부과하지 않는 전략을 실행했다. 이를 통해 중소 제조 기업들의 진입 장벽을 낮추어 기업 고객과 일반 소비자를 유인함으로써 플랫폼 규모화를 이루고, 이를 통해 판매자와 알리바바, 소비자 모두 규모의 경제 효과를 누리는 선순환 구조를 구축한 것이다.

누구든 먼저 소액이라도 수수료를 받고 시작하는 게 상례였지만, 마윈은 수수료 없이 시작한 것이다. 임직원들의 반대 속에서도 수수료를 한 푼도 받지 않고 착수하는 바람에 대성공을 가져왔다. 가격 흥정을 위한 채팅 기능, 검색, 안전하고 간편한 결제 시스템과 1~2일권 물류 배송 등 현지 이용자에 최적화된 시스템으로 만들어 냈다. 중국 전자상거래 시장이 지금처럼 탄탄한 생태계를 만들어 낸 것은 순전히 마윈의 역발상이었다. 이에 대해선 뒤에서 다시 설명할 것이다.

역발상은 Ele.me에서도 이어졌다. 무료인 데다 가입도 쉬워졌다. 소비자 입장에서 보면 열광할 만하다. 2008년 설립해 상하이에 본사를 두고 있는 Ele.me는 2017년 현재 중국 내 2,000개 도시에서 130만 곳의 레스토랑, 2억 6,000만 명의 유저가 등록되어 있다. 이 책이 배포되는 시점에서 보면 대략 3억 명 이상의 유저가 등록되어 있을 것이다. 알리바바는 미국 인구만큼 유저를 보유하고 있는 셈이다.

중국의 식품 마켓은 알리바바, 텐센트, 바이두의 3사가 경쟁하고 있었지만, 알리바바 Ele.me가 단연 두각을 나타내고 있다. 2018년 말부터 매출이 급증해 중국 내 시장의 절반 이상을 장악했다. 천하의 아마존도 따라가기 벅찬 성장 속도라고 할 수 있다. 앞으로 알리바바는 중국에서 식품뿐만 아니라 의류나 가전 등 생필품 분야에서 보다 강력한 디지털 전환을 선도할 것이다.

알리바바는 최근 비트코인 열풍을 타고 디지털 화폐에 집중했다. 비록 알리페이의 후신 앤트파이낸셜의 사상 최대 상장 파티가 무산되었지만, 이는 일시적 현상에 불과할 것이다. 일정 시간이 흐른 이후에는 디지털 화폐를 둘러싸고 중국 금융 당국과 물밑 협의를 진행할 것이다.

　지금까지 서술을 정리해서 마윈의 경영 특징을 몇 가지로 정리해 본다.

　첫째 역발상에서 출발한다. 이미 앞에서 서술했듯이 그는 늘 원칙에 얽매이지 않고 역발상에 도전한다. 그는 글로벌 경제위기가 닥치자 대다수 기업이 감원과 비용 절감에 나선 것과 반대로 직원을 늘리고 3,000만 달러약 330억 원를 들여 전자상거래의 장점을 홍보하는 광고 마케팅을 펼쳤다. 그 결과 글로벌 회원 수가 10% 넘게 늘었다. 그는 "오늘이 어려우면 내일은 더 어려울 수도 있다"면서 "그래도 끝까지 인내하고 버티는 자에게 기회가 온다"라고 말했다. 알리바바를 활용하면 중국이나 세계에 수출할 수 있는 기회가 많이 열릴 것이라는 믿음을 주었다. 그에 따라 알리바바의 활동 무대를 세계 곳곳으로 뻗고 있는 것이다.

　둘째, 밑바닥에서 창업한 사원을 신뢰한다는 점이다. 한 번은 이런 사례가 있었다. 2014년 마윈은 뉴욕 증시의 IPO를 앞두고 재무담당 이사가 반기를 들었다. 초청한 창업자 명단이 지나치게 길다는 것이었다. 그러자 마윈은 도리어 창업 초에 함께 일하던 직원 모두를 주주 명단에 빼곡히 적어 냈다. 대부분의 기업주들이 많은 지분을 확보해 회사를 장악하려 할 때, 마윈은 회사 지분을 창업 동료들에게 양보했다. 흔히 창업주와 사원은 갑을 관계인 점을 감안하면 마윈은 이런 점에서 함께 나누고 배려하며 소통하고 경청

하는 데 달인이었다.

셋째 요소는 소통의 리더십이다. 그는 증시 상장을 준비하면서 미국, 싱가포르, 일본, 영국 등 전 세계 투자자들에게 알리바바의 가치관을 설파했다. 2017년 1월 당시 도널드 트럼프 미국 대통령 당선인에게 앞으로 5년간 미국에서 100만 개의 일자리를 창출하겠다고 약속했다. 뉴욕 증시 상장을 이룬 그는 "신뢰는 쌓는 데 시간이 걸리며, 서두르지 말아야 한다. 그것을 말이 아닌 행동으로 증명해야 한다"면서 신뢰와 소통이 성공의 원천임을 강조했다.

직원들이 그에게서 CEO최고경영자가 아니라 함께 이야기를 나누고 고민을 나누는 편안함과 따뜻함을 느끼는 것은 기업에 대한 애정을 절로 불러일으키는 큰 힘이다.

넷째, 그는 명확한 비전과 목표의식을 갖고 출발했다. 마윈은 1993년 사업 구상 당시 "100여 년간 생존할 회사를 만들고, 중소기업을 위한 전자상거래 플랫폼을 만들며, 세계 최대 전자상거래 회사를 세운다"라는 비전을 내놓았다.

이미 중국 전자상거래 웹사이트 1위, 전 세계 전자상거래 웹사이트 3위, 거래량 기준 전 세계 전자상거래 1위를 이뤄냈다.

알리바바가 펼쳐낼 향후 청사진

알리바바의 향후 비즈니스는 어떻게 전개될까. 이를 가늠해 보려면 먼저 마윈이 구상하는 21세기 개념을 이해할 필요가 있다. 마윈은 중국 당국이 찍어냈지만 그는 이미 다른 구상을 하고 있을 것이다.

"나는 eWTP로 전 세계를 하나로 연결할 것이다!"

21세기 가장 주목받는 경영자 마윈은 열두 살 때 외국인에게 무료로 관광 안내를 해주며 영어를 배웠고, 그 경험을 토대로 30여 년 전 번역회사를 차렸다. 세상을 비판하던 청년 마윈은 미국 시애틀에서 처음으로 인터넷에 접속했고, 4개월 후 중국 최초 인터넷 기업인 항저우 하이보컴퓨터서비스 유한회사를 창업했다. 1999년 '기술을 모른다'고 한탄했던 마윈은 17명의 동료들과 함께 알리바바를 창업했고, 18년 전 사스가 발생했을 때 마윈은 신속한 공급을 신념으로 타오바오를 설립했다. 타오바오는 3년 만에 시장의 선두 자리를 차지했고 중국 인터넷 기업의 전설이 되었다.

2010년 이후 인터넷이 발전하고 경제가 성장하는 거대한 변화의 중심에서 마윈은 알리바바를 세계 최정상의 전자상거래 기업으로 만들었다. 지금은 중국 금융 당국이 그를 탄압하는 형세이지만, 누가 뭐라 해도 그는 점점 더 커져 세계 무역의 법칙을 창도하는 위치에 서게 될 것이다.

"우리는 빅데이터를 미래 인류의 거대 에너지가 되도록 만들어야 한다"고 외치는 마윈의 관심과 열정은 알리바바의 발전에서 중소기업의 발전, 환경 보호, 교육, 경제 세계화, 반덤핑 등으로 확산하고 있다. 빅데이터가 탄생하고 컴퓨터의 지능지수는 사람보다 더 높아졌다. 어느 날 컴퓨터의 감성지수가 사람보다 높아진다면 이는 엄청난 혁명이다. 미래에 분명 이런 날이 올 것이다.

마윈이 보는 미래는 이렇다. e커머스, 즉 전자상거래라는 단어는 조만간 사라질 것이다. 전자상거래는 나룻배 한 척으로 강 이편의 물건과 정보를 강 저편으로 나르는 역할을 할 뿐이기 때문이라는 것. 지금부터 신유통, 신제조, 신금융, 신기술, 신에너지 등이 탄생할 것으로 본다는 점이다.

마윈은 과거의 글로벌화는 경제 대국, 대기업이 혜택을 누리는 세계화였다고 지적한다. 앞으로는 개발도상국과 중소기업 그리고 청년들이 그 혜택을 누리는 방향으로 나아가야 한다고 강조한다. 그는 "세계화 자체는 좋은 일이지만 보완이 필요하다. 현재의 WTO세계무역기구를 혁신해서 eWTP를 만들어야 한다"고 강조한다. 그는 국경 없는 국가 간 상거래를 꼭 실현할 것이며, 이를 위해 갖가지 아이디어를 쏟아낼 것이다.

텐센트(Tencent)

창조적 모방에 가장 성공한 후발 공룡

———

텐센트Tencent, 騰訊控股는 중국에서 가장 큰 메가테크 기업이다. 알리바바가 중국 내 최대 기술기업으로 알려져 있지만, 사실은 텐센트의 시가총액이 가장 높다. 조만간 1,100조 원1조 달러을 넘을 것이다. 뉴욕 증시에 상장된 알리바바그룹홀딩스ADR는 지난 2월 말 728조 원 수준이었다. IT 메가테크 중에서는 애플, 구글, 페이스북, 아마존에 이어 5위다. 조용하고 부드러운 리더십의 마화텅 馬化騰, 포니 마 텐센트 오너의 개인 자산은 362억 달러약 41조 원로 중국 최고의 부자다.

작년 상반기 미국 포브스는 실시간 부호 순위에서 마화텅 오너

일가의 재산은 458억 달러약 59조 7,500억 원으로 마윈 일가의 재산 419억 달러보다 많다고 발표했다. 앞서 포브스는 2019년 11월 중국 부호 순위에서 마윈을 1위로 발표했는데 이번 발표에서는 마화텅이 1위에 올랐다. 이런 순위 변화는 코로나19에 따른 수익 변화 때문이다. 코로나 사태로 텐센트 계열이 크게 주목을 받으면서 마화텅 8% 소유 의 주가가 급등했다.

텐센트는 현재 세상에 나온 모든 SNS 플랫폼 사업을 하고 있다. 텐센트를 '중국의 페이스북'이라고 할 수 있으나, 보면 볼수록 페이스북과의 차이가 두드러진다. 예컨대 페이스북은 SNS 기반의 광고 유치로 수익을 얻는다. 이와 비교해 텐센트는 게임 등 디지털 컨텐츠의 제공, 결제 등 금융 서비스, AI에 의한 자동 운전, 의료 서비스, 아마존의 AWS와 같은 클라우드 서비스, 알리바바와 정면 승부하고 있는 소매 전개 등을 벌인다. 한마디로 말하자면, '현대 IT 기술이 집약된 백화점'이라고 할 수 있다. 솔직히 말하면 텐센트는 미국 IT 기업 따라 하기를 충실히 해서 성공한 셈이다.

텐센트는 먼저 중국 최대 규모의 메신저 'QQ'와 '위챗' 그리고 음원 사이트 'QQ뮤직'을 안착시키는 데 성공했다. 중국 내 메신저와 포털 사이트, 음원 사이트 사업을 평정한 것이다. 이어 한국의 온라인 게임 '던전 앤 파이터', '크로스파이어'를 중국에 서비스해 폭발적인 인기를 얻었다. 큰 사업을 시작하기 위한 종잣돈을 만든 셈이다. 이를 토대로 유명 게임 회사 '라이엇 게임스', '수퍼셀'을 인수해 세계 최고의 게임 회사를 일궈냈다. 클라우드 사업과 더불어 차이푸퉁財付通 등 인터넷 금융업에도 진출했는데, 이것이 조만간 황금알을 낳는 거위가 될 것이다.

지난 30여 년간 이처럼 승승장구한 텐센트 대성공의 이면에는 우여곡절이 있었다. 이 가운데 2006년 '공공의 적 마화텅'이라는 악평이 나돌아 곤경에 빠졌다. 매출이 반 토막 나면서 세무 당국의 조사도 받았다. 다른 기업, 특히 미국이 성공한 사업 모델을 재빨리 베끼는 데 특화된 모방자라는 비판이 그것이다. 그러면서 다른 후발 IT 기업들을 교란시키는 훼방꾼이라는 악평을 들었다. 미국을 잠재적 적수로 여기는 중국의 속칭 '국뽕' 그룹에서 나올 법한 당연한 비난이긴 하다. 중국의 거대 IT 기업들을 살펴보면, 미국의 메가테크 기업들을 재빨리 모방해서 몸집을 키워 성공한 공통점을 볼 수 있다. 세계 최대의 거대 소비 인구를 고려할 때 일단 손만 대면 세계 최대 규모가 되는 건 어렵지 않다. 이런 경로를 밟은 텐센트의 발전 과정은 중국 IT 기업의 현주소라고도 할 수 있을 것이다.

이유야 어찌 됐든 텐센트는 세계 메가테크 업계에서 몸집을 키운 대기업이 되었다. 비즈니스 모델을 따라 한다는 일명 '베끼기'는 동서고금을 막론하고 비난받을 이유는 없다. 어느 시대이든 앞서가는 기업과 추격하는 기업 사이에 베끼기는 반복되어 왔다. 미국과 독일이 영국을, 일본이 미국 영국을, 한국 중국이 일본, 미국 기업들을 베끼기 했던 사례는 얼마든지 찾아볼 수 있다. 텐센트에 대한 비난은 아마도 중국 기업들의 부상을 고깝게 보는 서구 언론들 내지, 중국 내 '반텐센트' 안티 세력의 비판이라고 할 수 있다.

중국 최대의 SNS 서비스는 텐센트의 QQ와 위챗微信 이다. QQ는 PC 메신저이며 위챗은 모바일 메신저로 볼 수 있다. QQ는 용량이 많은 문서와 이미지로 소통하기 편하며, 위챗은 화상통화 음성통화, 이미지로 소통한다. 위챗은 한국에서 카카오톡과 페이스북을 합친 것과 같은 서비스 유형이다. 점차 모바일이 확산되면서 14억 명의 중국인은 위챗이라는 네트워크로 묶여 있다 해도 과언이 아니다. 또한, 위챗은 위챗페이를 서비스하기 시작했다. 알리바바의 알리페이와 더불어 양대 전자결제 서비스로 이용되고 있다. 코로나19 사태 이후 위챗은 대박을 터뜨렸다. '건강 코드'와 같은 공공 서비스에 연계되면서부터다. 중국에서 외국인을 포함해 모든 사람이 스마트폰 앱에 건강 코드를 받아 놓아야 공공장소에 갈 수 있다. 텐센트 위챗은 통행증 같은 역할을 하고 있는데, 이용자가 9억 명이니 유럽 대륙 전체 인구의 거의 두 배에 육박한다. 9억 명이 이용한다면 광고 수익이나 생필품 판매는 대박이었고, 위챗페이 같은 결제 시스템 거래액은 미국의 중규모 은행을 능가했다. 텐센트가 그간 공들여 키운 클라우드가 그 역할을 한 것이다. 위챗페이는 코로나 사태로 인해 예상보다 빨리 거액을 벌어들이고 있다.

텐센트의 MAU는 2018년 6월 말 기준 QQ가 15억 명, 위챗은 약 10억 명, Q존은 약 11억 명으로 발표됐다. 지금은 위챗 유저가 더 많아졌을 것이다. 중복 유저가 대부분임을 고려해도 페이스북보다 더 많은 유저를 확보하고 있는 셈이다. 2021년에 접어들면서 유저는 훨씬 늘었을 것이다. 물론 페이스북의 경우 세계 각지에서 퍼져 있고, 텐센트의 SNS 유저는 주로 중국인이다. 그럼에도 대단한 규모라고 아니할 수 없다. 알리페이를 빠르게 따라잡고 있는 모바일 결제 서비스 '위챗페이'도 텐센트의 주요 수입원이다. 위챗페이는 QR코드로 결제나 송금, e커머스 지급을 간편하게 하고 있다. 위챗 앱에 '월렛'을 갖고 있어 알리페이보다 간편한 결제 수단으로 환영받고 있다.

규모에서 '멘토' 페이스북을 제친 텐센트

———

지난 2017년 11월 미국의 IT 업계가 긴장할 만한 일이 벌어졌다. 중국의 신생 기술기업 텐센트의 시가총액이 5,200억 달러약 550조 원를 넘어섰다. 그럼 지금 규모는 어떤가. 텐센트가 전 세계에 부는 기술 주식투자 열풍에 시가 총액 1조 달러약 1,100조 원를 넘나들고 있다. 블룸버그에 따르면 올 들어 연초부터 3주 만에 텐센트 시총에 2,510억 달러가 유입됐다. 전 세계에서 가장 많은 돈이 텐센트에 몰린 것이다. 그러나 중국 정부의 개입 가능성도 있어 투자자들의 우려도 적지 않다. 최근 중국 당국이 대형 기술 업체에 대한 규제를 강화할 것이라는 소문도 있다. 알리바바의 핀테크 자회사 앤트그룹의 상장이 무산된 바 있다.

텐센트는 페이스북을 모방해 따라 하는 기업이라는 불명예를 안고 있었지만, '멘토' 기업을 제치고 IT 업계 시총에서 세계 5위 기업이 되었다. 아시아 기업으로는 처음으로 시총 5,000억 달러를 넘어섰다. 2004년 홍콩 증시에 상장할 때만 해도 텐센트의 주당 가격은 3.70달러였다. 주가는 2017년 11월 무렵 110배나 주당 430달러까지 치솟았다. 창업 20년에 불과한 신생 기업으로선 놀라운 성장세였다.

이 같은 텐센트의 폭발적인 성장의 비결은 무엇인가. 최근 과학기술정책연구원STEPI이 발간한 〈과학기술정책〉 통권 233호 의 해외 혁신 동향에 따르면 그 배경이 나와 있다. 텐센트의 대성공을 이끈 주요인은 '모방과 개선'이었다. 텐센트가 처음 내놓은 소프트웨어는 OICQ라는 즉석 메신저 프로그램이다. 훗날 특허권 분쟁으로 인해 이름을 바꿨는데, 바로 QQ다. OICQ는 이스라엘 스타트업이 만든 ICQ의 중국어 버전이다. 그대로 베끼지는 않았다. 신속함을 가미한 버전으로 개선했다. 소프트웨어의 용량을 줄여 다운로드 시간을 획기적으로 줄였다. 타사 메신저의 다운로드 시간보다 무려 70%나 줄였다. 용량이 큰 문서나 동영상을 전송할 수 있는 QQ는 가장 빠른 시간 내에 중국인들이 가장 많이 접속하는 메신저가 되었다. 물론 지금은 위챗의 유저가 더 많을 수 있다.

앞에서 설명했듯이 텐센트를 가리켜 동종 업계에서는 '공공의 적'이라고 불렀다. 텐센트의 비즈니스는 처음부터 모방을 기초로 했기 때문이다. 기존 것을 더 발전시키는 '창조적 모방'이었다. 위챗 또한 종래 서구가 개발한 모바일 메신저를 벤치마킹해서 기능들을 더 추가했다. 2011년에 출시된 위챗은 현재 유저 13억 명, 하루 평균 발송 메시지는 400억 건에 육박한다. 거대한 플랫폼이 중국을 움직이고 있는 셈이다.

텐센트가 페이스북을 앞선 두 번째 전략으로 'M&A 및 지분 투자'를 꼽을 수 있다. 2011년 텐센트는 게임 소프트웨어 '리그 오브 레전드LOL'의 개발 업체 '라이엇게임즈'를 인수했다. 2016년에는 '클래시 오브 클랜'을 만든 핀란드의 모바일 게임사 '슈퍼셀'을 사들였다. 슈퍼셀은 당시 11조 원이 넘는 회사로 평가됐다. 이 정도의 금액을 지급해도 손해날 게 없다고 텐센트는 판단했다. QQ나 위챗을 비롯한 유저 수십억 명이 뒤를 받쳐주니 별다른 리스크 없이 인수합병을 할 수 있었다. 사진 및 동영상 공유 모바일 메신저인 스냅챗의 모회사 스냅 지분 10%를 사들였다. 물론 중국 같은 거대한 소비 인구에서 나오는 거대 자금력이 뒷받침되니 가능한 일이지만, 전략 또한 만만찮은 실력을 갖고 있다. 텐센트가 인수합병 내지 지분 투자 전략을 선호하는 것은 경쟁 상대 출연을 사전에 막고 핵심 인력의 흡수가 용이하기 때문이다.

텐센트는 이뿐만이 아니다. QQ와 위챗이라는 두 개의 압도적인 플랫폼을 바탕으로 구축하고 있는 생태계 전략이다. QQ 아이디를 통해 위챗의 서비스를 이용할 수 있고, QQ 아이디로 위챗의 게임을 즐길 수 있다. PC와 모바일 메신저를 중심으로 한 생태계를 구축하는 전략이다. PC용 메신저 QQ와 함께 거대 모바일 플랫폼으로 부상한 위챗을 바탕으로 게임, 커뮤니티, 결제 등 모든 서비스가 제공된다. 검색, 포탈, 광고, 쇼핑, 전자상거래, 핀테크까지 텐센트는 그 영역을 확대하고 있다. 현재 위챗페이 하나면 중국인들은 거의 모든 영역에서 활용할 수 있다. 레스토랑, 노점상에 지급하는 돈, 음식 배달, 수도세 같은 공공요금 지급, 비행기 티켓 구매, 호텔 예약, 공유 자전거 이용, 물품 구매 등에 이르기까지 모바일 메신저로 가능하다. 위챗이라는 막강한 플랫폼을 바탕으로 생태계를 조성해 엄청난 인적 규모의 경제 효과를 누리고 있는 셈이다.

텐센트의 성공과 관련해 주로 서구 분석가들 사이에서는 여러 가지 다른 의견이 불거져 나오기도 한다. 안정적인 정부 지원과 보호 속에서 내수 시장 특수 효과를 누린 수혜자라는 것. 또 서구식 지적재산권이 보호받지 못하는 중국 같은 국가에서만 누릴 수 있는 성공이라는 지적이 그것이다.

마화텅, 중국 AI 생태계 조성에 박차를 가하다

━━━

　과연 텐센트의 성공은 전략의 결과인가 우연의 산물인가, 미국 인터넷의 비즈니스 모델을 모방한 텐센트는 혁신 기업인가. 이런 질시와 같은 의문 부호를 지워버리듯 마화텅은 21세기 청사진을 펼쳐 보이면서 자신의 꿈을 드러냈다.

　2020년 5월 열렸던 양회, 즉 전국인민대표대회와 전국정치협상회의에서 텐센트 이사회 주석 겸 CEO 마화텅은 의미 있는 7가지를 제안했다. 그는 '산업 네트워크 국가 전략 제정과 디지털 경제 건설 확대 가속화 의견'이란 제목의 의견서를 발표했다. 풀어 쓰면 인터넷 네트워크를 기반을 공고히 하면서, 도시민과 농어민 삶의 질 향상을 위한 사업에 집중한다는 말이다. 인터넷의 부가가치 서비스에 의한 생활의 질을 향상시키기 위해 다양한 사업을 확대한다는 말이다.

　텐센트의 미래 전략에는 특히 주목받는 두 가지가 있다. 중국 정부의 지원을 받아 AI 인공지능을 활용한 의료 서비스에 착수한 것과 자율주행차 비즈니스와 스마트시티 사업에 뛰어든 것 두 가지다.

　먼저 AI와 의료 서비스이다. 텐센트는 얼굴인식 등의 AI 기술을 통해 이미 2017년 'AI 의학 화상연합 실험실'을 설치했다. 이를 통해 AI에게 학습시켜 암의 조기 발견은 물론, 미세한 종양의 검출이나 CT 검사의 정밀도를 향상시키는 것이다. 이어 '위챗 스마트 병원3.0'을 통해 진단 및 의사의 처방전을 전송받아 집 근처 약국이나 집에서 약을 받아 갈 수 있는 서비스를 제공한다는 계획이다. 아울러 온라인 영상 진단, 진찰 후의 애프터 케어 등을 지원한다. 이런 텐센트의 노력은 일종의 '스마트 병원'의 구현이다. 병원에서 진단받거나 약 처방 때의 번거로움 등이 덜해지면서 보다 정확성을 더하는 것이다. 기업으로서 비즈니스이기도 하지만 사회적 책임이 가미된 비즈니스 유형이다.

한편으로 텐센트는 더 큰 꿈을 품고 있다. 클라우드 인프라를 개편해 거대한 AI 생태계를 조성하는 것이다. 클라우드 기반의 알고리즘, 서비스, 개방형 등 3개 플랫폼 구조를 만들고 1만 개 이상 파트너끼리 주고받는 협력 체계를 구성하는 것이다. 작년 상반기 텐센트는 AI와 클라우드 컴퓨팅 등 첨단 기술 인프라에 향후 5년간 5,000억 위안약 86조 2,200억 원을 투자할 계획을 발표했다.

텐센트의 AI 인프라 구축은 '하나의 클라우드와 3개의 플랫폼'이 기본 얼개이다. 앞에서 설명했듯이, 3개 플랫폼은 알고리즘 플랫폼 · 서비스 플랫폼 · 개방형 플랫폼으로 구성된다. 텐센트는 이미 전 세계적으로 6,500건 이상의 AI 특허를 보유하고 있다. 텐센트는 2015년부터 차례로 미국 트래픽 분석 기업인 디봇Diffbot과 의료 AI 분석 기업인 탄윈즈닝碳云智能, 의료 AI 플랫폼 클라우드멧

CloudMedx 등에 투자해 대주주가 되었다. 소우거우, 디디추싱, 신메이다, 징동 등 기술 대기업에도 투자해 대주주가 되었다. 하지만 아직 기술적 미비로 인해 상호 기술 융합에는 문제가 있다.

텐센트, 클라우드 기술에 미래를 걸다

———

앞으로 데이터는 점차 크고 가벼우며 대용량이 될 것이다. 빅데이터화되어 한곳에 머물러 있지 않고 떠돌아다닌다. 그러다가도 필요할 땐 냉큼 다시 돌아온다. 마치 모호한 실체 속에 데이터가 담겨 있다는 뜻을 지닌 '클라우드 서비스'는 현대 IT 산업의 핵심 기반이 될 것이다. 별도의 서버나 하드를 장만할 필요 없이 클라우드를 통해 간편하게 자원을 확보할 수 있다면 기업들에게는 엄청난 이익이 될 것이다. 바로 이런 꿈의 변화는 산업 전반에 지각변동을 불러올 것이다.

중국인들에게 클라우드 환경에 대한 친숙도가 높아진 점 역시 의미 있는 변화다. 현재 중국에서 클라우드를 둘러싼 환경은 지속적인 성장을 거듭하고 있다.

일례로 미국의 기술기업 시장조사 업체인 포레스터 리서치Forrester research에 따르면, 지난 2016년 기준 중국의 모바일 결제 규모는 미국보다 약 50배나 컸다고 한다. 앞으로 미·중 간에 규모의 격차는 더욱 벌어질 것이다. 모바일 결제는 엄청난 데이터를 축적할 수 있는 기회다. 소비자 성향이나 향후 소비 전망, 시장 전망을 가늠하도록 하는 기본 재료이기 때문이다.

포레스터리서치는 또한 지난 2015년 870억 달러 규모를 형성한 클라우드 시장이 연평균 22% 성장률을 기록할 것으로 내다봤다. 이어 2020년에는 2,360억 달러 수준에 이를 것으로 전망했다. 몇 년 안에 조 단위로 확대될 것이다.

앞으로 클라우드 2.0이 곧 상용화된다. 클라우드를 둘러싼 환경이 급격하게 변화함에 따라 이미 클라우드에 익숙해진 기업들에게는 클라우드의 분산화, 신뢰성 개선, 지능화, 산업별 특화에 더욱 집중할 것이다.

특히 머신러닝과 AI 분야에 클라우드 벤더들의 역량이 집중될 것이다. 이를테면 구글은 오픈소스 머신러닝 플랫폼 '텐서플로우 TensorFlow'를 공개했으며, 마이크로소프트는 클라우드 기반 머신러닝 플랫폼을, 아마존은 '리:인벤트 컨퍼런스AWS re:Invent 2017'를 통해 3종의 머신러닝 서비스를 발표했다.

앞으로 퍼블릭 클라우드뿐 아니라 구축형 인프라스트럭처 영역에서도 근본적인 변화를 보일 것이다. 마치 메모리 반도체에서 주문형 반도체로 급격히 시장이 옮겨가는 것과 같은 꼴이다.

포레스터 리서치는 〈2017 전망 보고서〉를 통해 "앞으로 프라이빗 클라우드 시장은 전통적 프라이빗 클라우드 스위트 형태를 넘어 보다 민첩하고 경제적인 솔루션으로 재편될 것이다. 클라우드 관리, 컨테이너 지원 등이 프라이빗 클라우드에 통합되어 가는 것이 그 대표적 사례"라고 설명했다.

클라우드는 '꿈의 컴퓨팅'과 같다. 클라우드 환경에는 소프트웨어 개발자나 IT 운영자를 유혹하는 매력적인 요소로 가득하다. 그러나 현실은 그리 녹록지 않다. 지금은 마치 10만 원 수표 한 장을 들고 사탕 가게를 찾는 것과 형세이다. 쉽게 말해 삽으로 가방에 캔디를 한꺼번에 잔뜩 채울 수 있는 데도 기업들은 장점과 단점을 따지느라 시간을 낭비하는 경우가 많다. 클라우드의 비용과 요금을 정확히 산정하기란 어려운 일이다. 그러나 그간 클라우드 회사들은 노력했다. 고객의 관심을 붙잡을 수 있을 정도로 저렴하며, 동시에 충분한 이윤을 남길 수 있는 요금을 책정하는데 부심했다. 이어 머신을 여러 조각으로 나눠 비용을 분할해 책정하는 방법을 찾았다. 그러나 아직은 미완성이다.

이런 환경에서 텐센트는 중국에서 압도적인 클라우드 시장 지배력을 구축하고 있다. 현재 중국 모바일 시장은 텐센트와 넷이즈가 거의 양분하는 형세이다. 텐센트와 넷이즈가 전체 시장의 80% 가량을 차지하고 있다. 그중 텐센트 게임의 약 70%는 텐센트 클라우드 서비스를 사용하고 있다. 해외에 진출한 중국 기업들 역시 텐센트의 클라우드를 활용하고 있다. 최근 유명세를 떨치고 있는 '배틀그라운드'와 'AOV'도 텐센트 클라우드를 기반으로 한다.

텐센트 클라우드는 전략적 동반자 형태로 해외에 진출했다. 2018년 텐센트는 동남아 지역에 데이터 센터를 구축했다. 동남아 시장은 소비자가 폭발적으로 성장하는 지역이며, 소비 여력도 꾸준히 성장하고 있다. 당연히 모바일 게임에 대한 수요 역시 큰 폭으로 늘고 있다.

네트워크를 구축할 때는 먼저 네트워크 환경을 체크해야 한다. 그래서 텐센트는 현지에 익숙한 아마존이나 구글 등의 업체와 파트너십을 진행했다. 이를 통해 보다 안정적인 네트워크를 구축할 수 있었다. 클라우드 서비스 사업은 우선적으로 데이터베이스, 스토리지, CDN 등을 고려해야 한다. 이 부분에서 아마존과 구글 등의 선도 기업들이 월등한 기반을 갖추고 있다. 특히 텐센트는 아마존이나 구글이 아직 진출하지 않은 CDN 서비스를 시작했다. CDN은 말하자면 '인터넷 택배회사'인 셈이다. 접속자가 많은 인기 동영상에 집중되는 트래픽을 메인 서버 한 대로 처리한다면 레이턴시Latency, 흔히 말하는 '렉'이라는 현상을 겪는다. 하지만 곳곳에 추가 서버를 설치하여 사용자들의 콘텐츠 요청을 가장 가까운 서버에서 처리한다면 보다 빠른 콘텐츠 전송이 가능해진다. 용량에 제한이 없는 멀티 CDN을 추구하고 있다.

텐센트는 아울러 보안 분야에 특화했다. 중국 및 동남아 지역은 디도스 공격이 빈번하게 일어나는 편이다. 게임은 특성상 디도스 공격을 받았을 때 유독 큰 타격을 받는 사업인 만큼 '보안'을 철저하게 갖춰야 한다. 텐센트는 디도스 공격 이전 '예방'이 가장 중요하다는데 착안했다. 만약 디도스 공격을 받게 될 경우, 텐센트 클라우드 시큐리티 서비스는 별도의 갱신 시간 없이 바로 기기에 적용할 수 있다.

참고로 클라우드를 알뜰하게 이용 중인 회사 중 하나는 넷플릭스이다. 매주 금요일과 토요일 밤이면 사람들이 휴식을 취하면서 수요가 급증한다. 넷플릭스는 이 로드를 처리하기 위해 많은 인스턴스를 새로 확장했다. 그리고 사람들이 잠자리에 들 몇 시간 뒤에 다시 원상태로 돌린다. 예를 들어 계약 단위가 1주일에 168시간이지만, 넷플릭스는 고객들이 가장 필요로 하는 몇 시간에 대해서만 요금을 낸다. 그러나 모든 것들이 이렇게 수요가 높을 때와 낮을 때가 확실히 구분되는 것은 아니다.

텐센트, 한국 시장에 집중한다

현재 클라우드 비즈니스의 빅 3라 할 수 있는 아마존 웹서비스, 마이크로소프트 애저, 구글 클라우드인데, 이들은 리전region 을 한국에 두고 있다. 빅 3 외에도 오라클 클라우드, IBM 클라우드, 텐센트 클라우드가 한국에 리전을 설치했다. 리전은 클라우드 인프라를 현지에서 직접 운영하는 장점이 있다. 이는 한국의 시장성이 그만큼 크다는 반증이다. 텐센트는 전 세계에 25개 리전을 갖고 서비스를 제공하고 있으며, 53개의 가용 영역availability zone을 보유하고 있다.

텐센트 클라우드의 2018년 말 기준 성장 속도는 128%에 달한다. 전체 시장에서의 점유율은 세계 6위이며 성장 속도는 세계 1위이다. 폭발적인 성장세이다. 텐센트는 2017년 한국에 리전을 구축했다. 최근 국내 ISMS정보보호관리체계 인증도 획득하면서 보안 역량을 검증받았다. 텐센트는 작년 한국팀 인력을 두 배나 늘렸다. 텐센트 클라우드가 한국 시장에 집중하는 이유는 한국 내 소비층이 두텁고 역동적이며, 성장성을 높게 보고 있기 때문이다.

무엇보다도 텐센트는 한국 시장에서 돈 벌 궁리보다도 먼저 서비스부터 시작한다는 개념으로 접근하고 있다. 물론 궁극적으로

텐센트 CEO 마화텅

이익을 내기 위한 비즈니스이지만 말이다. 먼저 텐센트의 중국 내 풍부한 자원을 기반으로 한국 기업의 중국 비즈니스 확장을 지원한다. 한국 기업이 중국 파트너와 함께 중국 내 인프라, 생태계를 활용해 기회를 찾도록 하는 것이다. 다시 말해 11억 명의 네트워크를 갖고 있는 위챗과 QQ에 접근하도록 지원하는 것이다. 텐센트가 세계 시장에서 강력한 미국 기업과 경쟁해 생존하는 이유 중 하나도 이런 전략 때문이다.

5

새로운 강자로 급부상하고 있는 다크호스

크라우드스트라이크(CrowdStrike)
임파서블푸드(Impossible Foods)
로빈후드(Robinhood)
쇼피파이(Shopify)

크라우드스트라이크
(CrowdStrike)

사이버 보안의 트렌드가 바뀌고 있다

——

종래 사이버 보안으로는 더 이상 대응할 수 없는 시대에 이르렀다. 이를 미리 간파한 기업들은 살아남을 것이다. 이를테면 지금까지 사이버 보안의 주류는 소프트웨어 방식, 방화벽, VPN 등 3가지 방식이 주류였다. 먼저 소프트웨어 방식이다. 안티바이러스 소프트웨어일종의 바이러스 블랙리스트 파일를 컴퓨터에 설치해 놓는 방식이다. PC나 휴대전화에 안티바이러스가 침입하면 경고가 발령되고 제거하는 구조였다. 만일 블랙리스트에 올라 있지 않는 변이 바이러스는 그냥 지나치는 경우가 많다. 실제로 70% 정도의 바이러스가 안티바이러스 소프트웨어를 통과해 PC에 침투하는 것으로 알려졌다. 또 방화벽이나 VPN에 의한 보안 방식이다. 말 그대로 방화벽을 설치하거나 사내망을 설치해 별도로 인터넷 회선을 운영하는 것이다. VPN의 경계 내에 들어가 있으면 보안은 보장되는 원리다. 그러나 VPN에 내장된 소프트웨어에 바이러스에 감염되면 안전을 담보할 수 없다. 실제로 기업들은 안티바이러스 소프트웨어나 VPN으로 구축한 보안망이 뚫리는 사고를 당한 기업들이 많다. 더구나 바이러스에 감염된 사실 자체도 모르고, 몇 개월 후에 알아챈 경우도 많다. 국내 은행이나 암호화폐 거래소가 바이러스나 해커가 침입해 피해를 입은 사고가 종종 보도되곤 한다. 이에 대한 새로운 바이러스 퇴치법을 찾은 기업이 바로 크라우드스트라이크CrowdStrike 이다.

클라우드 EDR 솔루션의 첨병

전 세계 기업들은 클라우드의 혜택을 톡톡히 보고 있다. 동시에 수십 종의 단말기기를 통한 해커 침투와 악성 코드로 고민 또한 깊었으나 크라우드스트라이크의 출현으로 기업들은 한시름 놓게 되었다.

지난해 뉴욕 증시에서 유난히 존재감을 드러낸 것은 클라우드 보안 기업들이다. 이 가운데 가장 빠르게 성장하면서 업계의 주목을 받은 기업이 크라우드스트라이크다. 작년 6월 나스닥 시장에 상장한 크라우드스트라이크는 2011년 창업한 사이버 보안 기업이다. 연초 기준 크라우드스트라이크의 시총은 56조 원을 넘어섰다. 창업 9년 만에 미 증권 시장에서 50조 원을 넘어선 경우는 이 회사가 처음이다.

그야말로 크라우드스트라이크는 클라우드 EDR 솔루션의 선두 주자다. 클라우드 보안 업계에서 가장 빠르게 성장한 크라우드스트라이크의 위치는 확고하다. 크라우드스트라이크의 주특기는 EDR 솔루션이다. 예측할 수 없는 갖가지 사이버 위협에 선제적으로 대응하는 솔루션이다. 이 솔루션은 컴퓨터 백신의 한계를 보완하는 차세대 보안 소프트웨어로, 현 시대 세계 정보보안 시장의 핫 이슈에 랭크되어 있다. 크라우드스트라이크는 포춘 100개 기업 중 49개 기업에 EDR 솔루션 '팔콘'을 공급하고 있다. 아마존 웹 서비스 AWS, 구글 클라우드, 애저Azure 등 주요 클라우드 시스템에 이 회사의 보안 플랫폼이 도입되어 있다.

클라우드 기반 EDR, 즉 '엔드포인트 위협 탐지 및 대응Endpoint Detection and Response, EDR' 솔루션은 장점이 많다. 이 회사 EDR의 최대 장점은 PC, 모바일 기기 등 단말기에서 벌어지는 보안 위협을 탐지, 분석해 신속히 대처하도록 지원하는 것이다. 시장에서는 코로나19 팬데믹 때문에 가장 수혜를 입은 기업이라고 풀이했다. 다양한 비대면 서비스 사용과 더불어 클라우드 활용이 급증하고 있기 때문이다.

현재 국가 규모의 사이버 공격을 방어하는 데 이 회사의 EDR 솔루션이 최적이라는 평가를 받는다. 플랫폼에는 차세대 안티바이러스, 엔드포인트 탐지 및 대응, IT 위생, 매니지드 위협 탐지 및 원격 치료가 포함되어 있다. 현재 기업마다 보안이 필수적 요소로 자리 잡고 있다. 점점 확산하는 클라우드 사용량에 비례해 미래 기업들은 정보 보안에 심혈을 기울이고 있다. 사이버 위협이 점증하고 있지만, 기업들은 아직 대응 체계가 안 되어 있다. 크라우드스트라이크가 급성장하고 있는 배경이다.

우선 두 가지를 먼저 알아야 할 것이다.

ICT 인프라가 뭉뚱그려 포함된 일종의 '클라우드구름'를 이해할 필요가 있다. 정보를 저장하고 처리하는 중앙 서버인 클라우드구름를 개인 혹은 기업 고객에게 제공하는 서비스이다. 여기에는 몇 가지 종류로 나뉜다. 클라우드 서비스는 데이터 저장 공간과 서버 등 인프라만 제공하고 소프트웨어 문제는 고객이 알아서 해결하는 인프라 서비스IaaS, 소프트웨어를 개발할 수 있는 플랫폼을 묶음으로 제공하는 플랫폼 서비스PaaS, 소프트웨어까지 플랫폼과 함께 제공하는 소프트웨어 서비스SaaS 등으로 나뉜다. 클라우드 서비스를 이용하면 데이터 트래픽 폭증에 대비해 미리 과잉 투자할 필요도 없고, 데이터 관리에 필요한 인력도 줄일 수 있다. 그래서 기업들은 클라우드를 우선 채용하고 있는 것이다.

두 번째, 중앙 서버인 클라우드에는 갖가지 고객의 데이터가 저장된다는 사실이다. 데이터가 의미하는 본질은 고객의 마음과 변화다. 고객의 마음과 변화를 묶어놓은 게 빅데이터다. 빅데이터는 고객이 남긴 흔적이다. 빅데이터가 귀중한 이유는 고객의 마음을 읽고 해석할 수 있는 수단이기 때문이다. 우선 '어떤 데이터를 가지고 있는가?'에 집중할 게 아니다. 전체 비즈니스를 놓고 '우리의 고객과 시장은 어떻게 변하고 있는가?'의 질문이 먼저 이루어져야 한다. 다시 말해 고객 관점에서 의사 결정하고 당면한 문제와 해결책은 그 고객이 남긴 데이터에서 찾아야 한다는 의미다. 디지털 세상이 되면서 모든 고객의 생각, 관심, 행동은 고스란히 데이터로 남아 있다. 데이터 분석과 활용을 통해 고객도 모르는 고객의 마음을 이해할 수 있고, 고객이 원하는 것을 경험하도록 해 줄 수 있다. 고객을 이해하는 것과 고객이 원하는 것을 주는 것, 이 두 가지가 동시에 이루어져야 가장 만족스러운 고객 경험을 디자인할 수 있다. 그래서 나온 게 빅데이터이다.

세 번째로, 사이버 공격에 대한 방어와 예방이 매우 중요하다. 빅데이터는 분명 '21세기 석유'에 비유된다. 그러나 클라우드에 저장된 빅데이터를 서비스하는 과정에서 가장 골칫거리가 이것이다. 즉 사이버 공격에 이어 데이터의 유출, 삭제, 교란 등이다. 따라서 보안 분야는 전례 없는 규모로 방대해질 필요가 있다. 이것이 크라우드스트라이크가 급성장한 배경이다.

이전의 전통적인 엔드포인트단말 보안 솔루션의 대표 주자는 백신안티바이러스이었다. 하지만 최근, 보안패치가 아직 나오지 않은 '제로데이' 위협이나 변종 악성 코드 같은 신종 위협이 등장하면서 엔드포인트 단계가 크게 위협을 받고 있다. 따라서 점점 더 지능화된 보안 위협을 탐지하고 능동적으로 대처할 수 있도록 지원하는 EDR 솔루션이 주목받고 있다.

크라우드스트라이크는 이러한 EDR 솔루션을 오롯이 클라우드 시스템에서 제공하고 있다. 이 회사는 EDR 솔루션이 클라우드 기반이기 때문에 설치가 단순하고 비용이 저렴하다고 강조한다. 특히 크라우드스트라이크는 인공지능AI을 활용해 보안 플랫폼에 적극 활용하고 있다. '팔콘Falcon'이란 상표가 대표적 솔루션이다. 팔콘은 머신러닝을 기반으로 보안 위협을 탐지하며 지속적으로 스스로 학습한다. 팔콘은 학습을 거듭하며 보다 발전된 신종 바이러스가 등장하면 소비자가 즉각 대처할 수 있도록 작동한다.

크라우드스트라이크의 비즈니스 전략은 '착륙과 확장Land-and-Expand'이다. 사용자에게 소규모 서비스를 판매한 뒤, 이를 바탕으로 더 많은 제품을 구매하도록 하는 전략이다. 토털 서비스를 원하는 클라우드 소프트웨어 서비스SaaS 기업들이 주로 구매한다. 이를테면 고객은 원하는 만큼 크라우드스트라이크의 클라우드 모듈을 구독하도록 하며, 필요에 따라 모듈 구독을 추가하는 식이다.

보안 프로세스의 자동화의 선두주자

특히 코로나 팬데믹으로 재택근무Work From Home가 보편화하면서 각 분야 기업들은 상대적으로 취약한 사이버 보안 체계를 걱정하고 있다. 회사에서는 VPN과 안티바이러스 프로그램 같은 방화벽 설정 등 보안 인프라가 갖춰져 있다. 그러나 원격 근무가 일반화되고 있는 현재의 보안 시스템으로는 대처할 수 없게 되었다. 집안 PC뿐만 아니라 스마트폰, IoT 기기 등 훨씬 많은 디바이스가 인터넷에 연결될 것이다. 해커가 마음만 먹으면 핵심 기술 인력의 집에 침입해 정보를 훔쳐갈 환경이 조성되고 있는 것이다. 보안 업그레이드를 하기 위해선 최신 버전의 소프트웨어를 설치해야 하지만 개인으로선 한계가 있을 수밖에 없다. 이를 해결하고 있는 기업이 크라우드스트라이크다.

이를테면 크라우드스트라이크가 제시한 EDR 기반의 보안 노하우의 단면을 보자. 재택근무 보안의 얼개를 보자. 직원 액세스, 네트워크 통신 기밀성/무결성, 그리고 엔드포인트단말 보안이 핵심이다. 우선 가장 먼저 보안이 취약한 IoT 기기, 구식의 가족 PC 등에 대한 홈 네트워크 스캔을 수행한다. 이어 SaaS 제공 업체 및 퍼블릭 클라우드로 직접 이동하는 네트워크 트래픽 모니터링을 수행한다. 바이러스 침입 시에는 보통 1분 이내 바이러스를 탐지하고, 10분 내 상황을 조사하며 60분 이내 대응한다는 게 크라우드스트라이크의 EDR 보안 솔루션의 골간이다.

종래 안티바이러스 소프트웨어는 원래 지금처럼 인터넷에 항상 연결되어 있다는 것을 전제로 개발된 보안 솔루션이 아니다. 현재의 엔드포인트 디바이스는 대부분 네트워크, 클라우드로 연결되어 있다. 따라서 클라우드에 연결되어 있는 동안 항상 단말 및 이용자의 계정을 체크하도록 한다. 즉 엔드포인트 디바이스에 보안 에이전트를 배포해 기기 상태와 시스템 수준을 점검, 예상 못 한 바이러스 등을 탐지해 클라우드에 전달해 대응하도록 하는 방식 등이다. 지금까지는 신종 바이러스나 악성 코드가 발견될 때마다 보안 소프트웨어 업데이트를 통해 대처해 왔으나, 이를 클라우드로 대체한 것이다. 이는 지금까지 채용된 사내, 사외에 설치된 인터넷 장벽 등의 개념이 불필요하게 만든다. 직원 액세스 등 보안 방법에는 지문 인증 등의 물리적인 방법도 있다. 일종의 'BYOD' Bring Your Own Device 의 실현이다. 임직원 입장에서는 평소 손에 익은 소프트웨어로 일을 할 수 있기 때문에 업무 효율이 향상되고, 기업 측에서도 새 SW 구매 경비나 컴퓨터 관리비용 등도 절약할 수 있다. 엔드포인트 디바이스 단계에서 클라우드에 연결해 체크하는 방법이 효과적이라는 것은 이전부터 알려져 있었다. 그러나 이를 구현하는 전문적인 회사가 거의 없었고, 고객인 기업 측에서 별 관심을 두지 않았다. 그러나 크라우드스트라이크는 이 기술을 개발했다. 비용 측면에서도 비교적 저렴한 편이다. 초기 투자비용은 필요 없다. 예컨대 컴퓨터 1대당 월 1만 원 안팎이다. 중소 업체도 안전한 보안 솔루션을 구매할 수 있다.

크라우드스트라이크의 창업자는 바이러스 전문가이다. 안티바이러스 SW를 개발, 판매하고 있는 맥아피McAfee에서 CTO최고기술책임자를 지낸 전문가이다. 아마도 McAfee에서는 기존 보안 기법으로는 한계에 부닥쳤을 것이다. 그래서 처음부터 새로운 구조를 구축하려고 했고, 결국 성공했다.

재택 및 원격 근무가 일반화되면서 크라우드스트라이크는 급성장하고 있다. 현재 미국에서는 기존 보안 SW를 이용하던 기업들이 크라우드스트라이크 솔루션으로 옮겨가는 추세에 있다. 원격 근무로 보안이 허술한 기업들은 대부분 이 회사의 SW를 채용하고 있다. 보안은 해커와의 싸움, 즉 족제비 쫓기 놀음과도 같다. 분명 지금 사이버 보안 솔루션의 대세는 크라우드스트라이크가 주도하고 있다. 앞으로 어떤 새로운 보안 SW 서비스가 나올지 예측할 수 없다. 다만 크라우드스트라이크는 이러한 업계의 특징을 제대로 이해하고 있으며, 클라우드를 활용한 보안 프로세스의 자동화에 대처할 준비를 하고 있다.

정보 도둑을 잡아내는 '끝판왕'

———

크라우드스트라이크의 슬로건은 정보 도둑을 잡아내는 끝판왕'이다. 앞에서 설명했듯이, 크라우드스트라이크는 단말기에 침투하는 사이버 공격 방어 시장에서 최강자로 인정받고 있다. 크라우드스트라이크의 팔콘은 클라우드 소싱 데이터와 AI 기반 클라우드 분석을 사용해 예상할 수 없는 사이버 공격을 차단하는 기능을 수행한다. 즉 기업들이 핵심적인 클라우드 정보를 뺏기지 않도록 보호해 준다. 이 기술은 지스케일러ZScaler가 갖고 있다. 지스케일러는 사이버 공격 및 데이터 유출에 대응한 클라우드 기반 보안 분야의 선두 기업이다. 크라우드스트라이크는 지스케일러와 협약을 맺고 엔드포인트 원격 분석을 지스케일러의 클라우드 보안 플랫폼과 통합시켰다. 크라우드스트라이크가 시장을 선점하면서 급성장한 배경이다. 2020년 6월 IPO를 시작했을 때 크라우드스트라이크의 평가액은 67억 달러였다. IPO 당시 크라우드스트라이크는 6억 5,000만 달러 이상을 모금했다.

크라우드스트라이크보다 2년 앞서 창업한 클라우드플레어Cloudflare도 떠오르는 샛별이다. 2020년 9월 뉴욕 증시에 상장한 이 회사는 엣지 컴퓨팅을 위한 통합 보안CDN 솔루션을 제공한다. 엣지 컴퓨팅이란 사용자 가까운 곳에 컴퓨팅 자원을 배치해 데이터 트래픽이 과도하게 중앙부로 쏠리는 것을 덜어주는 개념이다. 클라우드플레어가 착안한 것은 이용자와 콘텐츠 제공자 사이에서 네트워크 트래픽을 분산시킨다는 개념이다. CDN 서비스를 제공하고 있지만 사이버 보안에 특화된 엣지 컴퓨팅을 공급한다. 해킹과 디도스DDoS, 분산 서비스 거부, 방화벽, 사물인터넷IoT 보안, 봇Bot 관리, 오리진 서버와 엣지 서버 간 암호화 보호 기능 등을 제공한다. 이뿐만 아니라 클라우드플레어는 부하 분산, 스트림 전송 등의 솔루션도 함께 서비스한다. 이 회사는 인터넷 환경의 효율적인 운영을 플랫폼의 목표로 잡았다. 당연히 클라우드플레어는 현재 전 세계 160개국에서 300만 명이 넘는 고객을 확보했다. 지난 2019년 8만여 명의 유료 고객과 비교하면 비약적인 발전이다. 지난해 말 기준 미국 증시에서 클라우드플레어의 시총은 252억 달러약 27조 원에 달했다.

　조금 다른 얘기를 했다. 앞으로 크라우드스트라이크의 기업가치는 수직 상승할 것이다. 각급 기관과 기업들은 테라바이트 단위의 보안 데이터를 수집, 처리, 분석 및 실행할 준비를 해야 한다. 이 작업에는 EDR 데이터, 네트워크 메타 데이터, 클라우드 로그, ID 데이터, 위협 인텔리전스 등이 포함된다. 보안 데이터의 폭증 양상이 벌써부터 벌어지고 있다. 2020년 초엽부터 각 기업들은 증가하는 보안 데이터 분석에 우선순위를 두고 있다. 더욱이 코로나 19 사태는 새로운 데이터 분석과 트래픽 패턴, 행동 분석의 요구,

사각지대 발생 등 기업 측의 부담이 가중되고 있다.

중국의 사이버 스파이를 잡아내다

———

최근 미국 조지아주 출신의 전 상원의원 색스비 챔블리스는 인터뷰에서 이런 말을 했다. "정보는 국가와 동맹국의 안보를 개선하기 위한 첫 번째 방어선"이라고 했다. 그는 상원 정보위원장을 지낸 바 있는 사이버 보안 분야의 전문가였다. 미국이 사이버 공격 방어에 중점을 둬야 한다고 강조한 것이다.

지난해 발표된 크라우드스트라이크 보고서는 사이버 보안 필요성을 더욱 증가시켰다. 보고서에 따르면 지난 수년간 중국 정보기관은 자체 개발 중인 자국산 코맥 C919 항공기를 지원하기 위한 정보 빼내기 작업을 시작했다. 중국 정보기관은 미국의 에어버스와 보잉 여객기 등 항공우주 기업을 타깃으로 하는 해커 그룹과 연관된 것으로 알려졌다. 코맥Comac C919는 협동체 트윈 제트여객기로, 2008년 개발에 들어갔으나 기술적인 한계로 지지부진해 왔다. 크라우드스트라이크의 엔지니어들이 투입됐다. 이들은 터빈 판다Turbine Panda라는 이름으로 해외 해커들을 추적했다. 해커들은 지난 2010~2015년 사이 C919 부품을 공급하는 항공우주 기업들을 상대로 사이버 스파이 공격을 감행했다. 이 기간은 C919

개발 기간과 겹치는 시기다. 보고서에서 엔지니어들은 중국 국영 기업이 항공기 부품을 자체 생산하는 데 필요한 기술을 확보하기 위해 중국 정보기관이 이 공격을 기획했다고 결론지었다.

보고서에서 제시한 증거들을 보면 해커 그룹의 얼개가 일부 드러난다. 해커 작전을 조율한 주체는 중국 국가안전부MSS의 장쑤 지부인 JSSD이다. 이들은 해킹 대상 기업의 내부자를 포섭하는 스파이 작전을 벌였다. 터빈 판다도 동시에 MSS에 사이버 침입을 감행했다. 미국 법무부DoJ는 2017년 8월부터 2018년 10월 몇 명을 기소했는데, 기소된 범인들은 악성 코드 프로그램 '사쿨라Sakula' 등을 만들면서 미국 내에서 활동하는 중국인 해커 집단 멤버들이었다.

기소장에는 항공우주 IP 수집을 위한 광범위하고 치밀한 작전이 기술되어 있다. 이 사건에서 흥미로운 것은 JSSD가 항공우주 분야의 목표물로부터 정보를 수집하기 위해 감행한 치밀한 활동 양식이다. 전통적인 첩보 요원HUMINT과 사이버 요원이 협력해 항공우주 기업들의 비밀을 빼냈는데, 터빈 판다가 사쿨라를 이용해 이를 캐치한 것이다. 사쿨라를 사용한 곳은 터빈 판다와 JSSD였다. 터빈 판다는 중국 APT 그룹이 사용하는 플러그X PlugX, 윈티Winnti 같은 트로이 목마도 사용했다. 사쿨라 개발자 유핑안은 미국의 한 보안 컨퍼런스에 참석하던 중 FBI에 체포됐다. 체포 사실이 알려진 직후 MSS는 중국 보안 연구원들의 해외 컨퍼런스 및 보안 대회 참여를 금지시켰다.

크라우드스트라이크 보고서에 따르면 대회 참여 금지 명령이 내려오기 전까지 몇 년 동안 치후 360Qihoo 360, 텐센트, 바이두팀을 비롯한 중국팀들이 안드로이드, iOS, 테슬라, 마이크로소프트, 어도비 등의 인기 시스템에 탑재된 정보를 수집했다. 이들은 수집한 정보를 중국 정보기술평가센터 CNITSEC 에 의무적으로 제공했다.

크라우드스트라이크에 따르면 중국 정보기관 MSS는 최소한 2004년부터 중국 해킹 서클에서 활동한 전력이 있는 실력 있는 블랙햇 해커들을 채용하고 있었다. 지금도 항공우주 분야의 기업들은 여전히 중국 해커들의 주된 목표이거나 관심 기업들이다. 중국은 2017년 C919의 처녀비행 이후 CR929라는 새로운 항공기 설계를 위한 합작 벤처를 발표했다. C919와 마찬가지로 CR929s도 엔진, 온보드 전기 시스템 및 기타 부품은 해외 공급업체로부터 조달해야 한다.

크라우드스트라이크는 여기에 입찰하는 기업에 대해 "지적 재산을 훔칠 수 있는 역량과 의도를 입증한 중국 소재 그룹의 부가적인 공격에 직면할 수 있음"을 경고했다.

향후 10년 기업의 성패는 사이버 보안이 결정한다

————

2021년부터 사이버 보안은 급속도로 변화할 것이다. 변화 속도는 사이버 보안 기술에 대한 혁신과 투자에 따른 것이다. 특히 코로나19 팬데믹은 사이버 보안 기술과 시장 변화를 가속화할 것이다. 앞으로 사이버 공격과 방어에 어떤 양태를 보일지 누구도 쉽게 예측할 수 없다. 사이버 보안은 크리티컬하고 역동적이다. 매우 광범위하고 전문화된 비즈니스가 될 것이다. 연결이 끊어진 포인트 도구, 수동 프로세스, 불충분한 인력으로 늘 골치 앓고 있는 첨단 기업들에게는 더욱 사이버 보안 인프라의 확충이 중요해졌다.

이에 따라 크라우드스트라이크의 성공을 목도한 사이버 보안 분야의 기업들은 향후 수년 내에 수십조 원 가치의 기업으로 변모할 것이다. 이 가운데 체크포인트, 시스코, 파이어아이, 포스포인트, 포티넷, IBM, 팔로알토네트웍스, 래피드7, 시만텍, 트렌드마이크로와 같은 대형 사이버 보안 기업들은 저마다 뚜렷한 강점을 갖고 있다. 아마존, 구글 같은 클라우드 공급 업체들도 사이버 보안 시장에 뛰어들려 하고 있다. 현재 멀티 클라우드 환경이 주는 이점은 많다. 이 때문에 목적에 맞는 클라우드 서비스를 다수 도입해 활용하는 기업들이 늘어나고 있다.

현재 글로벌 대기업들은 데이터 보호와 관련한 인프라 확충에 심혈을 기울이고 있다. 복잡한 IT 인프라에 맞춘 데이터 보호 솔루션 구축이 시급하다.

현재 글로벌 기업의 2/3 이상이 자사 데이터 보호 인프라가 IT 복잡성을 따라가지 못하고 있다. 온프레미스_{사내망}, 프라이빗_{폐쇄형}, 퍼블릭_{개방형} 클라우드를 복합적으로 사용해 데이터와 애플리케이션을 보관하고 있는 실정이다. 보안 취약점에 노출된 고급 기술 기업들은 언제든 국가 단위의 대규모 해커들의 공격 대상이 될 것이다. 실제로 랜섬웨어 공격을 당한 멀티클라우드 활용 기업들은 데이터 복원에 실패해 해커가 요구하는 금액을 지급하고 도둑맞은 정보나 데이터를 되찾는 사례가 속출하고 있다. 이런 사태들은 사이버 보안 기업들의 급성장을 예고하고 있다.

미국 시장조사 기업 글로벌 마켓 인사이트Global Market Insights에 따르면 사이버 보안 업계는 연평균 12% 성장할 것으로 예측된다. 적어도 2026년까지 4,000억 달러에 이른다는 전망이지만 클라우드 시장이 점점 팽창함에 따라 시장 규모는 예측치보다 더 커질 전망이다. 5세대 이동통신이 보편화함에 따라 보안 수요는 더욱 늘어날 추세에 있다. 애리조나주립대학 풀턴Ira A. Fulton 공과대학의 교수인 브래든 앨런비는 "사물인터넷IoT은 말 그대로 수십억 개의 센서, 프로세서 및 칩을 글로벌 시스템에 배포할 것"이라면서, "더 많은 장치는 더 많은 사이버 위협을 초래할 것"이라고 했다.

크라우드스트라이크는 이에 대비한 EDR 솔루션을 제공하고 있다. 자사의 EDR 솔루션은 클라우드 기반이기 때문에 설치가 단순하고 비용이 저렴하다고 강조한다. 아울러 이 회사는 인공지능AI 시대에 대비해 진전된 보안 플랫폼을 개발하고 있다. 향후 글로벌 대기업들은 고급 기술 개발 못지않게 고급 정보와 기술을 어떻게 관리하고 지켜내느냐에 회사의 미래가 달려 있다 해도 과언이 아니다.

임파서블푸드
(Impossible Foods)

2030년 전 세계 대체 육류 시장은 100조 원에 이를 전망

선홍색의 소고기 등심이 불판 위에서 지글지글 익는다. 접시에 옮겨 젓가락으로 찔러 보면 기름진 육즙이 흘러나온다. 식감과 맛도 실제 소고기와 크게 다르지 않다. 이 고깃덩어리는 진짜 소고기 등심이 아니다. 대체육代替肉을 맛본 사람들은 한마디로 "놀랍다"며 감탄한다. 대체육은 두 가지로 구분한다.

하나는 콩·버섯·호박 등 식물에서 단백질을 추출해 제조한 '식물성 육류'이고, 다른 하나는 실제 동물에서 얻은 줄기세포를 키워 만든 '세포 배양육'으로 크게 구분된다. 식물성 원료만으로 이뤄졌다는 게 믿기지 않을 정도로 실제 고기의 질감과 맛을 현실감 있게 살려냈다. 특히 코코넛 오일을 첨가해 육즙까지 구현하고 영양가도 향상시켰다. 조리 과정 중에 나는 강한 향신료 냄새에 사람에 따라 거부감을 느낄 수도 있지만 역한 냄새는 아니다. 식물성 대체육은 전 세계적으로 건강식, 채식 열풍이 불면서 인기 식품으로 자리 잡았다. 영양가 또한 무시할 수 없다. 실제 육류와 맛은 비슷하면서도 포화지방, 콜레스테롤, 열량은 적고 철분, 단백질 함량은 더 높다.

1년여 지구상을 뒤덮고 있는 코로나 사태는 인간의 모든 경제활동을 마비시키고 있지만, 한편으로 대체 육류 시장을 위한 촉매제가 되고 있다. 소비자들은 면역력 강화 등 건강 이슈에 관심이 커지고 있다. 점점 소비자들은 탄수화물, 지방, 소금, 설탕이 많이 첨가된 가공식품을 줄이고 식물 기반의 식품을 선호하고 있다. 소비자들은 예전보다 훨씬 더 육류를 대체한 식물 기반 식품을 더 먹기 시작했다. 최근 중국에서 '대체 육류' 시장이 급격히 커지고 있는 것은 이 같은 전 세계적 흐름에 따른 것이다.

미국의 대표적 대체 육류 기업 '임파서블푸드'는 프랜차이즈 기업 버거킹과 손을 잡고 대체육을 이용한 '임파서블와퍼'란 이름의 버거를 내놓았다. 미국 내 버거킹 매장 5,000여 곳에서 시판 중인 임파서블와퍼는 곧 전 세계로 퍼져나갈 것이다.

"향후 몇 년 안에 식물성 단백질이 동물성 단백질을 대체할 것이다."

2011년 미국 실리콘밸리에서 스타트업 '임파서블푸드'를 창업한 패트릭 브라운Patrick O. Brown 스탠퍼드대학 생화학 명예교수의 말이다. 국제 시장조사 전문기관 유로모니터에 따르면 세계 대체육 시장은 2023년까지 약 27조 원 규모로 커질 전망이다. 2030년엔 100조 원에 이를 것이란 예측이 나오고 있다. 대체육은 진짜 육류처럼 맛이 있어야 하며, 영양가도 풍부해야 하고, 그러면서도 비싸지 않아야 한다. 이를 충족한다면 대체육 시장은 그야말로 미래의 먹거리 산업으로 무한히 성장할 것이다.

대체육을 좋아하는 소비자는 채식주의자뿐만이 아니라 다양한 계층에 분포되어 있다. 가축 도축을 꺼리는 윤리적 인식과 함께 친환경적인 소비를 추구하는 일반 소비자들이 점점 늘어나고 있다. 국내 대체육 시장도 급증하는 추세에 있다. 국내 연구 개발 수준은 아직 걸음마 단계에 있지만, 국내 소비자들 사이에서 대체육에 대한 인식도가 점점 높아지고 있다. 이제 미국과 유럽을 중심으로 시작된 대체 육류 중심의 채식 문화는 세계적인 흐름을 주도하고 있다.

대체 육류 시장은 엄청난 사회적, 경제적 비용을 줄일 것

———

육류 생산에 엄청난 환경적, 경제적, 사회적 비용이 들어간다는 사실은 일반인에게는 거의 알려져 있지 않다. 이를테면 소고기를 1kg 생산에 1만 5,000L의 물이 들어간다. 지난 2006년 유엔 식량 농업기구 발표에 따르면 인류가 뿜어내는 온실가스의 14.5%가 축산업에서 발생된다. 지구촌 전체 물 소비량의 25%가 가축을 기르는 데 들어간다고도 했다. 패트릭 교수가 창업한 임파서블푸드는 "식물성 고기를 개발하면, 같은 양의 고기를 얻을 수 있는 소를 사육할 때보다 96%의 토지를 절약할 수 있다"며 "물 소비량은 87%, 온실가스 배출량은 89%나 줄일 수 있다"고 밝혔다.

앞에서 잠깐 설명했지만, 대체육은 생명윤리 문제에서도 자유롭다. 살아 있는 가축을 도살하거나 동물 학대 논란을 일으키는 대규모 공장식 사육을 할 필요가 없어진다. 곡물을 사료로 사용함으로써 초래되는 식량의 낭비도 막을 수 있다. 유엔 통계에 따르면 2017년 75억 5,000만여 명인 지구촌 인구가 2030년에는 85억 명, 2050년에는 95억 명으로 늘어난다. 연간 육류 소비량도 지금의 두 배인 약 1억 톤에 달할 것으로 추정된다. 그러나 더 큰 문제는 늘어나는 인구로 인해 식량 부족 문제가 크게 대두될 것이다. 인류에게 식량 부족 문제는 어제오늘 일이 아니며, 갈수록 더욱 심각해지고 있다. 아프리카 일부 지역을 중심으로 세계 인구의 9%가량이 기아에 허덕이고 있다. 만일 대체육으로 먹거리가 대량 복제되거나 생산된다면 기아는 상당 부분 해소될 것이다.

인구 증가와 함께 늘어나는 수요에 맞추려면 지금부터 생산량을 매년 200만 톤씩 늘려야 한다. 이 과정에서 막대한 양의 식량과 사회적 비용이 투입된다. 이뿐만이 아니라 공장식 축산 규모를 확장해 가는 과정에서 가축 전염병의 위험도 크다. 최근에 벌어진 코로나 사태는 물론, 조류 인플루엔자 등은 동물이 옮기는 질병이다. 이대로 가면 2050년 무렵 거대 축산업에서 발생하는 분뇨와 가스 배출, 사료 생산 과정에서 발생하는 온실가스로 인한 환경오염이나 사회적 문제는 심각한 수준에 이를 것이다. 반면 단백질에 대한 인간의 욕구는 생활 수준 향상과 급증할 것이다. 오히려 늘어나는 인구보다 단백질 수요의 증가가 훨씬 빠르게 나타나고 있다.

임파서블푸드의 창업자이자 CEO인 패트릭 브라운 명예교수는 공장식 축산업의 심각성을 목도하면서 5년여 동안 연구에 몰두했다고 고백한다. 그는 육식을 좋아하는 인류와 그 인류가 살아가는 지구, 둘 모두에게 이익이 되는 방안을 연구했다.

패트릭 교수는 평소 "임파서블푸드 한 덩어리를 섭취하면 10분 동안의 샤워에 쓰이는 물을 아낄 수 있고, 18마일 운전에서 배출되는 온실가스를 줄일 수 있으며, $75m^2$의 생태계를 보존할 수 있다"고 주장한다.

현재 전 세계 채식 인구는 넓은 의미의 채식까지 포함하여 2억여 명에 이르는 것으로 추산된다. 75억 명에 달하는 지금 세계 인구와 비교하면 아직 미미한 수치다. 하지만 미미한 수치는 곧 의미 있는 수치로 바뀔 것으로 패트릭 교수는 우려한다. 패트릭이

지향하는 목표는 채식주의자들에게 맞추지 않고 있다. 고기를 좋아하는 사람들에게 맞는 육류를 만들어 내는 것이 목표다. 그는 "사람들에게 채식주의자가 되라고 강요할 수는 없다. 대규모 공장식 축산업의 문제를 해소하는 방법은 '고기를 먹지 않는 것'이 아니라, '자원을 고갈하지 않는 고기를 먹는 것"이라고 했다. 합당한 논리가 아닐 수 없다.

페트릭 교수는 '고기 마니아를 위한 채식 버거'라는 목표 아래 소고기와 유사한 외형, 식감, 냄새, 맛 등 모든 것을 그대로 재현시키고자 노력했다. 생화학이 전공인 그는 소고기를 분자 단위로 분석해 연구했다. 이 과정에서 단백질 성분인 '헴Heme. 유기철분' 성분이 육고기의 맛을 낸다는 원리를 알아냈다. 그는 콩에서 육류와 똑같은 맛과 색깔을 내는 '헴' 성분을 추출해 이를 대량 생산하는 기술을 개발했다. 이어 코코넛 오일로 육즙 효과를 내고 밀가루와 감자 전분을 섞어 실제 육고기와 똑같은 재질을 만들어 냈다. 밀가루와 전분을 섞는 것은 고기를 구울 때 바삭바삭한 식감을 재현하려는 것이다. 이렇게 만든 것이 콩 단백질로 만든 임파서블버거다.

줄을 잇는 글로벌 대기업들의 투자

식품 시장에 내놓자 처음엔 이상하게 여겼던 소비자들이 곧 호평으로 돌아섰다. 나중에는 "동물을 죽여 고기를 만드는 것은 지구상에서 가장 파괴적인 기술이며 기후 변화의 주요 원인이다. 맛과 영양가가 우수한 지속 가능한 육류를 생산해 과거의 시스템을 대체할 수 있을 것"이라며 대환영하고 있다.

현재 미국의 버거킹 매장 7,000여 곳에서 대체 육류, 즉 채식 버거가 시판되고 있다. 늘어나는 수요를 감당하지 못하고 있다. 지난해 유럽에서 대체 육류 버거킹은 총 2,400여 매장에서 시판 중이다. 이처럼 시장이 급속히 커지자 지구촌 사회, 윤리 문제에 관심 있는 투자가 빌 게이츠 마이크로소프트 창업주가 가장 먼저 관심을 보였다. 구글 벤처스, 코슬라 벤처스, 바이킹글로벌인베스터스 등이 임파서블푸드에 투자했다. 이 과정에서 구글은 3억 달러에 이르는 거금으로 임파서블푸드를 사들이려 했다. 그러나 '도둑'이라며 퇴짜를 맞았다고 한다.

엄청난 현금을 쥐고 있는 글로벌 거물들은 지금 임파서블푸드의 성장성을 예의 주시하고 있다. 실제 육류와 비교해도 맛과 영양이 유사한 채식 버거의 시장성을 높게 보고 있다. 불가능할 것 같은 식물 기반의 육류를 가능하도록 한 기술력을 인정받은 것이다.

임파서블푸드는 스테이크 등 다른 용도에 쓰일 대체 육류도 개발하고 있다. 돼지고기, 닭고기, 생선 등 다른 대체 육류 개발도 목표로 하고 있으며, 식물성 유제품까지 개발할 계획을 갖고 있다. 임파서블푸드가 이대로 자리를 잡는다면 기존 축산업을 대체

하는 녹색 기업들이 다수 탄생할 것이다. 건강에도 좋으면서 자원을 고갈시키지 않는, 지속 가능한 음식 문화 조성에 방향타가 될 것임은 자명하다. 사실상 대체 육류는 채식주의자들만 먹는 맛없는 음식이라는 평에서 벗어나 새로운 소비 트렌드로 자리 잡고 있다. 사람들이 대체육을 찾는 이유는 개인의 건강, 동물윤리, 종교 등 다양하다.

대체 육류 시장은 현재 가장 빠른 성장 도상에 있는 분야다. 식물 단백질을 원료로 하는 제품이 전체 시장 규모의 87% 수준에 이른다. 네슬레, 다농, 유니레버 등 글로벌 식품기업은 인수와 합병을 통한 대체 단백질 시장으로 진입을 준비하고 있거나 이미 진출했다. 대체 단백질의 식품 유형은 다양하다. 식물 단백질 기반의 제품, 곤충 단백질 기반 제품, 해조류 단백질 기반 제품, 미생물 단백질 기반 제품, 배양육 총 5개 유형으로 구분된다. 아직은 식물성 육류 제품이 87%를 차지하고 있다. 식물성 달걀, 우유 등 식물 기반 제품이 전체 시장을 이끌고 있다.

현재 임파서블푸드는 아시아 시장 진출을 준비하고 있다. 이를 테면 마파두부용 고기요리, 상추 쌈, 중국식 만두를 제조하는 데 쓰일 대체 육류를 개발하고 있다. 아시아는 전 세계 육류 수요의 44%를 차지하고 있으며, 소비 증가율이 어느 대륙보다 가파르게 상승하고 있다. 이에 질세라 다른 식품기업 저스트도 나섰다. 저스트는 2011년 설립된 실리콘밸리 소재의 식품 벤처기업이다. 40

개 국가의 식물 원료 1만 5,000여 종의 성분을 추출해 실험했다. 마침내 10여 가지 식물에서 달걀과 유사한 단백질을 찾아내 2013년 2월 처음 분말 형태의 식물성 달걀을 개발했다. 녹두, 해바라기 레시틴, 카놀라, 천연 수지를 이용한 분말 형태인 식물성 달걀은 물에 녹이면 질감과 색상이 기존 달걀과 흡사해진다. 식물성 달걀을 이용한 마요네즈, 드레싱, 쿠키도 개발됐다. 저스트는 미국, 유럽, 홍콩, 싱가포르, 중국 등 30여 개국에 식물성 제품을 수출하고 있다. 지난해 5월에는 중국 알리바바 계열 마트인 '하마선생'에 저스트 에그를 출시했다. 일본 미쓰이물산은 18억 엔을 지급하고 일본 판매권을 사들였다.

식물성 달걀은 조류 인플루엔자 감염 우려가 없으며 잔여 항생제, 살모넬라균 감염, 살충제 오염으로부터 자유로워 안전성이 보장된다고 저스트 측은 설명한다.

과연 식물성 고기는 인체에 안전한가

———

우리에게 친숙한 식물성 고기 식자재로 '콩고기'를 떠올린다. 콩고기와 식물성 고기는 똑같이 콩이 들어간다는 점에선 똑같다. 다만 제조 과정에서 상당한 차이를 보인다. 콩고기는 콩을 그대로 갈아 글루텐을 섞어 만들어 비교적 간단하게 제조할 수 있다. 반면 식물성 고기에는 '헴 heme'이라는 헤모글로빈 성분을 사용한다. 헴 성분은 동물부터 식물까지 모든 살아 있는 유기체에 함유되어 있다. 식물의 헴 분자는 보통 육류에서 발견되는 헴 분자와 동일하다. 임파서블푸드 창업자 패트릭 교수는 콩 식물의 뿌리에서 자연적으로 발견되는 레그헤모글로빈 leghemoglobin 의 효모를 배양해낸 다음, 헴 분자를 대량 복제하는 데 성공했다. 레그헤모글로빈은 실제 육고기 성분인 '미오글로빈'이라는 성분과 유사한 3차원 구조로 되어 있다. 레그헤모글로빈 성분이 바로 소고기의 독특한 향과 맛을 재현한다. 패트릭 교수는 물론 단순하게 '헴' 성분 하나로만 식물성 고기를 만들지 않았다. 예를 들어 햄버거 패티의 경우 콩 단백질에 코코넛 지방, 통밀과 감자 단백질 등을 혼합해 제조했다. 이런 방식으로 헴 성분과 다양한 식물성 재료들을 연구해 실제 육류에서 느낄 수 있는 질감과 향을 재현하는 것이다. 다시 말해 식물에서도 실제 육류의 맛 또는 질감과 유사한 성분이 있기에, 이를 이용해 식물성 고기를 만들어 낸 것이다. 패트릭 교수는 단순한 '질감'을 재현하는 콩고기의 단점을 완벽하게 커버해 맛과 영양을 두루 갖춘 말 그대로 임파서블푸드를 창조해 냈다.

한편으로 임파서블푸드는 일종의 '생화학적 조작'일 수 있다. 여기에는 인체에 안전하지 못한 식품이라는 선입견이 내재되어 있다. 하지만 미국 식품의약국FDA은 2018년 "사람이 섭취해도 안전하다"라는 만장일치 평결을 내리면서 안정성을 검증했다. 주요 성분인 헴Heme이 FDA의 안전 승인을 받은 것이다. 소비자 보호를 목적으로 하는 미국 보건복지부의 산하 기관인 FDA는 미국에서 생산, 유통, 판매되는 모든 품목에 대해 FDA만의 법 규정에 따라 관리, 통제 및 승인을 한다.

식물성 '인조 고기'와 실제 육고기 중 어떤 것이 더 건강에 좋을까. 이에 대해선 아직 분명한 학계의 보고나 논문이 없다. 식물성 고기도 일종의 가공식품이고 포화지방이 함유되어 있다. 실제 육고기와 비교해도 맛과 영양에서 차이가 없다. 이런 가운데 최근 이견이 표출되기도 한다. 미 하버드대 의사, 영양사 및 공중 보건 전문가들이 합동으로 미국의학협회American medical association에 게재한 한 논문에 나온 내용이다. 논문에서는 대체 육류 제품이 실제로 환경적으로 유익하고 인체에 무해한지 더 연구가 필요하다는 것이다. 인체 유-무해에 대해 아직 모르겠다는 말이다. 식물성 육고기가 친환경적이며 포화지방과 콜레스테롤을 줄이는 옵션으로 대중화되는 것에 대해 처음으로 의문을 제기한 셈이다. 이를테면 일부 대체 육류에서 유전자 조작 GMO 식품에서 발견되는 글리포세이트 잔류물이 발견되었다. 그러나 임파서블푸드 측에서는 GMO 콩을 사용하지 않는다고 반박했다. 이어 300여 가지 이상의 살충제 및 오염 물질을 모니터링한 이후 상품화하고 있다고 설명했다. 임파서블푸드 경쟁 기업인 비욘드미트 역시 유전자 조작 식재료나 가공 대두 제품을 사용하지 않는다고 밝혔다. 하지만 하버드대 논문과 달리, 대부분 소비자들은 식물성 대체 육류에 호의적이다.

식물성 육류 제품이 인체에 무해하다는 인식이 일반적으로 확산하고 있다. 암 발병률이 높고, 온실가스 배출률이 높은 식품은 동물성 육류이며, 이에 비해 식물성 육류는 비교적 더 건강한 선택이라는 것이다. 과학적 근거는 아직 없지만, 미 FDA의 안전 승인을 받았기에 일반의 인식도 호의적으로 형성되고 있는 것이다. 식물성 육류 제품에 대한 이 같은 소비자층 인식으로 인해 대체 육류의 판매는 더욱 확산할 양상을 보이고 있다.

패트릭 교수는 "종래 인간들이 고기 대신 채소를 섭취하자"였다면, 임파서블푸드는 "고기 대신, 다른 고기를 먹자"고 주장한다. 불가능할 것 같은 인조 고기를 만들어 내는 임파서블푸드, 이같은 색다른 사고 전환이 먹거리 혁명을 일으킬 수 있다는 것을 보여준 대표적인 사례다.

미 켄터키주 모어헤드에는 실내 농장 앱하비스트AppHarvest가 있다. 면적이 무려 약 7만 7,564평에 달해 지구상에서 가장 큰 실내 농장이다. 실내 농장, 즉 온실에서는 수경 재배 방식을 이용해 흙이 아닌 영양 용액으로 작물을 재배한다. 야외 밭에서 농사를 짓는 것보다 물을 90% 정도 적게 사용하며, 빗물을 받아 농업용수로 쓴다. 온실 안은 완전히 밀폐되어 살충제가 필요 없다. 투명 유리판을 통해 햇빛을 사용하고 별도 전등을 사용해 연료비 걱정도 없다.

앱하비스트 실내 농장이 켄터키 지역에 건설된 이유가 있다. 이 곳은 워싱턴, 뉴욕, 필라델피아, 보스턴을 포함한 미국 인구 약 70%를 차지하고 있는 지역에 하루 만에 식자재를 배달할 수 있는 교통 요지다. 앱하비스트는 최근 자주 언급되는 '스마트팜smart farm'이라고 할 수 있다.

네덜란드는 현재 스마트팜의 보급률이 99%에 육박할 정도로 선진국이다. 아부다비에서도 지역 기후 문제를 해결할 수 있는 스마트팜이 등장했다. 앱하비스트 농장은 네덜란드 농업을 모방한 케이스다.

임파서블푸드는 몇 년 전 이 앱하비스트 이사회에 합류했다. 이유는 살충제를 쓰지 않은 지속 가능한 친환경, 청정 농작물을 확보하기 위한 방법이다. 임파서블푸드의 행보는 향후 전 세계 인류를 먹여 살리는 미래 농업의 방향이 어떻게 가야 하는지를 확인할 수 있는 대목이다.

엡하비스트 농장

대체 육류를 미래의 먹거리로 키워야

대체 육류는 기술 발달에 따라 자연스럽게 등장한 먹거리다. 환경보호, 동물복지, 건강 등의 이유로 고기를 섭취하지 않거나 섭취할 수 없는 사람들, 새로운 식품에 대한 호기심으로 먹거리 선택지 하나가 열린 셈이다.

대체육으로 만든 햄버거와 인공육의 출현은 농업 혁신의 가능성을 보여 준 지속 가능성의 한 단면이다. 대체 육류는 종래 가축 사육과 도축 과정을 통하지 않고도 맛있는 육고기를 생산할 수 있다는, 새로운 미래 먹거리 산업의 가능성을 열어 놓고 있다. 급증하는 육류 소비와 단백질의 수요는 지구촌을 오염시키는 주요 원인 중 하나다. 가축 사육과 도축을 대신 하는 대체 육류는 물, 사료, 토지 사용을 줄이고 축산으로 인한 환경 부하 및 온실가스를 획기적으로 줄일 수 있는 방안이다.

배양육 또한 새로운 먹거리 산업으로 급속한 발전으로 발전할 가능성이 있다. 살아 있는 동물의 줄기세포를 채취해 적절한 조건 하에서 배양시켜 이를 대량 생산해 얻어낸 것이 배양육 고기다. 앞에서 설명했지만, 배양육은 그 원천과 생성 방법에서 햄버거 패티를 예로 든 식물성 단백질과는 다르다. 배양육 산업의 가장 큰 문제점은 비용이다. 애초 2013년 배양육이 처음 나왔을 때 100g

만드는 데 들어가는 비용은 37만 5,000달러였으나, 2020년 무렵에는 기술 발달로 그 비용이 무려 1,986달러까지 떨어졌다. 하지만 아직도 전통 축산보다 높은 비용이라는 평가다. 채산성이 맞지 않아 아직 호응을 받지 못하고 있다. 무엇보다 실제 육류와 비교했을 때 맛과 식감에 차이가 있고, 가공물에 대한 심리적 거부감 등 소비자의 부정적인 인식 또한 적잖다.

그런데도 임파서블푸드를 비롯한 첨단 기업들이 배양육 개발에 나서고 있다. 미국항공우주국NASA은 우주선의 장기 식품용으로 인공 단백질을 공급하기 위해 배양육을 연구하고 있다. 빌 게이츠를 비롯한 세계 유수 기업인과 기업들이 배양육 시장에 뛰어드는 등 큰 관심을 보이고 있다. 향후 10년 이내에 배양육의 생산과 공급이 대중화될 것이란 전망이 우세하다.

아울러 대체 육류 기업들은 낙관하고 있다. 글로벌 담배 업체들이 자신들의 시장을 잠식하고 있는 전자담배 업체에 투자하듯, 타이슨 푸드, 카길 같은 세계적인 축산 업체들이 잇따라 인조 고기 개발 업체에 투자하고 있다. 주요 육류 소비국인 미국, 중국, 인도에서 실시한 소비자 선호도 조사에서도 같은 가격이면 식물성 고기나 세포 배양육을 선택할 용의가 있다는 답이 훨씬 많다.

대체 육류 시장은 웰빙 트렌드와 더불어 몸집을 키우고 있다. 식물성 고기는 채소와 콩 등에서 추출한 단백질로 만들어진다. 기존 동물성 육류 섭취로 초래할 수 있는 포화지방이나 항생제 섭취 등의 우려를 덜 수 있다는 게 소비자들 인식이다. 또한, 앞에서 설명했지만, 아프리카돼지열병, 조류인플루엔자 등 가축 전염병 창궐의 위험에서도 자유롭다는 게 학계 중론이다.

그럼에도 전문가 그룹과 축산업계는 대체 육류에 다양한 의문점을 제기하고 있다. 사실 대체 육류는 10여 가지 이상의 재료를 혼합해 만든 가공식품이다. 이 제품들의 성분을 살펴보면, 식물성 단백질임에도 포화지방이나 칼로리는 기존 육류와 비슷하거나 더 높다. 예컨대 한우 안심 소고기의 경우 100g당 포화지방 함량이 5.42g인데 반해 비욘드미트 패티 한 장113g에는 5g, 임파서블푸드의 패티에는 8g100g당이 들어 있다.

부위에 따라 다르지만 칼로리도 한우 안심보다 식물성 대체 육류가 더 높다. 소고기는 100g당 193kcal이지만, 비욘드미트는 270kcal 113g, 임파서블푸드는 240kcal100g다. 나트륨 함량은 큰 차이를 보인다. 소고기는 45mg인데 반해, 비욘드미트는 380mg, 임파서블푸드는 370mg의 나트륨이 들어 있다.

대체 육류를 반대하는 연구자나 축산업 기업들은 식물성 고기를 만드는 과정에 들어가는 첨가물도 문제 삼는다. 고기와 흡사하게 보이고, 비슷한 식감과 맛을 내게 하기 위해 코코넛 오일이나 식염 등을 물고 늘어진다.

이밖에도 대체 육류 산업에 만만찮은 장벽이 도사리고 있다. 미국축산협회는 새로운 방식의 고기를 대놓고 '가짜 고기'라고 비난하고 있다. 고기meat로 표시하지 못하게 하는 법률 제정을 로비하고 있다. 미국의 미주리주 같은 일부 지역에서는 이미 입법화 작업을 진행하고 있다. 대체 육류의 온실가스 저감 효과에 대한 회의론도 제기됐다. 지난달 영국 옥스퍼드대학 연구진은 장기적으로 보면 가축이 배양육보다 온난화 유발 요인이 더 적다고 발표했다. 가축이 내뿜는 온실가스인 메탄은 이산화탄소보다 25배나 강하다. 하지만 메탄은 12년이 지나면 자연 소멸된다. 반면 이산화탄소는 1,000년이나 지속된다는 식이다.

그럼에도 전문가들은 건강이 아닌 지구 환경과 동물복지 등을 위해 식물성 고기를 선택하는 것은 '좋은 선택지'라는 데 이견이 없다. 축산업으로 발생하는 온실가스의 양을 줄이고, 가축 도살이나 공장식 사육에서도 벗어날 수 있으며, 인류의 식량난을 해결할 수 있다. 여기에 대체육의 명분과 가치가 있다.

지난해 미국 컨설팅기업 에이티커니 보고서에 따르면, 2040년 무렵 대체 육류가 가축 도축으로 생산된 실제 육류를 압도하면서 육류 시장의 60% 이상 차지할 것으로 예상하고 있다. 이 중 배양육은 매년 10%씩 점유율이 올라 2040년에는 약 35%에 이른다고 예측했다.

아울러 2040년까지 식량 재배량의 46%가 가축을 먹이는 데 들어가는 만큼 수요를 감당하려면 농지의 팽창과 이에 따른 환경 파괴는 필연적이라고 본다. 에이티커니 보고서는 또한 일반 육류,

배양육, 대체육은 식물보다 칼로리 함량이 떨어진다고 했다. 각각 15%와 70%, 75%에 그친다고 분석했다.

향후 유전자 기술이나 생명공학 분야가 비약적으로 발전할 것이다. 이에 따라 효율적인 배양육과 대체육 기술도 함께 이뤄질 것이다. 이는 일반 육류보다 수요가 앞으로 늘어난다는 것을 의미한다.

맛있고 값싼 대체육, 대체 와인 대체 위스키가 출시될 것

——

임파서블푸드 창업자 패트릭 교수의 말대로 더 값싸고 맛있는 대체육이 나온다면, 그야말로 식품 업계에 혁명을 몰고 올 것이다. 우선 가격이 더 싸진다. 그 이유 중 하나는 소고기에 비해 제조 비용이 압도적으로 낮다는 점이다. 소고기 생산을 위해 송아지부터 키우기 시작한다면, 최소 3년이라는 시간이 필요하다. 한편 임파서블푸드가 생산해 내는 고기는 주원료가 콩이다. 원재료 공급만 원활하다면 공장에서 단시간 내 만들 수 있다. 물론 대두를 생산하는 데 걸리는 시간도 있지만, 소 사육에 비하면 3분의 1 이하로 상당히 짧은 시간이다. 유해한 화학조미료는 물론 쓰지 않으면서 영양가도 실제 육류에 뒤지지 않는다. 관련 기업의 성장성을 기대해 볼 수 있다. 비욘드미트의 경우 현재 뉴욕 증시에서 시가총액이 10조 원에 이르며, 임파서블푸드의 시가총액도 약 5조 원에 이르는 유니콘 기업이다. 임파서블푸드는 시총에서 아직 업계 1위를 차지하지 못하고 있으나, 이제 막 시장이 형성되는 단계에 있다. 성장성이 무궁무진하다는 점이다. 임파서블 포크가 생산되어 대체육 돈까스도 출시되고 있다. 이어 임파서블 치킨, 임파서블 튜나 등도 개발될 것이다.

임파서블푸드가 출시되면서 와인이나 위스키 업계도 대체 상품이 나올 움직임을 보이고 있다. 미국 벤처기업 글리프Glyph가 최근 주목받고 있다. 이 회사는 와인이나 위스키의 깊은 맛을 내는 데 과학 기법을 동원하고 있다. 와인과 위스키는 장기간의 숙성기로 인해 자금 회전율이 느리다. 이 회사는 숙성 기간을 과학기술의 힘으로 해결하려고 도전하고 있다. 임파서블푸드도 막 시작했을 무렵에는 지금처럼 맛있지는 않았다. 임파서블푸드처럼 30년짜리 스카치 위스키를 단 30분 만에 제조한다면 몇 년 후 글리프는 엄청난 회사로 변모해 있을 것이다. 세계 유수의 주류 업계가 이 회사에 눈독 들이고 있다. 일본의 전통 주류 업체인 산토리가 한때 인수하려고 했던 회사가 글리프였다.

임파서블푸드, 테슬라 같은 존재가 될 것

————

임파서블푸드는 테슬라 같은 혁신 기업으로 성장할 가능성이 크다. 테슬라가 전기차를 시장에 내놓을 당시 사람들은 솔직히 친환경적 차량으로만 인식했다. 외형은 기존 포드나 토요타처럼 세련되지 않고 투박하며 주행거리도 짧을 것이다. 충전 시간은 10시간 이상을 소비하고 가격도 가솔린차에 비해 비싸다.

그러나 사람들은 친환경적이라는 이유 때문에 사용해 준다. 과거 채식주의들도 이 같은 개념 아래 맛은 없지만 친환경적이라는 명분에 쫓겨 채식을 하고 있었다. 그런데 그 상식을 테슬라는 떨쳐버렸다. 친환경적이면서도 날렵한 외형에다 속도도 빠르며 1시간 내외의 충전 시간까지 포함해 만족스런 전기차를 개발한 것이다. 테슬라 파트에서 더 자세히 설명하겠지만, 테슬라는 고정관념을 버리고 혁신의 거듭해 지금의 전기자동차를 만들어 냈다.

대부분 채식주의자의 목적은 단순히 고기를 먹지 않는 것이 아니라 가축을 죽이지 않는 명분을 앞세운다. 동물에 대한 인간적 배려 때문이다. 마치 진짜 고기와 같은 식감을 재현한다면 콩고기를 마다할 이유가 없다. 임파서블푸드가 불가능할 것 같은 콩고기를 실현했다. 지금까지의 상식을 완전히 떨쳐 버린 '게임 체인저'가 되고 있다. 임파서블푸드의 대체육 시판은 식량 문제, 환경 문제, 빈곤 문제 등 3개의 큰 사회적 과제의 해결에도 이바지할 것이 분명하다. 요즈음 트랜드인 ESG, 즉 환경, 사회, 거버넌스까지 실현하고 있다. 머지않아 세계 먹거리 산업의 판도 변화를 몰고 올 것이다.

로빈후드
(Robinhood)

거래 수수료 0원 '미국판 홍길동'

———

모바일 증권거래 업체 로빈후드는 2013년 창업 4년 만에 유니콘 반열에 오른 스타트업이다. 미국 스탠퍼드대학 친구 블라디미르 테네프와 바이주 바트가 만든 로빈후드는 '미국판 홍길동'이라고도 부른다. 진짜 의적 홍길동이 될지, 아니면 '봉이 김선달'로 결말이 날지는 향후 두고 볼 일이지만 말이다. 뉴욕 증시 상장을 준비 중인 로빈후드의 성공은 그야말로 디지털 시대 금융업은 어떻게 해야 하는지, 일종의 방향타를 제시하고 있다고 볼 수 있다.

지난해 말 현재 기업가치로 따지면 200억 달러에 이른다는 평가를 받았다. 1회 거래에 10달러 안팎이 들었던 수수료를 무료로 하고, 입출금의 간소화 등 비교적 편리한 접근성을 앞세워 단숨에 뉴욕 증시를 들었다 놨다 하는 증권사가 되었다. 주식투자와는 무관한 젊은 층이 대거 신규 가입자로 들어오면서 고객 1,300만 여명을 확보하면서 최근 수년간 대대적 선풍을 몰고 있다. 여타 모바일 증권사나 기존 대형 증권사들도 부랴부랴 수수료를 내리지 않을 수 없었고, 각종 서비스 요금을 내려야 했다.

로빈후드는 주식, ETF, 옵션 등의 전통 금융자산과 함께 암호화폐 거래도 지원한다. 특히 올해 코로나19 사태 동안 젊은 층의 신규 가입자가 급증하면서 큰 폭의 성장세를 보이고 있다.

이처럼 젊은 층이 모여든 이유는 무료 이용과 편의성 외에도 공매도로 거덜난 우량 종목을 대거 사들여 속칭 '개미'들의 눈물을 닦아 주고 있다는 의미 때문이기도 하다. 그래서 미국판 홍길동이라는 닉네임을 얻었다.

그러나 호사다마라고 하는가. 선풍을 몰고 오는 데 따른 부작용이나 혼란을 야기할 수밖에 없다. 미국 규제 당국이 예의 주시하는 가운데, 로빈후드는 급기야 규제의 칼날 위에 올라섰다.

지난 12월 16일, 로빈후드는 미국 매사추세츠주로부터 고발됐다. 매사추세츠주 규제 당국은 거래 위험성을 제대로 고지하지 않고 투자자 보호를 위한 장치를 마련하지 않았다는 이유로 주행정 법원에 고발했다. 주 당국자인 윌리엄 갤빈은 CNBC와의 인터뷰에서 "최악의 혐의는 게임 요소를 악용해 초보 투자자들에게 투자를 유도한 것"이라며, "투자자 보호에 관한 한 이들은 악덕 회사"라고 비판했다. 최근 '블룸버그'는 분석 기사를 통해 "코로나로 인한 혼란 속에서 수수료 없이 주식을 매도해 현금화하려는 투자자들이 유입되면서 올해 첫 4개월간 약 300만 명이 로빈후드에 새로 가입했다"라고 전했다. 미국에서만 로빈후드 가입자는 1,300만 명을 넘어섰다. 600만 명이던 2018년에 비해 2배 이상 가입자가 늘었다. 로빈후드를 고발한 매사추세츠주에 주소를 둔 가입자는 48만여 명으로 추산된다.

로빈후드는 특히 미국 20~30대 젊은이들 사이에서 인기가 높다. 유력 일간 '뉴욕타임스NYT'는 "거래 수수료와 계좌 유지 최소 금액이 없는 점을 내세우며 서비스를 시작한 이래 수백만 명의 미국 젊은이들이 로빈후드에서 투자를 시작했다"라고 전했다. NYT는 이어 "투자자들이 로빈후드의 알록달록한 화면, 원클릭 거래 기능, 이모티콘이 붙은 알림 기능 등의 요소로 인해 게임이라는 인식을 갖게 됐고, 이로 인해 각종 대출을 받아 투자를 하도록 한다"고 전했다. 매사추세츠 규제 당국이 게임 요소를 가미해 투자자를 유혹했다는 것을 은근히 부추기는 NYT 기사로 보인다. 이에 대해 로빈후드 대변인은 "다양한 배경을 가진 새롭고 젊은 투자자들을 도외시한다면 투자 행위는 '부자들이나 하는 것'이라는 환상을 고착화시킬 수 있다"는 입장을 내놨다. '부자들이나 하는 것'이라는 말 속에는 현실을 타파하려는 혁신의 이념 내지 반발의 심리가 깃들어 있다.

이 때문에 미국 개인 투자자들을 일컬어 '로빈후드 개미'라 불린다. 모바일 기기로 로빈후드 앱을 통해 주식을 거래하는 소액 주식 거래자들이 이들이다.

이들 로빈후드 개미들은 공매도 세력을 박살내겠다는 명분을 내세우며 일종의 '전쟁'을 벌였다. 이들은 공매도 세력이 공략해 폭락한 우량 종목을 대거 사들여 가격을 폭등시킨다. 당연히 주가가 떨어져야 돈을 버는 공매도 세력들에게는 적이 될 수밖에 없다. 여기에 휘말린 대표적인 종목이 게임 소매 체인 '게임스톱'이다. 2018년에 이어 지난 21일부터 로빈후드 개미의 집중 매수가 시작됐고, 주가는 8배 넘게 폭등했다. 공매도 세력은 주가가 급등하자 큰 손실을 입게 되었다. 급기야 미국의 공매도 세력들은 '백기'를 들었다. 이 캠페인은 시간이 지나면서 세를 불리면서 미국 증시, 나아가 글로벌 증시까지도 영향을 미치기 시작했다. 미국 의회가 청문회를 열어 진상을 들여다본다 했고, '블룸버그'는 "이번 사건이 공매도의 종말을 뜻할 수도 있다"라고 전했다. 공매도 세력과 싸우고 있는 로빈후드판 개미들은 온라인 커뮤니티에서 뭉치고 대부분이 익명으로 투자한다. 로빈후드 개미들이 집중 매수하는 종목을 '밈 주식meme stock'이라고 부른다. '밈'은 우리말 은어 '짤'과 비슷하다. 동전주라는 의미다. 로빈후드 개미가 주로 매수하는 종목엔 공통점이 있다. 공매도 세력의 공격을 받는다는 것, 그리고 1990~2000년대 초까지 잘 나가던 기업이 많다는 점이다. 미 경제 전문지 '포천'은 "개인 투자자들의 집중 매수는 밀레니얼 세대가 그리워하는 오프라인 극장이나 게임 가게 등을 부활시키자는 움직임에서 시작됐다"라고 풀이했다. 밀레니얼 세대는 1980~2000년에 태어난 이들을 가리킨다. '파이낸셜타임스'는 이렇게 평한다. "간편한 온라인 거래 플랫폼, 남아도는 현금, 주체할 수 없는 지루함이 합쳐진 결과물이다." 다분히 질시와 부러움이 섞인 비평이다. 개미들이 공매도 세력을 맹공하는 배경엔 코로나 사태로 인한 현금 풀기도 작용했다. 미국 정부가 코로나 경제 충격을 막기 위해 막대한 현금을 개인에게 지급했는데 이 돈이 로빈후드 개미들의 '총탄' 역할을 했다는 것이다.

안정성을 확보하고 롱런할 수 있는가

———

많은 증권 애널리스트는 스타트업이 폭발적인 인기를 끌고 있지만 안정성에서는 아직 의심해야 한다고 지적하고 있다. 무엇보다 시장에 안착하려면 자금력 있는 고객들이 거액을 맡길 수 있도록 안정성을 확보해야 한다는 점이다.

이민 2세인 공동 창업자 테네프는 공산주의 치하 어린 시절의 경험을 자주 언급했다. 공산주의 국가라면 경제난과 빈곤이 떠오른다. 그는 "공산주의의 실패가 로빈후드가 달성하고자 하는 초자본주의 목표에 정당성을 부여하고 있다. 그 목표는 초보 투자자들이 주식 매수를 통해 부를 쌓도록 돕는 것"이라고 주장했다.

이런 로빈후드의 창업 이념 때문인지 창업 초기부터 개인 투자자들, 개미들이 폭발적으로 몰려들었다. 최근에는 자금력 있는 40대 전후 장년층도 관심을 집중하고 있다. 기존 증권업계는 처음부터 로빈후드를 백안시했다. 이들의 움직임을 하다 그만둘 것이라며 무시하기도 했다. 그러나 지금은 상황에 정반대로 흐르는 양상이다. 찻잔 속 태풍이라 여겼던 로빈후드 개미들의 영향력에 기존 증권업계의 판도가 흔들리기 시작했다. 한눈에 들어오는 앱 기반의 기능들 덕분에 40세 이하 연령층에서 '꼭 갖고 싶은' 투자 플랫폼으로 자리 잡았다. 투자은행 JMP 증권에 따르면, 로빈후드에는 1,500만 개의 계좌가 개설되어 있다. 무엇보다도 2020년 1분기에만 500만 개의 신규 계좌가 개설됐다. 코로나 사태로 인해 재택근무하는 젊은 층이 대거 가입했기 때문이다.

급기야 로빈후드의 급성장을 목도한 종래 증권사들은 로빈후드의 혁신 모델을 따라 하기 시작했다. 지금은 모든 증권사들이 애초 로빈후드가 시작했던 '무료 거래 수수료' 서비스를 따라 하거나 저렴하게 받고 있다. 로빈후드는 신규 개설자에게 작지 않은 보상을 해주었다. 덕분에 '로빈후드 트레이더'라는 신규 투자자

그룹이 생겨나기도 했다. 아직 대부분 증권 업계에서는 이들을 낮게 평가하고 있지만, 이들의 영향력이 무시 못 할 수준으로 확장되어가고 있다. 기존 대형 자본가들이 좌지우지하는 주식 거래 관행을 뒤집고 있다.

공동 창업자인 바이주 바트Baiju Bhatt는 수익성을 자신하고 있다. 그는 언론 인터뷰에서 "회사의 장기적인 성공은 초보 투자자들이 부자가 되도록 도와주는 데 달려 있다"고 말했다. 미국 증시의 거물 찰스 슈와브가 60여 년 전에 했던 일을 따라 할 수 있다면서 대자본가 중심의 종래 거래 관행을 거부한다고 바트는 주장한다. 그러면서 대형 자본가들이 만든 증권사가 무시하는 젊은 고객, 개인 투자자들을 확보하여 수익성이 더 높은 금융 서비스를 제공할 것이라고 주장한다.

한편으로, 이는 말로 끝날 단기 명분에 지나지 않으며 '목적은 다른 데 있는 거 아니냐'는 비판적 시각도 사그라지지 않고 있다. 로빈후드 스스로 개미들에게 충분히 신뢰할 수 있을 만큼 성실성을 입증해야 한다. 미국 규제 당국의 기준에서 보면, 로빈후드는 규제의 준수, 그리고 고객 서비스 분야의 규정을 위반했다. 자금력 있는 부자들은 금융 상품과 재무 관리 상담 분야에서 로빈후드의 역량을 회의적으로 보고 있다. 이들은 로빈후드는 위험한 주식 거래를 부추긴다고 비난한다.

로빈후드의 회원 가입 과정은 비교적 쉽다. 마치 속도가 느린 모바일 게임을 하는 것 같다. 팝업 화면에는 '무료 주식이 당신을 기다리고 있다', '로빈의 보상'이라는 문구가 등장한다. 새 기능에 들어갈 때마다 축하를 알리는 색종이가 휘날린다. 다분히 오락적이며 선동적이다. 긁으면 당첨되는 디지털 복권도 제공한다. 가입후 10분 만에 주식과 스톡옵션 거래를 할 수 있다. 5년 전 일반인들이 주식 계좌를 개설할 시절과 비교하면 비약적인 발전이다. 당시 계좌 개설은 며칠이 소요됐고, 팩스로 서류도 보내야 했다. 디지털 복권 같은 우연한 횡재는 당연히 없었다.

거래 건수에서 기존 증권사들을 압도하다

로빈후드가 이처럼 고속 성장하고, 젊은 세대의 열광적인 지지를 받으며 주식 거래의 붐을 창출하는 것은 어쩌면 당연해 보인다. 디지털 시대로 전환하는 시대 변화의 한 단면이라는 설명이다. 로빈후드는 작년 6월 뉴욕 증시의 일일 평균 매출 거래Daily Average Revenue Trades 지표에서 처음으로 여타 증권사들을 앞질렀다. 평균 431만 건을 기록해 거래 건수에서 1위를 차지했다.

미 증권 업계에서는 로빈후드가 혜성처럼 나타난 것은 요행이 아니라면서 그 배경으로 몇 가지를 꼽았다.

첫째, 디지털 시대에 필요한 디자인 기술을 적재적소에 적용한 것이 주효했다. 로빈후드는 스마트폰이 전 세계로 보급되기 시작하던 2013년 출범했다. 스탠퍼드대학에서 창업한 테네프와 바트는 '디자인이 가장 중요하다'는 실리콘밸리의 성공 방정식을 그대로 따라 했다. 로빈후드는 상호 교감적인 인터페이스에 공을 들였다. 두 사람은 통근 열차 안에서, 글자체와 iOS 디자인을 독학으로 터득했다. 이런 피드백을 바탕으로 앱을 정교하게 다듬었다. 초기 고객들에게 친구를 추천하도록 유도하는 흔한 스타트업 전략을 활용했다. 큰 마케팅 비용을 들이지 않고도 입소문으로 전파하는 효과가 있었다. 실리콘밸리 거물이 된 스탠퍼드 출신 동문들의 지원도 큰 도움이 되었다. 예컨대 스냅챗 창업자 에반 스피겔Evan Spiegel과 바비 머피Bobby Murphy, 인스타그램의 케빈 시스트롬Kevin Systrom, 미디어 비평가 겸 벤처 투자자 조시 콘스틴Josh Constine 등이 그들이다.

둘째, 로빈후드는 다른 증권사들이 무시했던 고객 확보 전술을 활용했다. 무엇보다도 무료 수수료 서비스와 최소 투자 금액을 의무화하지 않은 점이다. 소액, '짤' 투자자들도 주식 거래를 할 수 있도록 유도했다. 60년 전 전설적인 인물 찰스 슈와브가 써먹었던 전략을 따라 했다. 1970년대 증권 거래 업계에 뛰어든 슈와브는 낮은 수수료를 앞세워 소액 투자자 유치 마케팅을 펼쳤다. 당시 소액 투자자들도 주식 거래를 할 수 있도록 하는 등 선구적 역할을 했다. 메릴린치 등 거물 증권사들은 자산 많은 VIP 고객들을 중심으로 고액 영업에 전념했다. 이제 모바일 주식앱 슈와브의 고객 수는 4배 이상 늘어난 대형 증권 업체가 되었다. 많은 사람은 "물이 들어왔을 때 노를 저었기 때문에 그렇게 많은 고객을 붙잡을 수 있었다"고 평했다. 필요한 기술과 전략을 적기에 써먹었다는 의미다. 지금 로빈후드도 그렇게 하고 있다고 지지자들은 주장한다.

대형 증권 업체 임원들은 로빈후드의 역량에 대해 비판적이다. 찰스 슈와브의 트레이딩, 교육 담당 부사장 배리 메츠거Barry Metzger의 말이다.

"게임처럼 만든 앱과 색종이를 뿌려 주는 특수 효과는 신규 회원 유치에 도움이 될 수 있다. 하지만 투자자들은 자신들의 돈이 얽혀 있기 때문에 신뢰할 수 있는 기업에 대해 더 많은 것을 요구한다."

앞으로 초점은 과연 로빈후드를 투자자들이 신뢰할 수 있느냐에 모아진다. 지난 2020년은 미국 증시에 큰 충격이 가해진 해로 기억된다. 코로나 사태가 아니라 아마추어 개인 투자자들이다. 이들은 대거 주식 시장에 뛰어들어 최대 25%까지 거래 규모를 차지하고 있다. 거래 점유율이 종래 3개월 평균 10~15%에서 최대 20~25%로 껑충 뛴 것으로 집계됐다. 속칭 '미국 개미'들의 하루 평균 거래량이 2019년 70억 주에서 2020년 110억 주로 급증한 것이다.

이런 변화는 로빈후드 효과 때문이라는데 이론의 여지가 없다.

창업자인 테네프와 바트는 이른바 '투자의 민주화'를 이끈 원동력이라고 나름 자부하고 있다. 다만 이들은 기업가치와는 무관하게 '저가 주식 사모으기' 또는 단타 매매 전문이라는 비아냥이 거세다. 그러나 로빈후드 측은 반박한다. 일부 단타 매매도 부인할 수 없지만 대부분 '매수 후 보유'라는 중장기 투자의 행동 양식을 보인다는 것이다.

로빈후드가 의뢰한 설문조사에 따르면 주 고객들은 평균 연령이 31세다. 기존 업계 평균 나이보다 더 젊다. 이 가운데 고객의 70% 가량은 밀레니얼 세대나 Z세대다. 남녀 성비를 따지면 로빈후드는 여성 비율이 33%로 기존 업체보다 훨씬 적다. 반면 인종 분포는 대체로 다양한 편이다. 로빈후드 유저 중에 백인 고객이 60%로 가장 많고, 히스패닉계 19%, 아시아계 10%, 흑인은 9% 수준이다. 종래 기존 증권사의 백인 비율은 78% 수준이었다. 로빈후드 유저들의 인종 구성비는 대략 전체 미국 인구 구성 비율과 흡사하다.

로빈후드 앱을 이용하는 젊은 고객들은 대개 소액의 증권계좌를 갖고 있으며, 자본 축적 단계에 이르지 못한 부류이다. 미국 투자은행 JMP 증권에 따르면 로빈후드의 평균 계좌 잔액이 5,000달러 미만이다. 모바일 업계 강자인 슈와브의 평균 계좌 잔액은 25만 5,000달러에 이른다. 이에 대해 로빈후드는 이전 세대들과는 다른 투자 접근법을 통해 젊은 층이 자산을 구축할 수 있도록 적극 도울 것이라며 자신하고 있다.

수익 모델 창출이 성공 여부를 가를 것

———

로빈후드 개미들, 즉 개인 투자자들은 종래 주식 거래와는 판이하게 다른 양태를 보인다. 이들은 석유나 담배 종목 같은 전통적인 인덱스 펀드를 꺼린다. 대신 넷플릭스처럼 그들이 선호하는 신흥 기업의 주식을 주로 거래한다. 물론 과거 우량 종목이었지만 공매도로 폭락한 종목을 추천받아 거래하기도 한다. 로빈후드는 소액 투자자들에게 소수점 거래도 허용한다. 애플, 구글, 아마존 같은 블루칩을 사고 싶지만 큰돈이 없는 경우, 개미 투자자들은 월급날마다 일정 금액을 자동 입금하면 로빈후드가 이들 블루칩들을 소수점 매입할 수 있도록 해준다.

대신 분산 투자해 위험을 피하도록 하는 인덱스 펀드와 달리, 위험을 피할 수 있는 보호 장치를 아직 제공하지 않고 있다. 하지만 무료 수수료 덕분에 수십, 수백 개씩의 개별 종목들을 매수해 포트폴리오를 구축할 수 있다. 아울러 펀드를 선호하는 고객들에게도 관련 금융 상품을 개방하고 있다.

애초 스탠퍼드대학에서 공부하던 불가리아 이민 2세 블라디미르 테네프와 인도 출신 이민 2세 바이주 바트는 금융을 이해하거나 사업을 할 만큼 세상 물정에 능숙하지 못했다. 테네프는 한 인터뷰에서 "개인적으로 돈을 벌거나 부를 축적하는 것이 주된 사업 동기가 된 적이 없었다"고 말한다. 만일 로빈후드가 뉴욕 증시에 상장한다면 창업주들은 억만장자가 될 것이 분명하다. 그들은 "애초 물리학 교수가 되고 싶어 했다. 돈을 좇았다면 교수가 되고 싶어 했을까"라고 반문한다. 로빈후드를 창업했을 때, 두 사람은 '월가를 점령하라'라는 사회적 운동을 통해 아이디어를 얻었다고 술회했다. 그렇기에 중세 영국에서 귀족들의 돈을 훔쳐 민중들에게 분배한 로빈후드란 이름을 사명으로 했다고 주장한다.

그러나 로빈후드가 과연 자신들의 공언처럼 대중을 위한 증권 스타트업으로 성장할까. 회의론이 적지 않다. 일종의 '대중을 위한 원칙' 또는 소액을 가진 일반인들이 손해 보지 않도록 할 수 있는가. 부의 불평등 해소에 조금이라도 기여할까 등에 의문부호가 따르는 게 사실이다.

증권 신고서에 따르면, 로빈후드는 고객들의 매매 거래 동향 등의 정보를 팔아 수수료를 받는 주문정보 대금Payment for Order Flow, PFOF을 통해 매출의 70%의 올리고 있다. 작년 1분기에 4억 5,300만 달러의 수입을 올렸다. 나머지 매출은 주식 대여와 유료 구독 서비스월 5달러 수준에서 나온다. 이 서비스는 거래와 상세한 시장 데이터를 포함한 정보로 구성된다. 쉽게 말해 PFOF는 수수료를 받고 시장 조성자들에게 고객의 매매 정보를 판매하는 것이다. 헤지펀드 등 시장 조성자들은 매수 가격과 매도 가격 사이의 차액을 통해 이익을 얻는다. 로빈후드는 옵션 거래를 통해서도 매출을 올린다. 옵션 거래는 초보 투자자들에게는 무리다. 전문 투자자들이 초보 투자자들의 무지를 이용해 돈을 버는 시장이기 때문이다. 다시 말해 정보나 지식에 어두운 개미들이 털리는 분야가 옵션 거래라고 한다. 미국증권거래위원회SEC로부터 벌금형을 받은 바 있는 로빈후드는 작년 6월 고객 중 한 명이 자살한 사건이 벌어진 이후, 규제 당국으로부터 감시를 받아왔다. 이후 로빈후드는 옵션 플랫폼을 전면 개편했다. PFOF에 대해 개인 투자가들에게 더 많은 정보를 제공할 것을 약속했다. 하지만 투자를 더 하고자 하는 고객들의 옵션 거래를 막을 수는 없는 일이다. 대신 보다 투명한 정보를 제공해야 한다. 물론 투자는 어디까지나 개인의 결정과 책임 아래 시도해야 한다.

이와 관련 작년 7월 중순 기준으로 로빈후드는 연방무역위원회에 473건의 소송이 걸려 있다. 반면 비슷한 고객 수를 보유한 슈와브와 피델리티는 각각 126건, 69건이 제소되어 있다. 로빈후드에 고객들의 불만이 가중되고 있는 사례 가운데 하나다. 로빈후드가 고객 서비스 문제를 다루는 방식에 문제가 있다는 점이다. 개인 투자자들의 불만을 해소하기 위해 기존 증권사들은 수백 명에 이르는 전문 상담원을 고용하고 있다. 로빈후드는 처음엔 오로지 앱을 통해서만 고객들의 불만을 접수받고 있었지만, 최근에는 수백 명의 상담사를 고용해 개인 투자자 등의 불만을 해소하고 있다. 로빈후드는 현재 애리조나와 텍사스에 설치한 콜센터에서 수백 명의 상담사를 고용하고 있다.

애초부터 창업자인 테네프와 바트는 자동화된 솔루션을 선호하는 편이다. 그는 인터뷰에서 "대부분 고객들은 고객지원부 상담사와 통화하는 것을 원하지 않는다. 다만 그들의 문제에 대한 가장 빠른 해결책을 원할 뿐"이라고 했다.

갖가지 잡음에도 로빈후드는 작년에만 총 22억 달러를 유치했다. 로빈후드가 기존 증권 업체들과 어깨를 견주거나, 심지어 압도할 것이라고 보는 자본가들이 거액을 베팅한 것이다. 이런 자본가들의 투자는 향후 뉴욕 증시 상장을 예상한 움직임으로 풀이된다. 로빈후드 측도 창업자 두 사람의 업무 분장을 정리했다고 한다. 바트가 공동대표직에서 물러나 상품 개발 등 실무 경영을 지휘하는 이사회 의장을 맡고, 테네프는 단일 대표를 맡아 경영에 매진한다는 것이다.

그러면서 증시 상장에 대비해 우수 참모진도 보강해 왔다. 지난 2018년 CFO로 영입된 아마존 출신의 제이슨 워닉 Jason Warnick, 로빈후드의 변호사로 선임된 전 미증권거래위원회 위원 댄 갤러거 Dan Gallagher 등이 주목받는 참모들이다.

현재 미국 증시는 개인 투자자들의 대거 유입으로 활황 장세를 보이고 있다. 따라서 로빈후드가 상장된다면 인기를 끌 수 있는 유리한 환경이 조성되고 있다. 주식 거래가 급증하면서 전체 시장 규모가 커지면서 전체 파이도 커졌다. TD아메리트레이드와 E트레이드 등 플랫폼 업체들은 지난해 분기별 사상 최대의 매출을 올렸다. 미 증권 업계에서는 로빈후드가 증권 시장으로 대중의 관심을 유도한 결과로 보고 있다. 아마추어 투자자는 물론 관록 있는 투자자들도 로빈후드로 옮기는 현상도 포착되고 있다.

개미들을 위한 증권 스타트업의 가능성

———

로빈후드의 지지자들은 거물 자본가와 대형 증권사들이 꽉 쥐고 있는 미 증권 업계에 새로운 바람을 불러일으키는 촉매제가 될 것을 촉구하고 있다. 로빈후드 경영자 테네프에 대해 제프 베이조스나 리드 헤이스팅스, 그리고 일론 머스크처럼 혁신을 보여줄 것을 촉구하고 있다. 지지자들이 촉구하는 것을 몇 가지로 정리해 본다.

첫째, 다양한 수익 모델을 투자자들에게 보여주는 것이다. 로빈후드는 동종의 주식 거래 앱인 피델리티나 슈와브처럼 긍정적으로 진화해야 한다는 것. 이를테면 고객이 맡긴 현금 잔고에서 나오는 이자 수익을 관리하는 체계나 각종 금융 서비스를 매끄럽게 정비해야 한다는 지적이다. 이에 대한 방법론으로는 경쟁력 있는 M&A를 통한 대민 서비스 강화 등을 들 수 있다. 찰스 슈와브는

TD아메리트레이드를 인수하는 절차에 들어갔고, 모건 스탠리도 E트레이드를 합병했다. 앞으로 경쟁사들과 어깨를 견줄만한 서비스를 구축하기까지 로빈후드는 상당한 시간과 비용을 들여야 할 것이다.

둘째, 장기 고객이 많아야 한다는 점이다. 로빈후드 앱에는 아직 소액으로 투자하는 개인 투자자들이 대부분이다. 일종의 재미로 로빈후드 앱을 통해 거래를 하는 부류가 대부분이다. 코로나 대유행으로 재택근무가 대세를 이루는 상황에서 큰 재산은 부동산이나 펀드 등에 투자하고, 소액으로만 로빈후드 같은 저렴한 플랫폼을 이용하고 있다는 것이다. 실제로 로빈후드 앱 이용자들의 70% 이상이 1,000~5,000달러 미만의 소액 계좌이다. 뉴욕 증시 애널리스트들은 로빈후드 앱에 대해 싸구려 앱이라며 평가 절하하고 있다. 개미 고객들 역시 로빈후드를 주거래 증권사로 생각하지 않는다는 것이다.

셋째, 포스트 코로나 팬데믹 시대를 대비해야 한다는 점이다. 증권 업체 애널리스트 들은 팬데믹이 완화되면 주식 거래량이 감소할 것으로 예측하고 있다. 그러면 로빈후드의 주 수입원인 PFOF의 가치가 떨어져 경영난에 부닥칠 수 있다. 거래 건수가 줄거나, 신규 가입자가 줄어들면 로빈후드가 주도하는 무료 수수료의 의미도 퇴색될 것이다.

결론적으로 로빈후드가 현재 이용자들을 장기적인 이익 창출

고객으로 유도할 역량은 아직 불확실해 보인다. 특히 기존 경쟁사들과 그들의 풍부한 자금력을 고려할 때 로빈후드에게는 아주 힘든 미래가 기다리고 있다. 로빈후드 지지자들은 진짜 혁신가의 힘을 보여줄 때라고 주문한다. 월마트가 아마존에 눌려 기를 못 펴고 있는 것처럼, CBS가 넷플릭스에 밀리고 있는 것처럼, 전통의 자동차 메이커 GM이 테슬라에 얻어맞고 있는 것처럼, 평범한 소비자들은 로빈후드의 대활약을 기대하고 있다.

덧붙여 로빈후드의 실험이 성공하려면 도덕성에 관한 문제를 해결해야 할 것이다. 뉴욕 증시에서 게임스톱의 폭등 폭락이 반복되자, 로빈후드는 TD아메리트레이드, 찰스슈와브, 인터랙티브 브로커스 등 여타 인터넷 증권사들과 함께 현물 또는 옵션 거래 일부를 제한했다. 로빈후드 등은 게임스톱과 AMC엔터테인먼트, 블랙베리, 익스프레스, 코스코포레이션 등 최근 개인 투자자 거래가 집중되며 세 자릿수로 폭등한 주식들의 현물 및 옵션 거래를 제한했다. 로빈후드는 주가 급등락으로 청산 결제가 제대로 이뤄지지 못할 가능성에 대비해 개인 투자자들의 거래를 제한하는 조치를 취했다. 폭등 폭락 와중에 56%까지 급락한 종목도 있다. 당연히 투자자들이 아우성치고 있다. 로빈후드의 거래 제한은 로빈후드를 떠받치고 있는 개인 투자자들을 분노케 했다. 개미들은 월가가 똘똘 뭉쳐 개인 거래를 틀어막음으로써 곤경에 처한 헤지펀드들을 보호하고 있다고 공분했다. 일부 개미 투자자들은 거래를 제한한 증권사에 대해 집단 소송을 제기했다. 이들은 소장에서 "헤지펀드는 마음대로 주식을 거래할 수 있도록 주무르면서 개인들에게는 거래 제한으로 막았다"고 밝혔다. 급기야 하원 금융 서비스위원회 위원장인 맥신 워터스 위원장은 "시장 불안정성과 헤지펀드의 역할에 초점을 맞춘 청문회를 열겠다"고 했다. 민주당 계열의 엘리자베스 워런 상원의원도 성명을 내고 "헤지펀드와 사모펀드, 부자들은 그동안 증시를 카지노처럼 갖고 놀면서 다른 사람들만 비용을 치르게 했다"며 목소리를 높였다. 당연히 개미들의 분노는 이번 붐을 일으킨 로빈후드로 쏠리고 있다.

로빈후드는 주식 거래 수수료를 없애 개인들의 주식 거래 붐을 불러일으킨 스타트업이다. 대신 로빈후드는 개인 투자자들의 거래 동향 정보를 시장 조성자들이나 헤지펀드에 팔아 수익을 올리고 있다. 수수료를 받지 않는 대신, 월가에 고객들의 주문 정보를 이른바 '하이프리퀀시 트레이더'HFT 들에게 판매해 수익을 올린다. HFT는 월가의 하이에나로 불린다. 뉴욕증권거래소 바로 옆 건물에 최첨단 서버와 초고속 인터넷 전용선을 설치해 놓고 누구보다 빨리 주문을 내 이익을 낸다. 이를테면 테슬라에 많은 매수 주문이 몰린다면 먼저 사들여 싸게 산 뒤 비싸게 되파는 식이다. 매도 주문이 많을 땐 먼저 공매도를 쳐서 이익을 낸다. 어떤 종목에 매도 주문이 많은지 매수 주문이 많은지 등의 정보를 로빈후드 등에서 사들인다. 대표적 HFT가 헤지펀드 시타델이다. 시타델은

'게임스톱 사태'로 파산 위기에 처했던 헤지펀드 멜빈캐피털에 20억 달러를 긴급 수혈해 주어 살아나도록 했다. 멜빈캐피털은 공매도를 쳐서 큰돈을 벌었다. 결국 개미들 입장에서는 자신들의 매매 정보로 통해 돈을 벌고, 자신들의 적에게 자금을 대주는 꼴이 되었다며 공분했다. 로빈후드가 돈을 벌어온 관행에 화를 낸 셈이다. 벌써부터 로빈후드를 떠나 위불webull 등 다른 증권사로 옮기자는 운동도 벌어지고 있다. 올해 증시 상장을 준비하고 있는 로빈후드에겐 최대 악재에 부닥친 셈이다. 그럼에도 현재 로빈후드는 최대 200억 달러 수준의 기업가치를 평가받고 있다. 로빈후드는 먼저 도덕성을 인정받아야 '월가의 적'으로 성공한다는 얘기다.

로빈후드, 핀테크 1등 유니콘 기업

테네프와 바트 두 사람은 기존 증권 업계의 관행을 철저히 무시한 전략으로 시장 진입에 성공했다. 핀테크 업계 1위로 등극했다는 평판이 자자하다. 앞에서도 일부 설명했지만, 로빈후드의 성공적인 진입한 배경에는 첫째, 매매 수수료 0원이라는 파격이었다. 이로 인해 주식 매매 경험이 없는 10대 20대 젊은 층을 증권 시장으로 불러들였다. 어느 정도 자산을 가진 부유층이 하는 돈벌기로 여겨졌던 증권투자를 대중화시킨 것이다. 둘째로, 간편함이었다.

게임을 하는 감각이나 조작으로 매매를 할 수 있으며, 스마트폰 게임을 하는 것처럼 트레이드를 실행한 것은 기막힌 아이디어였다. 아울러 계좌 개설자에게는 테슬라 1주를 선물당시 가격으로 30만 원 수준하는 캠페인으로 폭발적인 인기를 끌었다.

로빈후드의 혁신으로 인해 당시 뉴욕 증시의 분위기가 급격히 바뀐다. 로빈후드의 급성장에 위기감을 느낀 찰스 슈와브는 2019년 10월 수수료 무료화를 발표했고, 이어 E트레이드, 인터랙티브 브로커스 증권, TD아메리카트레이드 등도 수수료 0원 또는 대폭 인하하는 행보를 보였다.

단 하나의 회사의 이노베이션으로 업계 전체의 상식을 바꿔버린 것이다. 가입 절차도 대폭 간소화했다. 스마트폰으로 모든 계좌 개설을 완료하도록 하고, 서비스 개시 후 트레이드 결제까지도 완결되도록 했다. 개발 단계부터 스마트폰 전용으로 플랫폼을 만들었기 때문에 다른 인터넷 증권회사가 제공하는 스마트폰 앱과는 완전히 달랐다. 버튼 조작이 매끄럽고 알기 쉬우며, 게임 감각으로 투자를 진행할 수 있다. 암호화폐도 주식 매매와 마찬가지로 스마트폰 앱을 통해 거래할 수 있다.

로빈후드의 또 하나 특기할 만한 것은 직불카드를 발행하고 있는 점이다. 종합 자산운용사로 성장할 가능성이다. 미국인은 현금을 거의 사용하지 않기 때문에 로빈후드 계좌를 개설하면 별도 은행계좌 없이 쇼핑도 할 수 있다.

로빈후드, 수익 종목 추천을 주도할 것

증권 업계도 데이터 활용으로 크게 양상이 바뀔 수 있다. 주식이나 투자신탁 등에 대한 추천 서비스 등으로 종래 증권사와 차별화할 것이다. 지금까지 이른바 대기업 증권사들은 투자자 개인별 성향에 따른 추천을 하지 않았다. 고객의 프라이버시 보호라는 점에서 기술기업들이 갖고 있는 개인별 데이터를 사용하지 않았다. 투자자에게 종목 추천은 주로 애널리스트의 감각에 의한 것이나, 해당 종목의 추천에 의한 것이었다. 투자자는 투자할 종목에 대한 비대칭적 데이터에 의존해 온 나머지, 속칭 코끼리 코 만지기식 투자도 적지 않았다.

로빈후드는 대형 증권사가 사용하지 않았던 데이터를 적극 활용하고 있다.

로빈후드가 증권 업계에서 태풍의 눈이 되고 있는 것은, 전술한 것처럼 모두가 스마트폰으로 해결하며 종래에 없는 획기적인 시스템을 제공하고 있기 때문이다. 로빈후드는 아이디어, 기술, 그리고 발빠른 움직임으로 기존 증권 업계를 혁신할 것으로 기대를 모으고 있다.

쇼피파이(Shopify)

'제2의 아마존'을 목표로 하다

———

쇼피파이Shopify를 '제2의 아마존'이라 일컫는다면 무리인가. 아닌 게 아니라 충분히 그럴 가능성이 보인다. 쇼피파이를 찬찬히 뜯어보면 미래 유통 산업의 양태를 예측할 수 있다. 특히 쇼피파이는 아마존이나 텐센트 등 전자상거래EC 공룡들의 미래를 예측할 수 있는 바로미터이다.

2006년 캐나다 오타와에서 창업한 쇼피파이는 EC 플랫폼 개발하고 운영하는 성장 기업이다. 최근 몇 년 새 아마존에 맞설 강자로 부상하고 있어 관련 업계가 긴장하고 있다. 지난해 코로나 사태를 거치면서 주가가 무려 3배 가까이 급상승했다. 2020년 12월

2일 현재 시가총액이 144조 원에 달했다. 이 무렵 국내 시총 2위로 굴지의 반도체 기업 SK하이닉스79조 원의 1.8배에 달하는 엄청난 가치를 보였다. 손정의가 이끄는 소프트뱅크 그룹이 최근 중점 투자하는 기업이 바로 쇼피파이다.

쇼피파이는 웹사이트 제작, 고객 관리, 결제, 배송 등 EC에 필요한 기능을 저렴한 가격으로 일괄 제공하는 솔루션이다. SNS와 제휴하기도 쉽고, 관련 판매 시스템도 함께 제공한다. 현재 175개국에 진출해 있는데 의류, 책, 잡화, 음료 등 다양한 제품을 파는 전 세계 130만 명의 중·소규모의 상사가 쇼피파이 플랫폼을 이용하고 있다. 지난해 2분기 매출은 전년 동기의 거의 2배인 7억 1,430만 달러에 달했다. 쇼피파이의 성장 과정을 보면, 지금까지 전자상거래 쇼핑몰이 아마존이나 쿠팡이었다면 이제부터는 다른 상황이 전개될 수 있음을 의미한다.

만일 인터넷이 PC와 모바일을 넘어 모든 물건에 연결되는 사물인터넷IoT 시대가 완전히 구현된다면 전혀 다른 상거래 양태가 형성될 것이다. 아마존, 쿠팡, 일본의 라쿠텐 같은 EC 대기업은 이미 위협을 느끼고 있다. 국내에서는 네이버, 그리고 SK그룹의 11번가와 아마존의 제휴, 신세계, 롯데 등 오프라인 유통 강자들이 전자상거래를 강화하고 있다. 국내 유통 분야 경쟁이 치열하다.

쇼피파이는 웹 쇼핑몰 구축을 지원하는 일종의 임대형 e커머스 솔루션이다.

반면 입점형 쇼핑몰은 대표적으로 아마존 같은 대형 e커머스 몰이다. 아마존, 이베이 엣지, 라쿠텐 등이 그것이다. 사이트 자체가 유명하기에 입점형은 간단하게 시작할 수 있고, 곧바로 물건 판매에 돌입할 수 있다. 이를테면 유명 백화점에서 가게를 오프하면 마케팅 비용이나 판매에 거의 신경 쓸 필요가 없다. 그냥 백화점에 오는 고객이 사주기 때문이다. 그러나 임대형 같은 독립적인 가게라면 홍보도 하고 가게에 손님 관리도 잘해야 한다.

입점형이나 임대형 모두 각자 장단점이 있다. 유명 온라인 쇼핑몰에 입점하면 그 쇼핑몰 브랜드 파워에 의해 더 많은 소비자에게 쉽게 노출될 것이고 매출액도 증가한다. 대신 유명 백화점에 들어가는 입점형은 수수료가 많이 들고, 독자적인 판매 권한이 제한되는 등이 단점이다. 반면 임대형 또한 스스로 마케팅 및 관리를 해야 판매 촉진이 가능하다는 단점이 있다. 다만 SNS 등 다양한 경로를 통해 브랜드를 알릴 수 있는 환경에서 스스로 마케팅이 가능하다면, 독자 웹사이트를 갖는 것도 장기적으로 유리할 수 있다. 앞으로 중·소매업자들은 자신에게 가장 큰 이익을 주는 전자상거래 방식을 선택할 것이다. 기술의 발전과 시대적 흐름에 따라 결정될 것이다.

창업자 겸 CEO 토비아스 뤼트케는 1980년 독일 서부 라인강과 모젤강의 합류점에 위치한 코블렌츠에서 태어났다. 그는 2002년 캐나다 브리티시 컬럼비아주의 휘슬러로 스노보드 여행을 떠났다. 이곳에서 아내 피오나 매킨을 만났고, 곧 아내의 고향인 오타와로 이사했다. 컴퓨터 프로그래머인 뤼트케는 지멘스에서 프로그래밍 견습사원으로 일하기 위해 17세에 고등학교를 중퇴하는 등 남달리 컴퓨터를 좋아했다. 그는 오타와에서 처가의 지인인 스콧 레이크를 만났고, 열정적인 스노보더였던 그들은 온라인으로 고급 스노보드를 팔기로 하고 창업했다. 뤼트케의 장인이 첫 번째 투자자 중 한 명이다.

당시에 사용했던 EC 플랫폼이 불편하고 비용이 너무 많이 들었다. 뤼트케와 그의 아내는 프로그래밍 전문가였기에 아예 자신들의 EC 플랫폼을 새로 만들기로 했다. 그렇게 해서 쇼피파이를 창업하고 아예 전자상거래 개발 플랫폼 쪽으로 전념하기에 이르렀다.

당시 뤼트케에게는 명확한 목표가 있었다. 모두가 전자상거래를 쉽게 이용하도록 하는 것이다. 누구나 워드프로그램을 통해 블로그나 콘텐츠 웹사이트를 쉽게 만들 수 있는 것처럼, 쇼피파이 플랫폼을 쓰면 기술은 몰라도 즉시 온라인 스토어를 개설, 운영할 수 있도록 한다는 것이다. 핵심은 고객이 팔 물건만 갖고 있으면, 재고 추적이나 배송, 판매 및 마케팅 분석 같은 회사 기능까지 전부 대신해 준다는 개념이다. 그리고 사이트 개설, 운영, 판매에 드는 비용을 최소화해 쇼피파이라는 플랫폼에 더 많은 고객이 모이도록 만들었다.

아마존이나 쿠팡이 거대한 e커머스 시스템을 구축해 시장을 장악해 나가고 있지만, 그것이 언제까지 지속될지는 알 수 없다. 플랫폼에는 서로 연관되어 시너지를 일으키는 네트워크 효과가 있다. 플랫폼 사용자, 이를테면 입점 상인들에게 얼마나 많은 이익을 가져다주느냐에 따라 네트워크 효과가 달라진다. 플랫폼 사용자가 얻는 이익이 다른 플랫폼 사용자보다 떨어지면 기존 플랫폼은 허무하게 무너질 수 있다. 아마존이나 쿠팡의 성장 가능성이 높지만, 그렇다고 미래를 결코 낙관할 수 없다는 얘기다.

이를테면 전자상거래 업계에서 쇼피파이는 콘텐츠 업계의 유튜브와 비슷해질 것이다. 쇼피파이의 급성장세에 호응하듯 루이뷔통, 디즈니, 나이키 등 굴지의 글로벌 기업들이 아마존에 입점하지 않을 생각이다. 대기업뿐 아니라 세계 각지의 중소 상거래 업자들도 쇼피파이 플랫폼의 사용자가 되고 있다.

모바일 쇼핑 시대를 열어젖히다

———

인터넷을 이용하는 데 있어서 앞으로는 퍼스컴PC 대신 스마트폰 시대가 될 것이다. 이미 그렇게 진화하고 있다. 생활 주변의 다양한 사물들에 인공지능이 연결되면, 인터넷 사용은 마치 주변 환경의 일부가 될 것이다. 검색을 목적으로 컴퓨터 앞에 앉아 있을 필요가 없어진다. 그야말로 사물인터넷 시대가 열릴 것이다. 그렇다면 굳이 스마트폰을 통해 아마존이나 쿠팡에 들어가 물건을 검색해 주문할 필요가 없어진다. 모든 것이 사물인터넷으로 매끄럽게 연결된다면 차원이 다른 상거래가 형성될 것이다. 다시 말해, 굳이 중간에 아마존이나 쿠팡 같은 거대 e커머스 플랫폼을 거칠 필요가 없다. 대신 쇼피파이 같은 간편 솔루션이 웹사이트에서 일어나는 검색, 배달, 결제, 구매 등 모든 과정을 하나의 플랫폼으로 연결해 줄 것이다.

쇼피파이 창업자 뤼트케 토비아스 CEO는 유통의 미래를 이렇게 본다. "앞으로는 고객이 원하면 언제 어디서나 상품을 구매할 수 있을 것이다." 문자 메시지, 스냅챗, 페이스북, 틱톡, 넷플릭스, 가상현실VR 등 수단을 가리지 않고 어떤 환경에서나 자연스럽게 구매 환경으로 연결될 것이다.

다만 소비자와 판매 업자가 모두 만족해야 한다. IoT 시대에 판매자의 경우 수수료나 가격 경쟁에 내몰리는 부담이 적어지고 자신이 원하는 대로 홍보할 권한이 커진다면 굳이 거대 온라인 쇼핑몰을 고집할 이유는 없다. 배송이 빠르다는 게 대형 온라인 쇼핑몰의 무기일 수 있는데, 물류의 무인화, 자동화, 공용화 등이 이뤄지면 신속 배송이라는 장점도 빛바랠 수 있다. 쇼피파이 같은 전자상거래 개발, 운영 플랫폼도 자체 물류망을 갖춰나가고 있다. 이는 대형 쇼핑몰 배송의 경쟁력 약화를 의미한다.

유튜브상에는 그야말로 공룡들이 코너에 몰리는 현상이 빚어지고 있다. 현재 미디어 업계가 바로 그런 형국으로 변하고 있다. 유튜브 세상에서 개인이 전부 미디어 주체가 되고, 그 개인이 콘텐츠를 생산해 개인이 수익을 얻는 구조로 진행되고 있다. 예컨대 거대 규모의 지상파 방송국이 유튜브 개인보다 영향력에서 뒤처지는 경우가 생기고 있다. 수천 명의 고급 인력이 풀타임으로 일해 만든 고가의 콘텐츠 프로그램을 시간표에 따라 쏟아내지만 무용지물이 되는 상황이 발생하는 것이다.

전자상거래에서도 미디어 업계와 비슷한 일이 생길 수 있다. 유튜브를 통해 누구든 쉽게 콘텐츠를 만들어 전 세계 독자에게 전달할 수 있듯, 쇼피파이 혹은 더 발전된 EC 개발, 운영 플랫폼이 나타나 전 세계 소비자를 상대로 물건을 팔 수 있게 될 것이다.

최근 각국 정부는 아마존이나 쿠팡 같은 거대 기업이 대규모를 무기로 고용을 잠식하는 사태를 예의 주시하고 있다. 이들에 대한 각국 정부의 감시 강화 움직임도 쇼피파이 같은 중소상거래 업체에게 유리한 국면이 조성되고 있다. 사실상 아마존은 소규모 유통업에 매달린 수많은 고용을 빼앗고 있다는 비판이 일고 있다. 쇼피파이의 소매업 상거래 모델은 요즘 젊은 세대의 추세와도 어울린다. 굳이 온라인 쇼핑몰의 구매 후기를 보고 물건을 구매하기보다는 개성 있는 인플루언서 의견을 더 신뢰하는 경향이 있다.

코로나 사태 지속에도 주가는 꾸준히 상승하는 이유

———

쇼피파이는 온라인 쇼핑몰 운영에 필요한 모든 기능을 제공한다. 사이트 개설부터 결제 솔루션, 웹페이지 디자인 기능 등을 서비스한다. 창업하고 정식 서비스를 시작한 지 6년여 만에 아마존과 이베이에 이어 미국 전자상거래 시장 점유율 3위를 기록했다.

아마존의 사업 모델은 월마트+배송 시스템을 온라인에 옮겨온 것처럼 직접 상품을 매입해 웹사이트를 통해 소비자에게 판매하는 것이다. 물류 혁신으로 상품 가격을 낮추고, 개선된 배송 시스템으로 상품이 신속하게 소비자에게 도달하도록 하는 게 경쟁력이다. 물론 개인이나 법인 판매자도 자체적으로 상품을 등록해 아마존에서 판매할 수 있고, 비용을 지급하면 아마존의 물류 설비를 이용할 수도 있다. 온라인 경매에서 시작한 이베이는 다양한 판매자가 올린 상품을 소비자가 구매할 수 있도록 중개 역할을 한다.

쇼피파이는 두 회사와 달리 플랫폼만 제공하고, 판매는 자체 온라인 쇼핑몰을 구축한 판매자가 직접 맡는다. 쇼피파이의 비즈니스 모델은 두 가지가 있다.

하나는 '서브스크립션 솔루션Subscription Solutions'과 '머천트 솔루션Merchant Solutions'으로 나뉜다. 서브스크립션 솔루션은 쇼피파이의 플랫폼을 이용하는 판매 업자셀러들이 매달 내는 플랫폼 이용료에서 나오는 매출이다. '시작 단계의 온라인 쇼핑몰' 29달러, '성장 단계의 온라인 쇼핑몰' 79달러, '규모가 큰 온라인 쇼핑몰'은 299달러를 낸다. 가격이 올라갈수록 제공하는 기능도 많아진다. 최근에는 대기업을 겨냥한 월 2,000달러의 '쇼피파이 플러스 Shopify Plus' 플랜의 매출이 빠르게 늘고 있다.

'머천트 솔루션'은 온라인 쇼핑몰 관련 각종 부가 서비스에서 발생하는 매출이다. 자체 결제 시스템인 '쇼피파이 페이먼트', 거래 수수료, 마케팅 서비스, 중소 상인에게 돈을 빌려주는 '쇼피파이 캐피털', 수익 및 자체 소프트웨어와 연동되는 포스POS 기기 발생 수익 등이다.

2020년 매출액은 6억 7,330만 달러약 7,171억 원였다. 서브스크립션 솔루션이 3억 1,003만 달러, 머천트 솔루션이 3억 6,327만 달러를 기록했다. 아마존처럼 직접 상품을 매입해 소비자에게 판매하지 않기 때문에 매출 규모가 크지 않다. 그러나 매출액 증가 속도는 빠르다. 2014년 매출액은 1억 502달러였는데, 3년 만에 5배나 늘었다. 아직 손익분기점에 이르지 못했으므로 적자 상태에 있다. 적자가 지속되고 있지만 주가는 상승하고 있다. 2015년 주당 17달러에 상장된 주가는 상장 초기 30달러 선에서 움직였다. 지난해 하반기 주가가 140달러 내외에서 움직이고 있다. 주식 시장에서 쇼피파이의 전망을 밝게 보고 있다는 뜻이다. 아마존도 1995년 사업을 시작한 후 흑자를 내기까지 9년이나 걸렸다. 지난해 하반기 기준 쇼피파이 시총은 145억 달러약 15조 4,425억 원에 이른다. 현재 60만 개의 온라인 쇼핑몰이 쇼피파이 플랫폼으로 이용하고 있다. 이 쇼핑몰 전체 매출액은 모두 550억 달러약 58조 5,750억 원에 달한다.

쇼피파이 성공의 비결은 중소 상거래 장악에 있다

———

온라인 쇼핑몰 창업을 원하는 사람들은 대개 중소 규모이다. 중소 규모 업자가 감당하기에는 비용이 지나치게 많이 든다. 창업 초기 비용이 많고, 쇼핑몰 서비스 품질도 떨어진다. '마이크로소프트 커머스'나 '야후 스토어' 같은 대중적인 소프트웨어도 기대에 못 미쳤다. 또한, 중소 상인이나 영세 사업자에게 제품 개발과 자재 조달, 광고, 홍보, 배송, 결제 등 모든 과정이 버겁다. 영세 온라인 사업자는 홈페이지 구축과 운영을 쉽게 할 수도 없다. 누구라도 쉽게 온라인 쇼핑몰 호스팅이 가능한 플랫폼을 개발한다면 대박을 칠 것이다.

창업자 토비아스 뤼트케는 여기에 주목했다. 독자적인 매장 운영이 어려운 개인 사업자와 중소 상공인을 주 타깃으로 정했다. 저렴하고 빠르게 온라인 쇼핑몰 개설을 지원하는 쪽으로 프로그래밍을 구상했다. 쇼피파이 플랫폼은 그렇게 해서 만들어졌다. 개발자 겸 창업자 뤼트케는 일반인이 접근하기 어려운 기술적 측면을 최대한 보완하는 비즈니스 모델을 만들어 내는 데 고심했다.

쇼피파이 플랫폼은 다시 말해 영세 자영업자나 중소기업인 등 기술력과 자본이 딸리는 사람들에게 서비스하는 플랫폼이다. 일단 일정 금액을 내고 초보 단계에 들어가면 누구든 어렵지 않게 인터넷 주소 등록, 주문, 배송, 결제 관리 등 전자상거래의 모든 영역에서 서비스를 제공한다. 홈페이지 콘텐츠 관리, 검색 최적화, 결제 시스템, 보안 서비스까지 구비했다. 가입한 영세 사업자는 오로지 상품 개발과 제작에 전념할 수 있도록 했다. 말 그대로 온라인 마케팅을 위한 모든 준비를 도와준다. 홈페이지 디자인은 쇼피파이가 만들어 놓은 것 중에서 선택할 수 있고, 상품 등록부터 게시물 생성까지 지원한다.

'착한 플랫폼'을 구현하는 게 창업자의 목표였다. 이렇다 보니 중소 자영업자뿐만 아니라 대기업들도 쇼피파이를 이용한다. '포천' 잡지가 보도한 바에 따르면 구글, 테슬라, 제너럴일렉트릭GE 등 굴지의 대기업들도 기업용 '쇼피파이 플러스'를 월 2,000달러에 사용하고 있다. 자체 전자상거래 플랫폼을 만들고 유지하는 것보다 쇼피파이를 이용하는 편이 낫다. 저렴하고 서비스도 더 좋기 때문이다.

이 같은 쇼피파이의 등장에 가장 민감한 곳은 전자상거래 공룡으로 군림하는 아마존이었다. 아마존은 이미 쇼피파이를 경쟁자로 지목해 놓았다. 아마존도 몇 년 전부터 소매업체용으로 자체 개발한 SW '아마존웹스토어'를 제공했다. 그러나 아마존의 소프트웨어는 비싸다. 이에 비해 쇼피파이는 더 저렴하고 편리한 소프트웨어를 개발해 제공했다. 급기야 2016년 아마존은 '아마존웹스토어' 서비스를 중단하기에 이르렀고, 이듬해 쇼피파이와 서비스의 통합을 발표했다. 쇼피파이 플랫폼을 이용하는 쇼핑몰에 새로운 상품이 올라오면, 자동적으로 아마존에 업데이트되도록 연동시켰다. 쇼피파이 자체 쇼핑몰과 아마존 두 곳에서 모두 상품을 판매한다면 판매자 입장에선 매우 편리할 것이다. 기존엔 상품 정보의 업데이트를 따로따로 했지만 통합 이후에는 한 번으로 가능하다. 최대 온라인 쇼핑몰 아마존과 상품 정보를 연동할 수 있다는 건 판매자에게 는 큰 이득이다.

사회관계망(SNS)은 '모바일 쇼핑'의 미래

대개 소비자들은 쇼핑몰을 이용할 때 인터넷 포털사이트보다는 소셜미디어를 참고해서 물건을 고른다. 포털사이트에 표시되는 게시물은 '광고'라는 느낌이 드는 반면, 소셜미디어에서 보는 정보는 '아는 사람이 들려주는 정보'라며 신뢰하는 경향이 높다. 이는 신문 지면을 생각하면 이해할 수 있다. 광고와 기사가 한 면에

동시에 게재되는 경우, 소비자들은 광고 지면에 있는 정보보다는 기사란에 나오는 정보를 훨씬 신뢰한다는 점이다. 쇼피파이가 쇼핑으로 이어지도록 연계한 매개체는 페이스북이 대표적이다. 쇼피파이 플랫폼 기반 쇼핑몰을 운영하는 기업이 페이스북에 페이지를 만들고 탭을 추가하면 쇼핑몰에 올린 제품 정보가 나타난다. 쇼피파이를 이용해 페이스북으로 들어온 주문을 처리하고, 재고를 관리할 수 있다. 실로 페이스북의 영향력은 컸다. 쇼피파이 자체 조사에서 SNS를 통한 상품 주문 건수의 85%가량이 페이스북을 통해 접속하는 것으로 나타났다. 쇼피파이는 나아가 인스타그램과 플랫폼을 연동하는 솔루션도 개발했다. 아직 초기 수준이어서 널리 활성화되지 않고 있다. 쇼피파이는 인스타그램에 올린 제품 사진에 태그를 달아 곧바로 소비자가 제품을 살 수 있는 기능인 '쇼핑 온 인스타그램'을 시험했다. 판매 촉진을 위해 쇼피파이는 소비자가 손가락을 훨씬 적게 움직이고 물건을 살 수 있도록 하는 간편한 솔루션을 연이어 개발 중이다.

쇼피파이는 '중국의 아마존' 알리바바와도 연계하는 시스템을 구축했다.

전 세계에서 판매되는 대부분의 저가 공산품은 중국에서 만들어진다. 미국에서도 이득이 된다면 중국산 제품을 쓸 수밖에 없다. 재고를 쌓아 두었다가 주문이 들어오면 판매하는 것이 아니라, 바로 중국 현지에서 미국 소비자에게 공급하면 물류비용 측면에서 훨씬 효율적이다.

쇼피파이는 이를 현실화했다. 예컨대 알리바바 그룹 '알리 익스프레스'의 '드롭쉬핑' 기능을 이용했다. 이를 통해 판매 업자는 팔려고 하는 상품을 무엇이든지 자신의 쇼핑몰에 올릴 수 있다. 주문이 들어오면, 중국 생산자는 알리 익스프레스를 통해 외국의 구매자에게 직접 배송할 수 있다. 판매 업자는 우선 재고 부담이 없고, 다양한 품목을 쇼핑몰에 올릴 수 있으며, 포장과 배송의 수고도 덜 수 있다. 판매 업자는 알리 익스프레스에서 제시한 상품값에 이익을 붙여 공급하면 수익이 발생하는 것이다. 이를 통해 쇼피파이 플랫폼 기반의 전 세계 60만 개 판매업체는 중국 현지와 연결되어 있다. 이는 신규 판매 업자들이 온라인 쇼핑몰 사업을 시작할 때 쇼피파이를 쓰도록 유도하는 요인이 되고 있다.

도널드 트럼프 미국 대통령과 관련되어 곤욕을 치르기도 했다. 트럼프의 극우 성향에 불을 붙인 장본인 스티브 배넌 전 백악관 보좌관은 극우 성향 온라인 매체 '브라이트바트'를 운영했다. 우리로 치면 사이비 언론 매체인 셈이다. 이 매체는 트럼프 대통령의 멕시코 국경 장벽 건설을 지지하는 등 정치적 메시지를 담은 머그컵, 티셔츠, 모자 등을 만들어 온라인으로 판매했다. 이때 이용한 플랫폼이 쇼피파이였다. 미국 젊은 층 중심의 네티즌 그룹은 쇼피파이에 거세게 항의했고, '쇼피파이를 삭제하라Delete Shopify'는 요구가 소셜미디어에서 급속히 퍼졌다. 그러나 쇼피파이 창업자 뤼트케는 거부했다. 판매자를 강제 방출하는 것은 생각을 검열하고 자유 시장에 개입하는 행위라는 논리로 반박한 것이다. 이에 반발해 일부 직원들이 회사를 떠나기도 했다.

쇼피파이, 유통업 패더다임 변화의 최대 수혜자

———

소비자와 상품을 연결하는 채널이 다양화되면서 멀티 채널이 대세로 굳어지고 있다. 판매자 입장에서는 마켓플레이스, 자체 브랜드를 내세운 쇼핑몰DTC, Direct-to-Consumer, SNS 플랫폼, 오프라인 매장 등 모든 채널을 관리해야 한다. 이제 비교적 단일 채널로 상품을 판매해 비즈니스를 성공시키는 시대는 끝나가고 있다. 아마존이라는 하나의 마켓플레이스에서만 상품 판매한다면 성공할 확률이 낮아진다. 아마존뿐만 아니라 자체 온라인 쇼핑몰, 페이스북이나 인스타그램과 같은 SNS 플랫폼, 오프라인 매장 등 다양한 채널을 동시에 공략해야 한다.

물건을 온라인으로 판매하는 방법은 크게 두 가지로 나뉜다. 아마존 등 마켓플레이스에 제품을 등록하여 판매하거나, 직접 온라인 쇼핑몰을 구축해 판매하는 것이다. 후자의 경우 유통 구조상 판매자가 소비자에게 직접 제품을 판매한다는 뜻에서 DTCDirect-to-Consumer라고 정의할 수 있다. 과거에는 주로 전자상거래를 아마존 등 제3자 마켓플레이스에 의존했다. 그러나 최근에는 DTC 방식이 확산하는 추세에 있다. 여기에는 몇 가지 요인이 있다. 누구나 쉽게 쇼핑몰 구축이 가능하며, 중간 유통 단계가 없어지니 수익성 개선을 기대할 수 있으며, 브랜드 가치 상승 등이 자리 잡고 있다.

탈 아마존을 선언한 나이키가 대표적이다. 2019년 11월 나이키는 '아마존 탈퇴'를 밝혔다. 마켓플레이스에 대한 의존도를 낮추고 소비자에게 직접 연결하는 전략의 일환이다. 탈퇴 선언 이후 나이키의 DTC 매출 비중은 2011년 15.9%에서 2020년 34.8%로 두 배 이상 커졌다. 결과적으로 나이키는 브랜드에 따른 충성고객 확충과 품질 개선이라는 결실을 가져왔다. 소규모 영세업자라도 자신만의 브랜드를 구축하고자 하는 소규모 브랜드는 많을 것이다. 이러한 판매 시장의 흐름을 재빨리 파악한 솔루션이 쇼피파이 플랫폼이다.

향후 쇼피파이의 확산은 무한하다. 시장조사 업체 AMI Partners에 따르면 전 세계에 4,700만 개의 리테일 사업자가 존재하는데, 그들의 1인당 ARPU Average Revenue Per User 는 1,653달러다. 이 둘을 곱한 777억 달러가 전체 리테일 규모로 추정된다. 쇼피파이 연간 매출액 15.8억 달러의 49배다. 물론 여기에는 나이키나 테슬라 같은 엔터프라이즈급 기업들=Shopify Plus 고객 에서 나오는 매출은 빠져 있다. 점점 대기업도 가입하는 추세에 있다. 이 때문에 시장에서는 쇼피파이의 밸류에이션을 높게 부여하고 있다.

2019년 4분기를 기준으로 온라인 미국 매출 총거래액GMV을 보면 쇼피파이는 미국 e커머스 시장점유율 2위5.7%로 올라섰다. 아직 부동의 1위 아마존의 37.3%에는 크게 못 미친다. 그러나 25년 역사의 전통 마켓플레이스 이베이의 5.7%를 넘어섰다. 월마트가 4.7%로 4위를 기록했다. 특히 트래픽을 기준으로 하면 쇼피파이의 시장점유율이 높아지고 있다. 쇼피파이 기반 쇼핑몰에 방문하는 고객이 많아지고 있다는 의미다. '성공한 e커머스 사이트=쇼피파이 이용자'라는 등식이 성립할 수 있다.

쇼피파이가 경쟁 플랫폼들과 비교해 빠르게 성장하는 이유는 다름 아니라 쉽게 접근할 수 있다는 데 있다. 전문 개발 인력이 아니더라도 누구나 쉽게 온라인 쇼핑몰을 구축해 매출을 올릴 수 있는 편의성을 갖추고 있다. 쇼핑몰 구축의 난이도가 낮고, 제작 기간도 기존 솔루션 대비 크게 단축된다면 마다할 소매업자가 없을 것이다. 누구나 전자상거래를 꿈꾸는 시대에 적합한 솔루션으로 각광받는 이유가 될 것이다.

그렇다면 많은 소비자의 관심은 과연 쇼피파이가 e커머스의 최강자 아마존을 넘어설까에 모아진다. 그러나 쇼피파이의 생각은 그 반대에 있다. 2015년 5월 아마존이 쇼피파이와의 파트너십 체결을 발표했다. 아마존은 동시에 쇼피파이와 같은 온라인 쇼핑몰 호스팅 서비스인 'Amazon Webstore' 서비스 종료를 발표했다. 이후 2017년 1월 쇼피파이는 아마존과 통합을 선언했다. 자체 마켓 플레이스 플랫폼이 없는 쇼피파이는 파트너십을 통해 자체 쇼핑 몰과 여타 마켓플레이스를 연동하겠다는 것이다. 지난 2020년 6월 월마트와도 파트너십을 발표했다. 월마트 마켓플레이스와 쇼피파이를 통합한 것이다. 앞서 5월에는 페이스북은 'Facebook Shops' 런칭을 발표하면서 쇼피파이와의 제휴에 나섰다. 쇼피파이 사용자는 관리 페이지에서 'Facebook Channel' 앱을 설치하고 쇼피파이 플랫폼을 페이스북에 연동시키는 구조다. 이는 전 세계 30억 명의 페이스북 유저에게 쇼피파이 플랫폼을 확대시킴을 의미한다. 쇼피파이 기반 플랫폼 사용자, 즉 판매 업자에게는 매우 이익되는 요인이다. 기반이 없는 소규모 판매 업자 입장에서는 대단히 편리하다. 마켓플레이스부터 SNS 플랫폼에 이르는 멀티 판매 채널에서 이루어지는 주문/재고관리/배송 등의 과정을 단일 플랫폼 쇼피파이가 한 번에 관리할 수 있다. 판매자 입장에서는 레버리지 효과를 극대화할 수 있으며, 쇼피파이는 일종의 허브와 같은 역할을 하게 된다.

2014년부터 쇼피파이 플랫폼은 대기업들도 모여들기 시작했다. 쇼피파이 플러스Shopify Plus라는 서비스 때문이다. 사용료는 월 2,000달러부터 시작하며 더 많이 지급할수록 고난도의 고객맞춤형 서비스로 올라간다. 대표적인 기업 고객으로 하이네켄, 더 이코노미스트The Economist, 하인즈Heinz, 비비시BBC, 레드불Red Bull

등이다. 이 서비스를 이용하는 기업 수는 대략 7,000개 수준이다. 2017년 말 기준 미국 내 중·대 규모 기업 107만 개의 0.7%에 그친다. 그러나 월간 순환매출MRR에서 쇼피파이 플러스의 비중은 27.1%에 달한다. 머릿수는 적지만 가입자당 평균매출 ARPU이 워낙 높기 때문이다. 2016년 1분기에 중·대기업 분야 MRR이 차지하는 비중은 11.0%에 불과했으나, 2020년 2분기에 29.1%로 상승했다. 실질적으로 쇼피파이 전체의 성장을 이끌고 있는 요인이다. 쇼피파이 플러스가 빠르게 성장하는 배경에는 소비자 직거래 DTC 판매 방식의 보편화가 자리 잡고 있다. DTC 매출 비중이 2011년 15.9%에서 2020년 34.8%로 확대됐다. e커머스의 패러다임이 DTC로의 이동하는 트렌드에서 쇼피파이는 최대 특혜 기업이 되고 있는 것이다.

물류-배송의 최강자로 등극할 날 멀지 않다

유통업계의 화두이자 핵심 경쟁력으로 부각되는 것은 단연 '물류와 배송'이다. 쇼피파이는 지난 2019년 6월 연례 물류 컨퍼런스에서 '쇼피파이 풀필먼트 네트워크SFN, Shopify Fulfillment Network' 출시를 발표한 바 있다.

2019~2023년 5년간 10억 달러를 투자한다는 계획이다. 물류와

배송을 일괄 맡아 처리하는 시스템을 구축한다는 청사진이다. 처음 2년 동안은 제3자 물류 업체와 파트너십 체결을 강화하고, 이후 3년간은 자체 인프라를 구축하면서 규모 확대를 위한 스케일업한다는 계획이다. 여기에는 물류창고 확충과 배송 시스템 구축이 포함된다. 2023년쯤 SFN 프로젝트의 매출 10억 달러에 도달해, 손익분기점이 될 것으로 경영진은 예상하고 있다. 사실 중소 판매자들 입장에서 물류와 배송은 직접 컨트롤할 수 없는 분야다. 특히 갈수록 하루 이틀 내 신속한 배송이 필수적인 상황에서 판매자들은 빠른 배송에 들어가는 비용 부담의 급증을 호소하고 있다. 쇼피파이는 이러한 문제점들을 저렴하고 편리하게 해결해 주는 게 SFN의 기본 목표라고 밝힌다. SFN의 경쟁력은 수많은 판매 데이터에 기반한 머신러닝 활용에 있다. 쇼피파이 경영진은 자체 머신러닝 분석 툴을 활용해 수요 예측, 물류 섹터별 재고 할당 등 구체적인 솔루션을 선보일 것이다. 이를테면 워싱턴 SFN 센터에는 16일치, 샌프란시스코 SFN 센터에는 28일치의 재고가 남아 있다고 분석해 주는 식이다. 이를 통해 쇼피파이와 판매자는 재고 관리 비용을 포함해, 주문에서 배송까지 소요되는 시간을 현저하게 줄일 수 있다. 이는 결국 쇼피파이 플랫폼의 경쟁력 강화로 이어질 것이다. 이러한 SFN 서비스는 미국 밖으로 판매하고 싶은 중소 판매 업자에게는 편리한 툴이 될 수 있다. 예컨대 한국에서 글로벌 시장으로 나아갈 온라인 쇼핑몰을 만들려고 맘먹는다면, 쇼피파이가 가장 좋은 선택지로 볼 수 있다. 언어, 결제, 통화 등 다양한 부문에서 이미 시장을 선도하고 있기 때문이다.

2019년 기준으로 쇼피파이 매출액 중 미국 비중은 68.4%이다. 주요 영어권인 영국, 캐나다, 호주를 포함하면 85.4%에 달한다. 해외 시장으로의 진출은 아직 미흡한 수준이다. 쇼피파이는 미국 이외 지역 시장 개척을 위해 사용 언어의 확대, 결제 시스템을 위한 파트너십 체결 등의 작업에 들어갔다. 쇼피파이의 매출 비중에서 미국이 70%로 2/3를 넘고 있지만, 글로벌 e커머스에서 미국의 비중은 18%에 불과하다. 역으로 이는 미국 이외 수요가 크게 열려 있다고 볼 수 있다. 쇼피파이는 재고 관리, 풀필먼트, 주문 관리, 배송, 결제, 대출, 마케팅, 분석 등을 모두 아우르는 단일 운영체제 OS로 목표로 하고 있다. 유통업에서는 구조적으로 패러다임이 형성되면 교체가 어렵다. 이 때문에 업계에서는 쇼피파이가 아마존과 더불어 e커머스의 구조적 승자가 될 가능성이 높다고 전망한다. 특히 코로나19로 인한 팬데믹이 유통업 패러다임의 변화 속도를 가속화시키고 있다.

그러나 쇼피파이 앞날이 그저 밝기만 한 것도 아니다. 그 이유를 몇 가지로 압축해 본다. 첫째, 동종 간의 경쟁 심화다.

e커머스 기반 유통업이 빠르게 성장하는 만큼 참여자도 많다. WooComemrce, Magento, BigCommerce 등 기존 경쟁자는 물론이고 기업형 e커머스 플랫폼을 제공하는 세일즈포스, 오라클 등

글로벌 대기업들과도 생존 경쟁을 벌여야 한다. 특히 대규모 기업을 대상으로 하는 쇼피파이 플러스Shopify Plus가 최근 쇼피파이의 성장을 이끌고 있다. 이는 유통 대기업들의 경쟁 심화를 예고하고 있다.

둘째, 글로벌 경기 둔화의 우려가 적지 않다. 쇼피파이가 팬데믹에 따른 e커머스의 최대 수혜 기업이라는 점이 드러났다. 그럼에도 글로벌 경기가 둔화하면 곧바로 매출액 감소로 이어질 것이다. 실제로 지난해 일부 Shopify Plus 서버를 이용하는 기업 고객들이 낮은 가격 플랜으로 다운그레이드했다.

셋째, 쇼피파이의 해외 시장 진출이 둔화할 가능성이다. 지난해 상반기 미국, 영국, 캐나다, 호주 4개국 등 영어권을 제외한 해외 시장의 매출 비중은 14.6%에 불과하지만 매출 성장률은 가장 높다. 쇼피파이의 기업가치를 높이는 주요인이다. 그러나 현지 유통업체와 경쟁, 현지 정부의 결제 및 통화 관련 규제 등으로 해외 시장 진출이 둔화된다면 매출 감소로 이어질 수 있다.

에필로그

앞으로 도태될 위험이 있는 업계에서 일하고 있는 젊은 세대들은 어떻게 대처해야 할까요. 각계각층에서 다양한 요인이 있겠지만, 감히 제언한다면 회사에 전적으로 개인을 맡기거나 의존하는 것은 미래를 불투명하게 만듭니다. 특히 20~20대 젊은 세대가 미래를 대비하는 것은 필수적입니다. 정말 열심히 회사 일에만 매진했는데 어느 날 회사를 그만두어야 합니다. 필자도 어느덧 정년이란 인생 관문을 통과했지만 준비는 거의 없었다 해도 과언이 아닙니다. 미래 트렌드를 미리 읽지 못했고, 대비를 못한 책임이 있습니다. 미리 준비해 둬야 한다는 것을 말하는 것입니다. 하물며 기업들은 훨씬 먼 미래를 내다보고 방향을 잡아나가야 생존과 사업 번창을 보장할 수 있습니다.

20대 회사원, 직장인들에게 몇 가지 권해 드린다면 데이터 사이언스 지식을 꼭 습득해 둘 필요가 있습니다. 인공지능 시대가 본격적으로 펼쳐질 2025년부터 인력 수요가 기하급수적으로 늘어날 것입니다. 바로 지금 배워 두어야 할 필수 지식입니다. 30~40대로 회사 경험이 있는 독자라면, 이 책이 소개하는 기업으로의 전직도 추천합니다. 소개한 기업들이 어떤 이론으로 비즈니스에 임하고 미래를 어떻게 준비하는지를 알아야 합니다.

특정 분야에서 뛰어난 기술이나 경력을 가진 사람은 그 분야에 매진하면 좋겠지만, 현실에 안주한다면 어느 날 끝나고 맙니다. 항상 새로운 정보를 배워 가는, 그리고 지구촌 트렌드에 촉각을 세우고 민감하게 움직여야 합니다. 아무리 특정 분야 전문가라도 시대가 흐르면 도태되기 마련입니다. 그러면 새로운 분야는 어떻게 하면 좋을까요. 아울러 미래를 준비해 새롭게 배울 분야의 경우 전문가 수준은 아니어도 일정한 수준의 정보나 노하우를 습득하는 것이 중요합니다. 특정 기술에 정통한 사람은 많습니다. 그러나 이들 가운데, 영어나 여타 외국어가 수준급이고, 데이터 사이언스에 능한 사람을 고른다면 그 수는 극단적으로 줄어듭니다. 프로그래밍에 능하다면 금상첨화입니다. 영어의 경우 영문판 비즈니스 뉴스를 이해할 정도는 되어야 합니다. 쉽게 말해 '월스트리트저널'이나 '파이낸셜타임스'의 비즈니스판 정도는 읽을 줄 알아야 합니다. 외국인과 상담하는 정도의 실력을 갖기까지 시간이 걸립니다. 그러나 고생스럽게 투자한 만큼 충분히 가치가 있습니다.

최근에는 양자컴퓨터에 관심이 높아지고 있습니다. 양자컴퓨터가 무엇을 할 수 있고, 무엇을 할 수 없는지 이해할 필요가 있습니다. 데이터 사이언스에 관한 프로그래밍 언어도 배워 두면 유용합니다. 전문적인 기술도 좋지만, 프로그램의 구조나 가치를 판단

할 수 있는 수준이면 전직하는 데 효과적입니다.

예를 들면 QR코드는 알아도 QR코드 배후에서 어떤 비즈니스가 이뤄지는지 이해하는 사람은 거의 없습니다. 쿠팡이 왜 이렇게 비약적으로 성장하고 있는가, 아마존 냉장고가 왜 팔리는가 등 비즈니스 업계에서 화제가 되고 있는 정보는 듣고 이해할 수 있어야 합니다.

시대의 흐름을 읽고 미리 준비하는 사람이 미래를 주도한다는 사실을 잊지 마십시오!

2030년을 지배하는
초일류 기업분석 15

초판 1쇄 인쇄 2021년 4월 28일
초판 1쇄 발행 2021년 5월 4일

지은이	정승욱		
펴낸이	박정태		
편집이사	이명수	출판기획	정하경
편집부	김동서, 위가연		
마케팅	박명준, 이소희	온라인마케팅	박용대
경영지원	최윤숙		

펴낸곳	북스타
출판등록	2006. 9. 8 제313-2006-000198호
주소	파주시 파주출판문화도시 광인사길 161 광문각 B/D
전화	031-955-8787 팩스 031-955-3730
E-mail	kwangmk7@hanmail.net
홈페이지	www.kwangmoonkag.co.kr
ISBN	979-11-88768-38-7 03320
가격	19,000원

저자와의 협약으로 인지를 생략합니다.
잘못된 책은 구입한 서점에서 바꾸어 드립니다.